大国就业

结构性失衡与应对之道

王阳／杨宜勇——等著

中国工人出版社

图书在版编目（CIP）数据

大国就业：结构性失衡与应对之道 / 王阳等著 .—
北京：中国工人出版社，2022.8
ISBN 978-7-5008-7887-2

Ⅰ.①大… Ⅱ.①王… Ⅲ.①就业问题－研究－中国 Ⅳ.① D669.2

中国版本图书馆CIP数据核字（2022）第126298号

大国就业：结构性失衡与应对之道

出 版 人	董　宽
责任编辑	罗荣波
责任校对	张　彦
责任印制	栾征宇
出版发行	中国工人出版社
地　　址	北京市东城区鼓楼外大街45号　邮编：100120
网　　址	http://www.wp-china.com
电　　话	（010）62005043（总编室）（010）62005039（印制管理中心） （010）62382916（工会与劳动关系分社）
发行热线	（010）82029051　62383056
经　　销	各地书店
印　　刷	宝蕾元仁浩（天津）印刷有限公司
开　　本	710毫米×1000毫米　1/16
印　　张	18.25
字　　数	270千字
版　　次	2022年9月第1版　2022年12月第2次印刷
定　　价	68.00元

前　言

就业是最大的民生工程。党的十八大以来，我国就业形势保持总体平稳，城镇就业规模不断扩大。2019年的《政府工作报告》首次将就业优先政策置于宏观政策层面。2020年10月通过的《中共中央关于制定国民经济和社会发展第十四个五年规划和二〇三五远景目标的建议》提出“实现更加充分更高质量就业”的目标和“强化就业优先政策”的任务，就业优先的理念和要求在国家治理中越来越具体和明确。2021年我国城镇新增就业1269万人，超额完成全年目标；12月全国城镇调查失业率为5.1%，低于疫情前同期水平。2022年的《政府工作报告》进一步提出“就业优先政策要提质加力”的任务。

就业结构是劳动生产要素在部门与产业间的配置反映。就业结构与经济社会结构协调发展是贯彻新发展理念的必然要求，也是推动经济由高速增长转向高质量发展的重要基础。就业的结构性失衡，简单理解，就是劳动力要素在国民经济各部门与产业间的配置不平衡。通俗地讲，就是就业的结构性矛盾。在现实生活中，我们经常会看到一些地方“就业难”与“招工难”并存，“冗员”与“缺工”并存，“千军万马挤独木桥”与“遇人无数，一才难求”并存等现象，这些都是就业领域结构性失衡的表现。

就业领域结构性失衡及其调整应对是国内外劳动经济领域的传统研究议题。早在17世纪，威廉·配第就发现，随着经济的发展，劳动力表现出顺着农业—工业—商业路径转移的规律。国内的研究发端晚于国外，从20世纪80年代起，伴随改革开放和城乡人口大规模流动，国内学者从不同角度发起了对就业结构的广泛研究。总体来看，经过几个世纪的深入发展，国内外关于就业领域结构性失衡及其调整应对的文献较多，为新时代进一步探究和深化相关研究奠定了有益的基础。

本书收录了中国宏观经济研究院年度重点课题《就业领域重大结构性失衡及应对举措研究》的主要成果，与国内外同类成果相比，本书在理论、方法和技术上体现出了三个重要的创新。

一是丰富了劳动力市场失灵理论关于公共政策执行乏力原因的阐释。本书将“现有制度机制对微观主体行为的约束”纳入理论解释，指出微观主体责任不清、激励约束不足是导致政策执行不到位的重要原因。

二是拓宽机制设计理论和方法在就业领域的应用。本书将机制设计的原理和思想应用于就业工作中，关注制度的激励作用，促进各级政府和市场主体自发改进行为，调节就业领域结构性失衡，推动实现更充分、更高质量就业。

三是使用定量分析方法进行劳动力资源配置的影响评估和就业领域结构性失衡的影响因素分析。本书使用动态面板数据回归模型，以就业城乡、区域结构性失衡和就业产业结构性失衡为重点，估算就业领域结构性失衡对经济发展效率的影响；以就业产业结构性失衡为重点，估计造成就业领域结构性失衡的主要因素及其作用的方向和强度。

新发展格局下，我国经济转向高质量发展，这意味着实现从高速增长向高效增长的跃升，提高全要素生产率是题中之义。当前，我国就业结构尚未达到最有利于经济增长潜力充分发挥、质量效益明显提升的程度，“十四五”时期乃至2030年前后，是化解就业领域重大结构性失衡的关键时间窗口期，应当紧紧围绕深化供给侧结构性改革的主线，以实现更加充分更高质量就业为目标，深化就业领域改革，统筹扩容量与提质量，坚持经济发展就业导向，增强人力资源支撑作用，加快健全就业促进机制，促进广大劳动者实现体面劳动、全面发展。

由于编者水平有限，难免存在不妥之处，敬请广大读者批评指正。

目　录

第一章

就业领域重大结构性失衡问题

就业是最大的民生工程。党的十八大以来，我国就业形势总体保持平稳，城镇就业规模不断扩大，2021 年城镇新增就业 1269 万人，失业率保持在较低水平，实现了比较充分的就业。2019 年的《政府工作报告》首次将就业优先政策置于宏观政策层面，2020 年 10 月通过的《中共中央关于制定国民经济和社会发展第十四个五年规划和二〇三五年远景目标的建议》提出"实现更加充分更高质量就业"的目标和"强化就业优先政策"的任务，就业优先的理念和要求在国家治理中越来越具体和明确。

一、内涵、测度与形成机理

结构决定功能，就业结构反映了劳动生产要素在部门与产业间的配置。就业结构与经济社会协调发展是贯彻新发展理念的必然要求，也是支撑经济转向高质量发展阶段的重要基础。然而，经济高质量发展却面临就业领域重大结构性失衡的挑战。

（一）就业领域结构性失衡的内涵

就业领域的结构性失衡，简单理解，就是劳动力要素在国民经济各部门与产业间的配置不平衡。通俗地讲，就是就业的结构性矛盾。在现实生活中，经常会看到一些地方"就业难"与"招工难"并存，"冗员"与"缺工"并存，"千军万马挤独木桥"与"遇人无数，一才难求"并存，以及近年来各地频出的"抢人大战"等现象。用学术的语言来概括，这些现象都是就业领域结构性失衡的表现。

就业研究中的结构性失衡一般指重大结构性失衡，即需要着手解决的重大结构性失衡问题，而非一般的结构性失衡问题。就业领域重大结构性失衡，是指就业领域的结构性失衡在相互叠加、相互作用之下，对全社会就业乃至经济社会大系统产生严重不利影响的状况。当前，我国就业领域重大结构性失衡与经济结构性矛盾相互交织，深刻影响“双循环”畅通，不利于经济结构优化和经济高质量发展。①

就业领域重大结构性失衡，可以分成两个层次来认识②，具体如下：

一是就业系统自身重大结构性失衡。在就业系统内，劳动力、资本、土地、知识、技术、管理和数据等要素的组合，未能达到就业系统的总体最优，与实现更加充分更高质量就业的目标存在差距。

二是就业子系统与经济社会其他子系统重大结构性失衡。在经济社会大系统内，就业子系统与其他子系统比如城乡区域、收入分配、产业、市场、教育，未能实现彼此密切配合、协调完成经济社会大系统有序发展的目标和任务，与经济转向高质量发展阶段的根本要求存在差距。

就业领域的结构性失衡是劳动力市场的一个常态化现象，在世界各国普遍存在。目前，世界上没有任何一个国家的政府能彻底解决就业领域的结构性失衡问题。因为只要有市场机制的存在，只要市场机制在资源配置中发挥作用，就会产生就业领域结构性失衡问题。当然，如果政府没能很好地发挥作用，也会造成或者加剧就业领域的结构性失衡。③

为了追求经济社会大系统的总体最优，世界各国政府都对就业领域结构性失衡问题进行政策干预。就业领域的结构性失衡是动态变化的，不同时期、不同发展阶段，就业领域结构性失衡的主要表现会有所不同，各国政府所采取的相关手段也有所侧重。比如，促进经济与就业协调发展、加强职业培训、完善社会保险制度和加强公共就业服务等措施均具有不同的功效。

当前，就业领域结构性失衡及调整应对是国内外劳动经济领域传统的研究议题。国外研究早在 17 世纪就已开始，国内研究的起步晚于国外。20 世纪 80 年代，伴随改革开放和城乡人口大规模流动，国内学者从不同角度发起了对就业结构广泛而有益的研究探索，其中就业结构与产业结构的协调性

---

① 马晓河．转型与发展——如何迈向高收入国家［M］．北京：人民出版社，2017.

② 卢子芳，朱卫未，巩永华，张冲．系统工程：原理与实务［M］．北京：人民邮电出版社，2020.

③ 王一鸣．建设现代化经济体系论纲［M］．广州：南方出版传媒，广东经济出版社，2020.

分析是最常见的研究内容。

（二）就业领域重大结构性失衡的测度

结构偏离度法是衡量就业领域结构性失衡的常用方法，可以描述就业结构与产业结构的协调状况。当结构偏离度的绝对值等于0时，反映了就业结构和产业结构基本协调；当偏离度大于0时，说明产值比重大于就业比重，该产业的劳动生产率较高，就业吸纳能力较强；当偏离度小于0时，说明该产业的劳动生产率偏低，应当向其他产业转移劳动力。在完全市场竞争的条件下，结构偏离度趋近于0。但在现实的市场条件下，受政府干预、体制机制壁垒等因素影响，结构偏离度往往大于0或者小于0，就业结构和产业结构处于非均衡状态，也即存在就业领域结构性失衡。其具体计算公式为：

$$E_k = \frac{x_k}{y_k} - 1(k = 1, 2, 3)$$

其中，$k=1, 2, 3$ 分别代表第一、第二和第三产业，E_k 代表第 k 产业的结构偏离度，x_k 代表第 k 产业的产值比重，y_k 代表第 k 产业的就业比重。

此外，回归分析方法可以评价就业结构对经济发展质量的影响，是测度就业领域结构性失衡状况的另一种方法。经济转向高质量发展阶段，要求就业结构要有利于提高经济发展效率和质量，提高全要素生产率。反之，就表明就业领域结构性失衡问题并不严重，可以依靠市场力量自发调整。当就业结构处于提高经济发展质量的最优区间之外时，就表明就业领域结构性失衡问题严重，在充分发挥市场作用之外，需要更好发挥政府作用来干预。基本的静态面板数据回归模型：

$$DE_{it} = \alpha_0 + \alpha_1 ER_{it} + \alpha_2 ER_{it}^2 + \alpha_3 X_{it} + \varepsilon_{it}$$

其中，被解释变量 DE 表示经济发展效率，分为人均国内生产总值的增长率（即当年名义人均国内生产总值增长率，$gdpag$）和全要素生产率（$\ln tfp$）两个变量，分别刻画经济发展效率的数量和质量，一并检验研究假设，以及对应回答四个具体的问题。ER 代表就业结构，ER^2 是其平方项；X 代表需要引入模型的其他控制变量组成的向量集；i 和 t 分别代表各截面单位和全部年份；α_0 为常数项，α_1 ~ α_3 为需要估计的参数；ε 为随机扰动项。

回归分析方法的基本思路是，使用经推导后得到的动态面板数据回归模型，实证检验就业结构对经济发展效率的影响。回归结果显示，城镇就业与经济发展效率，以及第二、三产业就业与经济发展效率，都存在显著的非线性倒 U 形曲线关系。这意味着，就业结构优化可以提高经济发展效率和质量，提高全要素生产率，并且就业结构存在一个最优值，可以使全要素生产率以最快的速度提高。

就业领域结构性失衡的测度方法、判定标准和适用范围如表 1-1 所示，就业的产业结构和城乡结构是重要的测度对象，通过实证分析，得到了就业结构的几个关键值。

表 1-1　就业领域结构性失衡的测度方法、判定标准和适用范围

类别	绝对值的区间	判定标准	测度方法	适用范围
描述性测度	0~0.2（不含）	协调	结构偏离度法	就业结构与产业结构的关系
	0.2~0.4（不含）	基本协调		
	0.4~0.6（不含）	轻度失衡		
	0.6~0.8（不含）	中度失衡		
	≥0.8	重度失衡		
评价性测度	<84.1	严重	回归分析方法	产业就业结构，即第二、三产业就业比重
	84.1~90.7	不严重		
	>90.7	严重		
评价性测度	<66.2	严重	回归分析方法	城乡就业结构，即城镇就业比重
	66.2~75.0	不严重		
	>75.0	严重		

资料来源：数据计算和方法描述引自第二章和第三章，表格由作者设计。

（三）就业领域重大结构性失衡的形成机理

就业领域结构性失衡的形成是经济活动各个环节、各个层面、各个领域

与劳动力供给各个方面相互作用的结果。如图 1-1 所示，就业领域重大结构性失衡是劳动力需求与劳动力供给匹配状况的反映。两者是否匹配，一方面取决于就业结构与其他经济结构协调状况的描述性测度分析；另一方面取决于在经济转向高质量发展的阶段下，就业结构是否有利于推动全要素生产率加速提高的评价性测度分析。在新阶段，评价性测度分析的结果更为重要。

就业与经济增长互为因果。传统的经济理论认为，经济增长是扩大就业

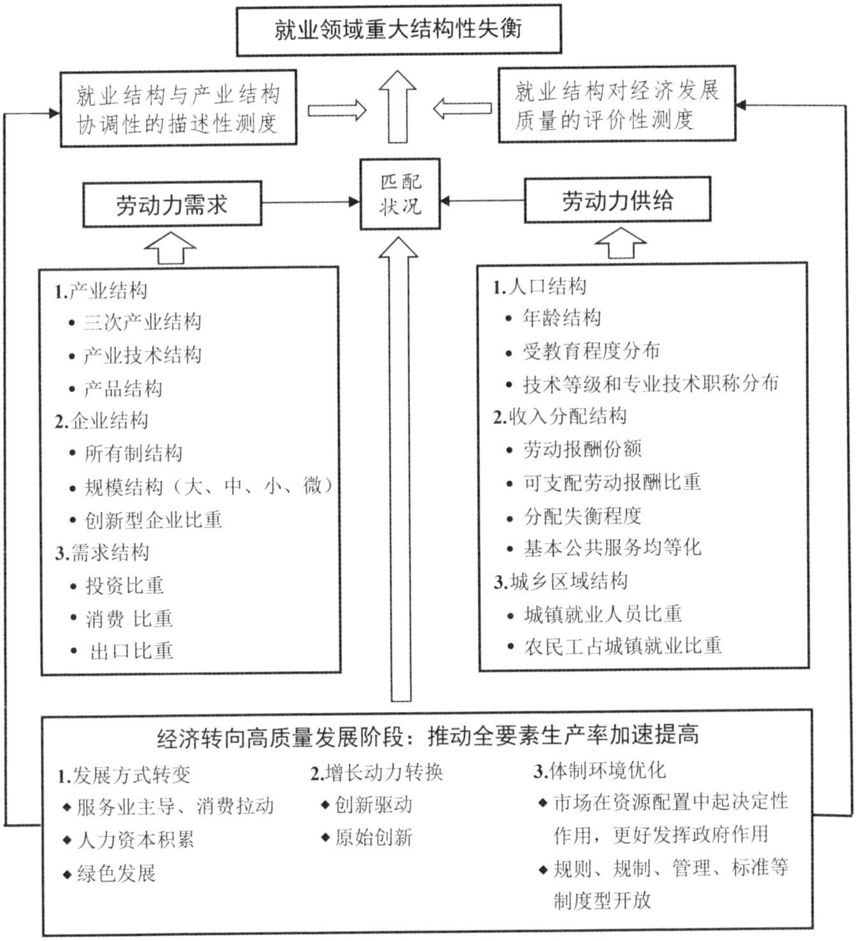

图 1-1　就业领域重大结构性失衡的形成机理

资料来源：作者设计。

的前提。但实际上，就业也是促进经济增长和结构转型的重要前提（杨宜勇等，2019）。古典经济学家认为，劳动是财富之父，劳动创造价值，同现在所说的“就业是财富之源”具有相同的道理。经济转向高质量发展，社会经济环境发生明显变化，突出表现为发展方式转变、增长动力转换和体制环境优化。与高速增长阶段相比，现阶段的经济增长更依赖于创新，更依赖于全要素生产率的提高，更依赖于人力资本红利的增加（赖德胜等，2019）。这就要求就业结构调整必须有利于提高全要素生产率。尤其是随着我国经济增速下降，经济结构调整和增长动力转换的任务更加艰巨，加快就业结构优化步伐越发紧迫。

二、就业领域结构性失衡的表现

我国就业领域重大结构性失衡依重要性排序，突出表现为“四大失衡”，即就业的城乡、区域结构性失衡，就业的产业结构性失衡，就业的收入分配结构性失衡和就业的技能结构性失衡。就业领域重大结构性失衡已经成为制约经济高质量发展和实现更加充分、更高质量就业的一大根源。

（一）就业的城乡、区域结构性失衡——空间失衡

劳动力需求存在较大的区域差距，中西部地区劳动力市场需求缺口相对较大。如图 1-2 所示，比较三大区域劳动力市场求人倍率，通常情况下，东部地区低于中西部地区，个别季度东部地区超过中部地区。2021 年第一季度，东、中、西部地区市场岗位空缺与求职人数的比率分别为 1.50、1.68、1.72；同年第二季度，东部地区和中部地区相同，西部地区进一步走高，东、中、西部地区市场求人倍率分别为 1.49、1.49、1.96；同年第三季度，三大区域劳动力市场供需关系向好，市场求人倍率都出现了一定程度的下降，东、中、西部地区市场求人倍率分别为 1.47、1.43、1.76。

二三线城市留人难的区域结构性矛盾突出。近几年，由于大城市房价屡创新高、生活幸福指数较低，逃离北上广的呼声此起彼伏。但是，大城市就业环境、工资待遇及发展机遇都非中小城市所能比拟。每到毕业季，就会发

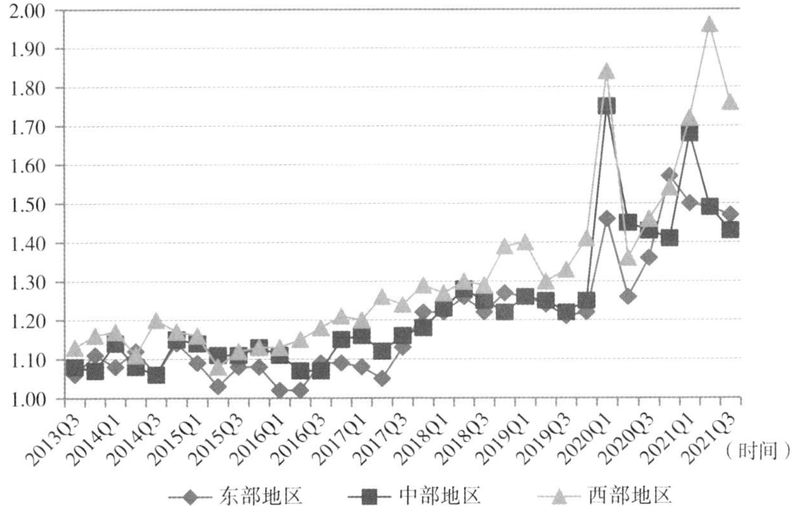

图 1-2　2013 年第三季度至 2021 年第三季度分三大区域公共就业服务机构市场求人倍率

资料来源：根据人力资源和社会保障部公开发布的 2013 年第三季度至 2021 年第三季度“百城市公共就业服务机构市场供求状况分析报告”整理得到。

现高校毕业生到环渤海经济带、长三角地区、珠三角地区就业仍是主流。而广大中西部地区、二三线城市，对高校毕业生求贤若渴，屡屡出台引才计划，打响“抢人大战”，各大城市为将人才收入囊中，从住房保障、配偶安置、子女就学、工作津贴、安家补助等方面向人才释放诚意。许多城市吸引人才时“攀高枝”，结果却是高端人才留不住，原来看不上的中端人才也纷纷离去。调研发现，在不少二三线城市都存在毕业生以硕士学历找不到合适工作，只能“自降身价”以本科学历去找工作的现象。由于产业配套设施不足，老城区公共服务供给不足，新城区交通、文娱、住宿餐饮等服务功能不全，二三线城市普遍面临“想留的人留不住，想要的人不愿来”的结构性矛盾。

（二）就业的产业结构性失衡——配置失衡

产业就业结构呈现第一产业就业比重下降，第二、三产业就业比重上升的变化趋势。2020 年，我国第一、第二和第三产业就业比重分别为 23.6%、28.7%和 47.7%。2000 年以来，我国三次产业就业结构偏离度总体较高，就业结构与产业结构的协调性不足。如图 1-3 所示，第一产业结构偏离度始终为负值，处在-0.8~-0.6，就业领域结构性失衡达到中度。这说明第一产业仍然存在大量的富余劳动力尚未有效转移，劳动生产效率较低，产业发展还不充分。

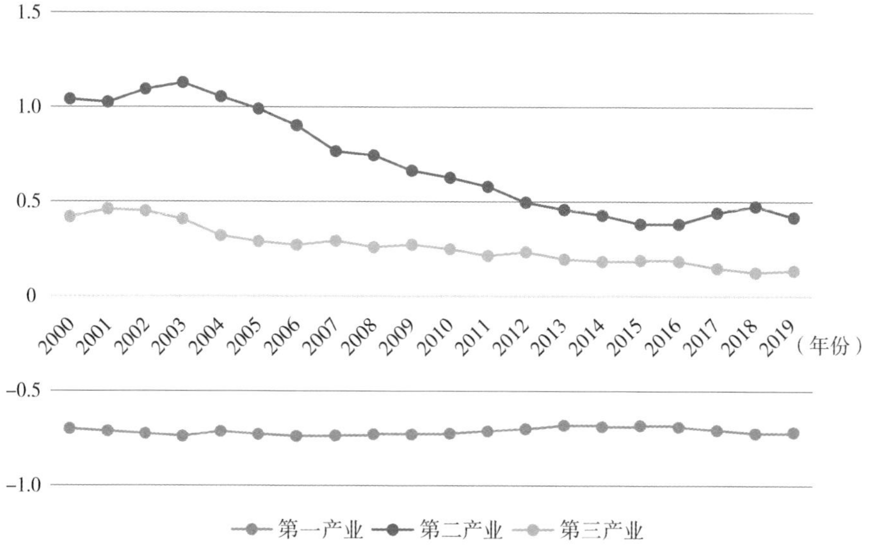

图 1-3　我国三次产业就业结构偏离度

资料来源：根据作者计算结果绘制。

第二产业结构偏离度为正值，绝对值低于第一产业，就业结构与产业结构的协调性更好。2019 年，第二产业就业结构偏离度降至 0.418，但仍处于轻度结构性失衡状况。2016 年以前，制造业快速扩张，尤其是以外贸加工为主的外向型劳动密集型制造业企业蓬勃发展，第二产业显示出了较大的就业吸纳潜力。2016 年以后，制造业转型升级，资本密集型和技术密集型制造业加快发展，对劳动力吸纳能力有所下降。

第三产业结构偏离度最接近 0，相比第一产业和第二产业，就业结构与产业结构的协调性最好。2003 年以后，就业结构偏离度降至 0.4 以下，2013 年以后，进一步降至 0.2 以下。服务业产业结构与就业结构的协调基础较好，资本、技术密集型行业与劳动密集型行业并存，对各层次劳动力的兼收并蓄能力较强。

当前，我国第二、三产业就业比重尚未达到最有利于经济发展质量提高的最佳区间。第二、三产业就业与经济发展效率存在显著的非线性倒U形曲线关系。根据课题组测算，第二、三产业就业比重的最优值在84.1%~90.7%。2020年，我国第二、三产业就业比重达到76.4%，距离前述区间值还有7.7%~14.3%的提高空间。

服务业人才缺口大。社会事业各领域各行业普遍存在人才储备不足的问题，与公立机构相比，民办机构更是捉襟见肘。以教育、养老行业为例，一些教育培训机构教师素质参差不齐，大部分都没有教师资格证。学前教育专任教师缺口63.5万人。护理是养老服务的“灵魂”。按照国家规定的老年人口与养老护理员比例要求，我国养老护理员缺口200多万人，目前从事专职护理的多为50岁以上的下岗工人。我国有4000多万名失能和半失能老年人，80岁以上高龄老人达2400万人，对养老护理服务的需求十分强烈。我国现有养老机构大部分缺乏护理功能，护理型床位数占比只有23%。专业护理人员只有约30万人，持职业资格证的不足3.8万人，远不能满足服务需求。①

（三）就业的收入分配结构性失衡——分配失衡

劳动者工资水平依然偏低。2017年，我国制造业就业人员实际年平均工资折合每小时工资4.2美元②，2020年提升至5.8美元，但仍明显低于发达国家和很多新兴经济体的水平。比较中国与欧美及东亚一些国家制造业小时工资水平，全部换算为美元作为单位，2017年，德国、法国、英国、美国、日本和韩国的制造业每小时人工成本分别高达46.0美元、43.7美元、30.1美元、24.8美元、32.5美元和27.7美元，我国制造业就业人员实际平均工

① 黄守宏．2019中国经济社会发展形势与对策．继续创新和完善宏观调控，保持经济运行在合理区间［M］．北京：中国言实出版社，2020：55.

② 国家统计局公布的2017年规模以上企业就业人员分岗位年平均工资显示，2017年全部规模以上企业就业人员年平均工资为61578元，比2016年增长7.3%，其中制造业年平均工资为58049元。折合每小时工资数，按照一年工作250天，每天工作8小时估算。但实际上，中国制造业就业人员的日工作时长通常超过8小时，一般达到10小时甚至更长，周工作天数6天，因此，制造业小时工资数额存在高估的可能。

资水平仅为发达国家就业人员工资的 9%～17%。[①] 到了 2020 年，德国、法国、英国、美国、日本和韩国的制造业每小时人工成本分别高达 50.0 美元、47.8 美元、35.5 美元、25.2 美元、31.7 美元和 28.2 美元，我国制造业就业人员实际平均工资水平仅为发达国家就业人员工资的 11.6%～23.0%。2017 年，阿根廷和马来西亚的制造业每小时人工成本分别达到 9.0 美元和 5.9 美元，前者是中国的 2.1 倍，后者是中国的 1.4 倍。尽管墨西哥和俄罗斯的制造业每小时人工成本都低于中国，但是两国的工业化程度都不及中国，制造业小时工资水平低于中国具有合理性。

劳动者的可支配劳动报酬比重下降。在劳动报酬中扣减了社会保险费、住房公积金、个人所得税后的部分，是劳动者的可支配劳动报酬。它是可以用来消费和储蓄的劳动报酬，是普通劳动者最后能够获得的收入。2018 年，我国可支配劳动报酬为 232611.9 亿元，占当年劳动报酬总额的比重为 70%，与 2008 年的 80%相比，下降了 10 个百分点。2020 年，全国居民工资性收入占可支配收入比重为 55.7%，比 2014 年下降了 1 个百分点，其中城镇居民工资性收入占可支配收入比重的降幅最大，从 2014 年的 62.2%降至 2020 年的 60.2%。究其原因在于，社会保险费、住房公积金、企业年金、个人所得税等居民不可支配部分快速增加，但是工资收入并未增大（谢伏瞻，2020）。

部分劳动者权益保障不到位。当前，违法解除劳动合同，拖欠职工工资，同工不同酬，不缴或欠缴社会保险费，超时加班，不落实带薪年休假制度，不依法支付加班工资等现象普遍存在。2021 年，外出农民工的月工资为 5013 元，尽管与 2009 年的 1417 元相比，已经增长了 2.54 倍，但是，农民工与城镇就业人员平均工资的差异依然较大。2021 年，农民工的年平均工资为 53184 元，仅为当年城镇非私营单位就业人员年平均工资 106837 元的 49.8%。

收入差距扩大。2008 年，我国全国居民人均可支配收入基尼系数一度达到 0.491，此后虽连续 7 年下降，但只减少 0.029，2016 年又开始反弹，攀升到 2017 年的 0.467，2020 年进一步升至 0.468。行业间、所有制间工资水平

① 国家统计局．国际统计年鉴 2019［M］．北京：中国统计出版社，2019.

差距大。如表 1-2 所示，2019 年，我国制造业、建筑业、批发和零售业、住宿和餐饮业等行业的城镇非私营单位与城镇私营单位就业人员年平均工资之比在 1.5∶1 左右，而同年，电力、热力、燃气及水生产和供应业及科学研究和技术服务业等行业的城镇非私营单位与城镇私营单位就业人员年平均工资之比都达到或超过了 2∶1。服务业内部细分行业间工资水平差距大。此外，2019 年，信息传输、软件和信息技术服务业从业人员年平均工资约 16 万元，而居民服务、修理等服务业从业人员年平均工资仅 5.2 万元，前者为后者的 3 倍多。

表 1-2　2019 年城镇非私营单位与城镇私营单位典型行业就业人员年平均工资

典型行业	就业人员年平均工资（元）		A∶B
	A 城镇非私营单位	B 城镇私营单位	
农、林、牧、渔业	39340	37760	1.0∶1
采矿业	91068	49675	1.8∶1
制造业	78147	52858	1.5∶1
电力、热力、燃气及水生产和供应业	107733	49633	2.2∶1
建筑业	65580	54167	1.2∶1
批发和零售业	89047	48722	1.8∶1
住宿和餐饮业	50346	42424	1.2∶1
信息传输、软件和信息技术服务业	161352	85301	1.9∶1
金融业	131405	76107	1.7∶1
科学研究和技术服务业	133459	67642	2.0∶1

资料来源：国家统计局网站，作者进行了计算。

（四）就业的技能结构性失衡——禀赋失衡

技能人才尤其是高技能人才短缺现象长期存在，且短缺数量呈扩大趋势。

在技能人才中，高技能人才短缺的情况尤为严重。根据中国人力资源市场信息监测中心对全国部分城市公共就业服务机构市场供求状况调查显示，2004年，各类技术等级岗位空缺与求职人数的比率在1.2以上，其中，高级技师的比率最大，达到1.83；到2022年第二季度，各技术等级或者专业技术职称岗位的求人倍率均大于2。其中，高级教师、技师求人倍率较高，分别为3.11和2.68。

技术工人、高技能人才占就业人员比重较低。截至2021年底，全国技能劳动者超过2亿人，其中高技能人才超过6000万人。我国技能劳动者占就业人口总量的比重为26%，高技能人才占技能人才总量的比重为30%，与发达国家相比存在较大差距。同时，与产业结构升级、产业基础能力提升以及产业链现代化的需求相比，我国高技能人才缺口较大，如表1-3所示，在制造业十大重点领域人才需求预测中，新一代信息技术产业、高档数控机床和机器人、电力装备以及新材料等新兴行业的人才缺口较大。

表1-3　制造业十大重点领域人才需求预测（单位：万人）

序号	十大重点领域	2015年	2020年		2025年	
		人才总量	人才需求预测	人才缺口预测	人才总量预测	人才缺口预测
1	新一代信息技术产业	1050	1800	750	2000	950
2	高档数控机床和机器人	450	750	300	900	450
3	航空航天装备	49.1	68.9	19.8	96.6	47.5
4	海洋工程装备及高技术船舶	102.2	118.6	16.4	128.8	26.6
5	先进轨道交通装备	32.4	38.4	6	43	10.6
6	节能与新能源汽车	17	85	68	120	103
7	电力装备	822	1233	411	1731	909
8	农机装备	28.3	45.2	16.9	72.3	44
9	新材料	600	900	300	1000	400
10	生物医药及高性能器械	55	80	25	100	45

资料来源：中国工程科技发展战略研究院.2020中国战略性新兴产业发展报告［M］.北京：科学出版社，2019.

创新人才供给缺口日益明显。我国战略性新兴产业的人才缺口大。一是高端领军人才数量有限。虽然我国涌现出了一批高端领军人才，但是在诸多产业的关键核心环节依然存在较大缺口，这也是造成我国核心技术能力不足的主要原因。二是前沿技术领域人才准备不足。高盛发布的《全球人工智能产业分布》报告中称，全球新兴人工智能项目中，中国在数量上已经超越美国，但在全球人工智能人才储备上，中国只有5%左右。这些数据表明中国市场对AI专业人才需求迫切。有关数据显示，我国人工智能行业存在500万人的人才缺口。① 三是复合型人才供给不足。高端复合型人才匮乏突出表现在计算机动画以及创意设计等领域。近年来，我国数字创意产业迅猛发展，面临着巨大的人才缺口，尤其是适合数字创意产业需求、兼通文化艺术和数字技术的复合型数字创意人才严重不足，并已日渐成为制约数字创意企业甚至产业发展的瓶颈。

三、就业领域结构性失衡的原因

就业结构是嵌入在宏观经济社会系统结构中的一部分，受到经济产业、技术进步、国际环境、人口变动、城乡关系、区域发展、收入分配、体制机制等众多宏观经济社会结构因素的影响。因此，它也是我国发展不平衡不充分在就业领域的反映。

（一）扭曲效应一——产业发展带动劳动力需求增长受阻

以制造业为主体的实体经济，不仅创造了大量就业岗位，也为服务业就业增长提供坚实支撑。当前，全国制造业就业规模约1.5亿人，是提供就业岗位最多的非农行业。第三产业尤其是服务业具有强劲的就业吸纳能力，就业容量平均高出第二产业20%左右。与第二产业相比，服务业劳动密集程度高，在提供就业岗位上发挥越来越重要的作用。伴随着第二、三产业发展，各种新挑战不断出现，不仅阻碍产业实现跨越式发展，更造成潜在的劳动力

① AiChinaTech. 2019全球AI人才报告发布 三大问题依然严峻［EB/OL］. http://www.yidianzixun.com/articl/OLsmixhs, 2019-04-30.

需求不能释放。当前面临的新挑战主要表现在如下方面。

一是民营企业和中小型企业融资难。民营企业本身规模相对较小，拥有的可支配资产、利润等更少，抵御风险和获取金融机构支持的能力较弱，相较之下金融机构更倾向于放贷给国有企业。2020 年战略性新兴产业民营上市企业平均资产负债率低于战略性新兴产业国有上市企业 6 个百分点；战略性新兴产业民营上市企业平均资产规模仅为国有上市企业的 1/3。此外，中小型企业融资难、融资贵。2020 年战略性新兴产业中小上市企业 IPO 融资额超过 800 亿元，占同期战略性新兴产业上市企业 IPO 总融资额的 20%以上，占比较 2015 年下滑 10 个百分点。从融资贵方面来看，战略性新兴产业中小上市企业融资成本持续快速上涨，2021 年平均债权融资成本较 2015 年提升 15%。①

二是社会力量投资民生服务业遭遇“玻璃门”“弹簧门”障碍。教育、医疗、养老、托育、文化、体育等服务业发展严重不足，民间投资在用地用房、优惠政策落实、准入审批、融资贷款、税收减负和有效监管等方面困难重重，通过划拨等形式获得建设用地很难，协议出让、租赁也比较少。国家允许利用闲置厂房、仓库、老旧商业设施等兴办社会服务机构，但缺乏具体操作办法，用地性质转换成本高、手续复杂。市场准入、产业规划、要素保障、财政税收等“含金量”高的优惠政策落实不到位。非营利性机构与公立机构相比，政策优惠存在差距。社会领域“放管服”改革的进展迟缓，前置条件过于烦琐。教育、医疗、养老等领域民办机构普遍难以获得银行贷款，不得不求助民间借贷，利率高达 10%～30%。② 教育、养老等领域“民非”的床位费、看护费、保育费、学费等主要收入不免税，而公立机构都免税。非营利性医疗机构的医疗收入已免税，但营利性医疗机构要缴纳 25%的所得税。“民非”的登记管理单位是民政部门，免税资格认定又在财政和税务部

① 中国工程科技发展战略研究院．2020 中国战略性新兴产业发展报告［M］．北京：科学出版社，2019：12-13.

② 黄守宏．2019 中国经济社会发展形势与对策．继续创新和完善宏观调控，保持经济运行在合理区间［M］．北京：中国言实出版社，2020：33.

门，相关政策不衔接。

三是新业态发展面临一系列挑战。企业及行业管理层对共享经济、互联网金融、区块链等新业态发展给经济社会带来的风险评估不足，缺乏与新技术、新业态相适应的监管模式、监管手段和管理经验。共享单车领域企业大面积遭遇发展困境，多家企业破产倒闭，曾经的领头羊企业 ofo 陷入退押金困局。由于企业经营及对个人投资者资产保护等存在问题，互联网金融出现暴雷潮。同时，各类灵活就业、新就业形态蓬勃发展，但是劳动就业法治建设滞后，服务管理不到位。[①] 灵活就业在劳动标准（如劳动条件、工时、工资、保险福利待遇）、生产组织管理及劳动关系运作等方面，达不到一般企业单位标准，劳动者合法权益保护不到位。受客观条件制约，灵活就业发生纠纷时往往取证难度较大。

（二）扭曲效应二——技术进步挤压低端劳动力就业空间

“互联网+”、大数据、云计算、物联网、移动互联网，以及机器人、3D 打印、虚拟制造、人工智能等技术的快速发展和广泛应用，揭开了新一轮科技和产业革命的大幕。新一轮科技和产业革命的本质是技术进步。类似工业革命对农业就业的影响（在农业社会向工业社会的转变过程中，美国农业人口由 40%降至 4%），伴随着技术进步、资本价格下降和人力成本上升，新一轮科技和产业革命对一些传统就业岗位的冲击不可避免。新技术正呈指数级增长，以数字、网络、智能为基础的各项颠覆性技术创新的出现和应用，将对要素生产率的提升产生巨大的推动作用。有研究表明，目前美国 47%的工作存在被机器人、虚拟制造和人工智能等替代的危险。

使用面板固定效应的岭回归方法估计技术进步对我国就业的影响，回归结果显示，技术进步对全国总体就业和城镇就业都存在显著的不利影响，并且对城镇就业的影响大大高于对全国总体就业的影响，前者是后者的近一倍

① 王阳．互联网快速普及对城镇失业的影响及对策建议［J］．宏观经济研究，2020（7）：84.

（王阳、范宪伟，2019）。在最不乐观的情景下①，我国城镇就业将有 2200 万就业人口存在失业风险，岗位替代率为 5.4%，接近美国的 6.1%。同时，不同年龄和学历特征的人群被替代的程度不同。按照我国的人口结构估算，对于技能单一、年龄偏大、学习能力差的劳动者的冲击较大，加剧结构性失业问题。高校毕业生、农民工等群体的就业会面临更加严峻的环境。据此估算，也有超过 1200 万人的劳动者面临失去现有就业岗位的风险。另外，不同地区和不同行业替代情况不同。东部地区和第二产业中的劳动密集型行业可能受到更大影响。

近年来，随着数字经济相关产业不断发展壮大，传统产业数字化转型持续加速，倒逼就业结构升级。在产业的就业量变化上，第一产业就业量减少，第二产业传统制造业就业规模将持续降低，第三产业就业量增加，低技能、单一技能的岗位需求加速减少。机器人等新一代人工智能技术的普及，促使更多农业劳动力被农业自动化释放出来。他们从农、林、牧、渔业向非农产业的转移，从生产效率低的部门向生产效率高的部门流动，并通过城镇化、技能提升等途径实现素质和能力的提升。此外，传统制造业的就业规模也会遭受巨大冲击，重复性工作内容和可预测的程序性任务将由低成本技术完成，而需要灵活性、创造性、人际交往或问题导向的非程序性工作受影响较小。当前我国从事程序性体力劳动岗位占比达 22.5%，首当其冲受到影响。与此同时，从事程序性脑力劳动岗位占比超过 28%，其中也将有 1/4～1/3 被替代。在第三产业内部，批发和零售业、住宿和餐饮业、租赁和商务服务业、居民服务和其他服务业的就业数量减少。

数字经济发展将广泛淘汰和优化原有的就业岗位，自动化、智能化、网络化普及大大加速传统劳动密集型产业用工的替代速度。工业机器人是面向工业领域的多关节机械手或多自由度的机器装置，是最具代表性的智能制造领域之一。统计显示，2013 年中国机器人销量进入高速发展期，2018 年国内销量创新高，达到 14.8 万台，市场规模达 90 亿美元，约占全球市场份额的

① 在全要素生产率的增长率为 7%的情景下。

1/3（中国工程科技发展战略研究院，2018）。未来五年，智能工厂、智能装备、智能物流和智能交通等领域机器换人的潮流将使 100 万~180 万名制造业职工面临转岗甚至失业的风险。[①] 珠海市某大型制造业企业通过对生产线的自动化改造，使生产线用工量从原来的 28~30 人减少到 3 人，经过几年推进技术改造，企业总体用工量从最多时候（2017 年）的 3200 人减少到 2020 年的 2700 人。

（三）扭曲效应三——国际环境波动影响产业劳动力需求

世界经济贸易增长放缓，动荡源和风险点增多。“十四五”时期，全球经济周期性下行态势仍将延续，90%以上的经济体增速同步回落，尤其是美国和欧元区的放缓态势超出预期，多数经济体增速回落至金融危机以来最低水平并且这一态势可能延续。[②] 随着全球贸易保护主义抬头，国际经贸摩擦加剧，国际直接投资稳定性严重不足；全球债务水平持续攀高，特别是新兴经济体金融市场风险日益集聚；各个经济体增长周期出现分化，主要发达经济体货币政策负外溢性凸显。民粹主义浪潮兴起带来了反全球化的浪潮，保护主义抬头瓦解了全球贸易体系的根基，“黑天鹅”事件频发也打击了各国参与全球化的积极性，全球充分竞争的格局已经被削弱，产业链本土化、区域化趋势不断强化。[③]

新冠肺炎疫情和隔离措施给外贸形势带来严重影响。根据世界银行的预测，2020 年全球 GDP 将下降 5.2%，为“二战”后最大降幅。全球范围内贸易保护主义有增加趋势，印度海关加强检查从我国运往印度的货物，并封禁 59 款中国公司所开发的移动应用。部分企业表示，出口印度订单全部暂停或主动取消。同时，受中美经贸摩擦影响，一些加工贸易企业产能转移至境

① 根据国家统计局的数据，今后五年内国内工业机器人市场年销售量将达到 50 万~60 万台。以每台工业机器人替代 2~3 名工人的保守估算，面临被替代风险的制造业工人在 100 万~180 万人。

② 张晓晶．“十四五”时期我国经济社会发展的战略重点［EB/OL］．http：//www.chinacer.com.cn/shisiwuguihua/202007286979.html，2020-07-26.

③ 谢伏瞻．2020 年中国经济形势分析与预测［M］．北京：社会科学文献出版社，2020：52-54.

外；民营企业加快对外投资，一些企业已在东南亚设厂，部分订单已经转移。

产业发展面临严峻的国际挑战，企业用工需求遭受冲击。部分外贸企业经营压力较大，已经出现拖欠工资现象，个别企业停工停产。在地缘政治和风险规避因素驱动下，全球范围内产业链区域化、本地化将成为结构性趋势。全球经济同步下行将使我国外需进一步承压，叠加中美经贸摩擦的影响，可预见的是，我国出口增长放缓压力不断加大。企业投资信心不足，国际化发展能力有待增强，供需两端疲软态势尚未有明显改善迹象，就业潜在压力犹存。

（四）扭曲效应四——劳动年龄人口负增长加剧供需失衡

当前社会人口结构呈现老年化，老年人口规模快速扩大。由此带来的人力资源结构变化，主要体现为青年劳动力人口减少，劳动力资源大龄化趋势明显，对就业格局产生了广泛而深刻的影响。当前，全球人口发展都在经历深刻的调整。人口增长总体趋缓，全球生育水平普遍下降，发展中国家的降幅更为明显，部分国家生育率长期处于低水平；主要经济体人口呈现上升趋势，部分经济体未来人口数量减少的状况，健康状况明显改善，人口预期寿命提高。

随着全球人口老龄化加快，发达国家进入深度老龄化阶段，发展中国家总体也在呈现老龄化趋势。[①] 按照国家统计局统计数据，2021 年末，我国劳动年龄（16~59 岁）人口为 88222 万人，与 2018 年末相比，劳动年龄人口减少 1500 万人，比重下降 1.8 个百分点。据测算，到 2030 年之前，我国 16~59 岁的劳动年龄人口仍将保持在 8 亿人以上。[②] 此外，自 2012 年起，我国劳动年龄人口的数量和比重连续出现双降，2021 年劳动年龄人口数量比 2013 年减少了 3800 万人。受劳动年龄人口持续减少的影响，劳动力供给总

---

① 国务院发展研究中心课题组．百年大变局——国际经济格局新变化（上）［M］．北京：中国发展出版社，2018：13.

② 莫荣．中国就业发展报告（2019）［M］．北京：社会科学文献出版社，2019：35.

量下降，2018 年末全国就业人员总量也首次出现下降。

按照联合国人口司的人口模型预计（2017 年模型），我国 15~59 岁劳动年龄人口，2019 年为 9.29 亿人，2020 年下降为 9.25 亿人，2021 年下降为 9.22 亿人，到 2025 年将下降到 9.00 亿人，到 2030 年将进一步下降到 8.58 亿人。我国劳动年龄人口将呈现加速递减的态势，如图 1-4 所示，比较相邻年份劳动年龄人口变化，数量降幅呈现扩大趋势，与 2020 年相比，2021 年 15~59 岁的人口数量减少 332.3 万人，与 2024 年相比，2025 年 15~59 岁的人口数量将减少 685.3 万人。在未来十年及更长的时期内，随着劳动年龄人口加速下降，我国就业人口也将持续下降。

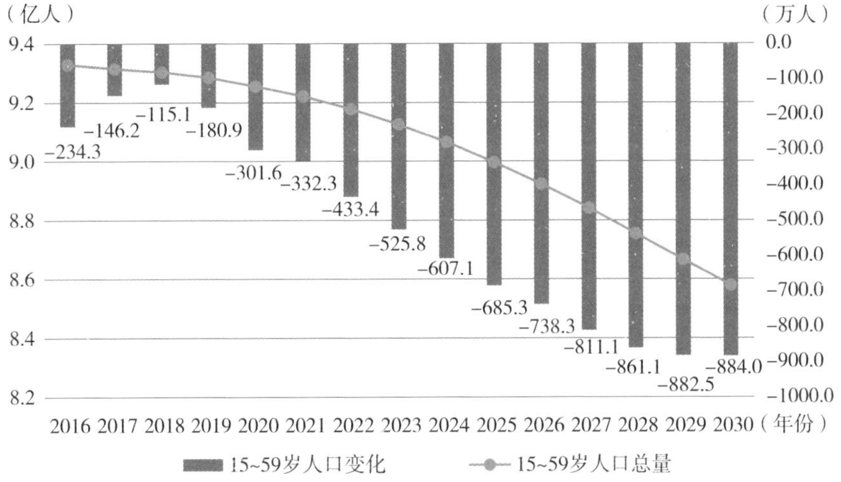

图 1-4　联合国人口司预测的 2016—2030 年中国劳动年龄人口变化

资料来源：联合国人口司预测数据。

此外，我国劳动年龄人口的平均年龄不断提高，2000 年平均年龄为 34.9 岁，到 2010 年增加至 36.4 岁，到 2020 年增加至 38.5 岁以上，2021 年平均年龄已达 38.8 岁。劳动年龄人口中大龄劳动力数量和所占比重不断上升。劳动力大龄化固然有劳动者经验技术积累增厚、社会稳定性增强的好处，但是大龄劳动力接受新知识、新技术、新经验能力较弱，职业转换能力较差，必然减少劳动力市场的流动性和灵活性。尤其是在经济形势不好、经济结构调整过程中，一旦出现下岗失业问题，那么大龄劳动者的转岗、转业、就业就会更加困难。已经外出打工的大龄劳动者，则逐步选择回家乡就地就近就业创业，劳动力市场城乡和区域结构出现新的矛盾和挑战。青年劳动力的逐步减少与劳动力市场中存在的“需求偏好”形成矛盾，加剧劳动力供求矛盾。青年劳动力的减少，也可能造成经济活力下降、创新能力减弱等问题。

当前，各地招工难问题愈演愈烈，在一定程度上与青年劳动力的有效供给不足密切相关。劳动力供给紧张，无论是东部发达地区，还是中西部传统劳动力输入大省，都存在劳动力供给不足问题，技术人员和一线普工短缺。一些企业反映，劳动力市场上的求职人员减少，并且年龄偏大。有协会反映，新生代劳动者的求职取向发生了明显变化，铸造、锻压、热处理等基础行业，招工难问题最为突出，相关培训教育力量也在不断萎缩。随着人口老龄化加速，劳动年龄人口持续减少，对劳动力供给的直接制约更加显著。“十四五”时期，我国必须及早谋划、统筹解决。

（五）扭曲效应五——统一的人力资源市场体系尚未形成

当前，我国劳动力市场不完善，以户籍、行业、区域和所有制性质等为间隔的体制障碍尚未消除，劳动力跨城乡、跨区域乃至跨城市、跨农村自由流动的制度成本依然较高。与发达国家相比，我国劳动力市场分割现象严重，不仅存在“主要劳动力市场”和“次要劳动力市场”的分割，更存在着以户籍管理制度和劳动用工制度为代表的一系列制度性分割，包括城乡劳动力市场的分割、不同体制和部门之间的分割等，形成了劳动力、人才自由流动的“隐性壁垒”（王阳，2020）。

虽然部分明显带有歧视性的政策已经逐渐被取缔，但基于这些制度产生的各种利益集团仍在自觉和不自觉地维护着这些歧视性制度，导致劳动力市场分割的体制机制性因素依然大量存在。户籍管理制度导致外来就业人员在就业准入、社会保障、子女教育、医疗卫生等方面的利益受到损害。主要表现如下：

一是存在就业准入壁垒。在一些地方，外来劳动力仍被限制进入出租车等特定行业；非本地城镇户籍社会人员要进入政府的公务员系统、事业单位在编人员队伍和高收入的垄断行业面临较大的困难。

二是社会保障待遇的公平性和便携性不足。各个城市的社会保障均以服务本地居民为主，即使有些城市有专门为外来人口提供的社会保障，其保障水平也比较低，外来劳动力参与率不高。还有一些项目的参保具有选择性，不能落实强制参保政策（国家发展和改革委员会宏观经济研究院社会发展研究所，2019）。再加上养老保障的个人账户目前尚不能跨地区携带，退保时职工只能带走个人账户中个人缴纳的累积金额，而企业缴纳的统筹部分则无法带走，这对外来劳动力而言是不小的损失。此外，农村失业劳动者和进城务工农村劳动者难以享受就业援助扶持政策。社会保险政策虽然已惠及非城镇户籍人员，但是很多城镇劳动者并没有参与到城镇社会保障体系中来，享受的社会保险待遇标准较低。农村住房保障对象尚未纳入住房保障体系（何文炯，2019）。城乡居民“三无”人员供养标准和最低生活保障水平差距较大，农村户籍人口的伤残赔偿金和死亡赔偿金标准只是城镇标准的1/3，退役士兵安置和城乡义务兵家庭优待还存在差异等。

三是国有与非国有部门人员流动存在体制性障碍，没有形成国有与非国有部门人员双向流动的局面。在社会用人方面，学历资格与职业资格不衔接，社会用人中“唯学历”倾向严重。国有部门虽然普遍建立了人员退出机制，但事实上存在的“铁饭碗”制度仍未打破，社会上更认可在国有部门工作。在干部人事制度、劳动用工制度等方面，仍然采取内外分割的管理体制，在国有与非国有部门之间形成了事实上的隐性身份制度。

四是科技研发人员流动面临显性和隐性壁垒。人才在不同类型的单位间流动，需要翻越户籍、身份、资历、学历、级别、编制、待遇、人事关系等多座“山峰”，相互之间难以实现便捷转换，成为人才合理流动的羁绊。在部分城市，户籍限制仍然是制约高层次人才、急需紧缺人才流动的因素之一，流动不畅导致人才活力不能充分释放。在机关事业单位内部流动方面，则受到身份性质、相应等级岗位、福利待遇等制约。部分人员从体制内向体制外横向流动的过程中，在人事关系转移上，不被原单位支持，一定程度上造成了人才流出“难于”人才引进的局面。此外，心理上的障碍也不容忽视。一方面，一些人在心理上对附加在公务员或事业编身份上的职务职级、工资福利、职称、编制等考虑较多；另一方面，担心自身能力不够，一旦辞职创业失败，没了退路，顾虑较多。一些后顾之忧还未得到很好解决，不利于体制内人才尤其是高校、科研院所人员到企业创新创业。

五是海外人才回归便利性不足，在出入境、工作居留、医疗教育配套等方面仍存在障碍。持外籍护照的科研人员的引进，工作许可及就业证办理手续繁多，流程很长，要向多个部门提交材料，大大降低了外籍人才引进效率。[①]

（六）扭曲效应六——工资制度和工资形成机制亟待健全

受市场化改革、国有企业改革以及事业单位改革进展的制约，劳动力的工资形成机制仍然难以充分、合理、有效地反映各类劳动者的贡献，主要表现如下。

一是工资集体协商制度在维护劳动者合理收入方面的作用仍然有限。当前，我国制造业劳动力低成本优势仍十分显著，这也在一定程度上反映了我国集体协商机制不够完善。[②] 当前，企业工会参与协商的主体不够成熟，协商的内容不够全面。同时，一些集体协商的程序不规范，集体合同的内容空洞。此外，对集体合同履约的监督力度不足。一些地方出台的劳动就业条例、意见、规定、政策及各类办法，大多是在供给侧结构性改革实施之前制定，最近两年少有修改。

二是国企工资形成机制中，存在难以界定竞争性国企、难以合理地对劳动贡献定价等一系列操作性难题。国有与非国有部门劳动力素质水平存在较大差异。从受教育年限来看，国有部门劳动力在各个行业、各类职业的平均受教育年限均高于非国有部门。从职业和岗位看，非国有部门中非技术工

① 中国科协调研宣传部，中国科协创新战略研究院．中国科技人力资源发展研究报告——科技人力资源与创新驱动［M］．北京：清华大学出版社，2018：190-191.

② 宋晓梧．构建共享型社会：中国社会体制改革 40 年［M］．广州：广东经济出版社，2018：127.

人、非熟练工人等所占的比重较大，国有部门高级蓝领员工所占的比重在不断下降，从事专业技术和管理工作的白领岗位所占的比重快速上升。但是，国有与非国有部门劳动回报存在差异。在薪酬管理上，国有部门主要由政府政策统一调整，而不是对劳动力市场竞争的自发反映，非国有部门薪酬调整则普遍建立在实际生产率提升和劳动力供求关系变化的基础上。在市场化工资决定机制下，高人力资本存量必然带来高收益，于是，国有部门高人力资本的报酬率低于非国有部门，而低人力资本的报酬率却显著高于非国有部门。工作年限在工资决定中起着显著作用，存在“论资排辈”因素，偏离了市场化的工资机制，实际上对高学历者存在工资惩罚，对低学历者存在工资溢价，造成了劳动力资源浪费，降低劳动力市场效率，还会形成劳动力的“逆向选择”，造成高素质劳动力流失，损害国有部门的竞争力。①

三是财政供养人员收入水平较低，未能体现劳动价值。近年来，尽管中央及地方各级人事部门和财政部门多方筹措经费，数次调薪，但机关事业单位工作人员平均收入水平仍滞后于经济发展水平。即使在具备同样经验与知识储备的情况下，机关事业单位人员报酬也显著低于其他行业在职人员。同时，随着机关单位薪酬制度的不断规范、财经纪律的收紧，一些福利、津贴、补贴也逐步被清理取消。在财政供养人口队伍高素质、高学历化的大背景下，虽然社会综合生活成本水涨船高，但受工作性质所限，收入上涨空间有限，劳动价值无法得到充分体现。长此以往，将导致人才流失，在劳动力市场形成负面预期。

（七）扭曲效应七——教育培训体系尚未较好满足产业发展需要

高等教育的专业设置和教学培养对经济形势、产业结构变化和就业市场变化的反应较为滞后。高校专业设置口径和设置方向的刚性较强，分专业时所规定的主干学科或主要学科基础及业务范围的覆盖面较窄，相当多的专业在其专业本已狭窄的口径之内又继续分化专业方向。在市场经济条件下，这

① 罗帅．国有部门与非国有部门工资收入分配与差异研究［J］．中国劳动，2014（10）：11-14.

种专业设置将导致毕业生就业面临专业面窄、职业适应性差、可替代性差等问题。同时，专业转换成本较高，新专业设置困难。如果把教育过程看作一个生产过程，那么学校办学存在明显的收益递增性质，即生产过程的平均成本逐渐下降，收益呈递增趋势。专业转换需要将已生产收益的“产品”做“下架”处理，成本较高；而一些专业尽管是市场和社会急需，但是受到人力物力限制，加上申请专业转换的程序烦琐，收益不可预期。此外，高校进行专业设置时，对市场和社会的需求呈现一定程度的盲目和短视，面对瞬息万变的需求，高教系统缺乏必要的敏锐性和迅速应对的能力。AI 技术、机器人运营维护、新型装备制造和数字化升级等产生的新兴岗位，没有足够的符合专业和技能要求的毕业生。据麦可思公司的研究发现，高校毕业生的工作与其所学专业的相关度只达到 66%，“学而不用”造成了教育资源和人才的浪费。

终身职业技能培训制度建设与全面提升劳动者就业创业能力的迫切要求不相符。当前，我国终身职业技能培训政策体系还不完善，包括终身职业技能培训规划、组织实施、指导和监管等制度，以及培训经费、土地、技术、管理、培训机构等资源投入的政策，都需要进一步规范或明确（王颖，2019）。同时，培训资源过于分散，运行效率偏低。职业技能培训机构形式多样，大多由地方举办和管理，各类职业教育学校和职业技能培训机构分属省、市、县有关部门，按部门分属于教育、人社、农业、工会等部门，按行业分属于部门办、企业办、民办、社会组织办等（杨玉凤，2018）。条块分割的管理体制造成了培训资源布局的分散，各类学校和职业技能培训机构在专业、地域分布上不尽合理，劳动者接受终身职业技能培训面临学业衔接、专业理论与技能操作衔接等实际问题。一些劳动密集型企业反映，随着产业转型升级加快，我国高等教育、职业教育人才培养与企业实际需求不匹配、结构性失衡问题更加明显。

四、应对的思路和具体举措

经济转向高质量发展，意味着实现从高速增长向高效增长的跃升，提高全要素生产率是题中之义。当前，我国就业领域存在重大结构性失衡，就业结构尚未达到最有利于经济增长潜力充分发挥、质量效益明显提升的状态。因此，需要面向中长期加强经济建设和社会建设的总体要求，统筹谋划，科学分析，综合施策。

总体来看，“十四五”时期乃至2030年前后，是化解就业领域重大结构性失衡的关键窗口期，应当紧紧围绕深化供给侧结构性改革的主线，服务于构建新发展格局，以实现更加充分更高质量就业为目标，坚持经济发展的就业导向，统筹扩容量与提质量，释放国内需求潜力，增强创新的就业效能，拓展高水平开放的就业空间，深化劳动力要素市场化配置改革，提升人力资源支撑作用，健全就业促进机制，让广大劳动者实现体面劳动、全面发展、幸福人生。

（一）主要目标

1. 空间平衡——就业的城乡、区域结构更加优化

劳动力需求的区域差距缩小，中西部地区劳动力市场需求缺口减少，二三线城市就业环境明显改善，基本公共服务均等化水平明显提高，城市新区产业配套设施和生活服务功能增强，重点群体就业支持体系更加完善，城乡就业政策体系更加协调，农村劳动力转移就业规模稳步提高，除个别超大城市外的城市落户限制放开，农业转移人口融入城镇步伐加快。

2019年，我国就业人员总量77471万人，其中，城镇就业人员44247万人，占就业人员总量的比重是57.1%。2019年，我国农民工①总量29077万人，占城镇就业人员量的65.7%。根据作者的预测，当我国城镇就业比重达到66%，对人均国内生产总值增长率的正向作用最大，即就业的城乡结构最有利于经济增长潜力充分发挥。当我国城镇就业比重达到75%，对全要素生产率增长率的正向作用最大，即经济增长速度与质量效益明显提升。考虑到就业人员总量减少趋势，以就业人员总量7.7亿人作为基数，以城镇就业人员4.4亿人作为初始值，如表1-4所示，如果在“十四五”期末（2025年）城镇就业比重达到66%，则需要农村劳动力向城镇转移就业规模0.682亿

① 指户籍仍在农村，年内在本地从事非农产业或外出从业6个月及以上的劳动者。

人，城镇就业比重年均增速保持在 1.58%，农民工占城镇就业人员比重降至 62.2%，年均降速保持在 1.32%。如果在“十五五”期末（2030 年）城镇就业比重达到 75%，则需要在 2025 年的基础上，农村劳动力向城镇转移就业规模再增加 0.693 亿人，城镇就业比重年均增速保持在 1.69%，农民工占城镇就业人员比重进一步降至 60.8%，年均降速保持在 1.18%。

2. 部门平衡——就业的产业结构更加协调

实体经济与人力资源协同发展，第二、三产业就业容量明显扩大，健康、养老、育幼、家政、物流等现代服务业吸纳就业能力增强，非农就业比重加快提高，制造业就业更加稳定，服务业人才缺口明显下降，数字经济领域就业加速增长，就业新空间显著扩大，新经济、新业态就业质量提升、规范发展，产业就业需求调查和失业监测预警机制更加健全。

2019 年，我国就业人员总量 77471 万人，其中，第二产业就业人员 21305 万人，第三产业就业人员 36721 万人，第二、三产业就业人员合计 58026 万人，占就业人员总量的比重是 74.9%。2019 年，我国数字经济领域就业岗位达到 2.13 亿个，占就业人员总量的比重是 27.5%，比 2018 年提高了 2.8 个百分点。根据作者的预测，当我国第二、三产业就业比重达到 84.1%，对人均国内生产总值增长率的正向作用最大，即就业的产业结构最有利于经济增长潜力充分发挥。当我国第二、三产业就业比重达到 90.7%，对全要素生产率增长率的正向作用最大，即经济增长质量效益明显提升。考虑到就业人员总量减少趋势，以就业人员总量 7.7 亿人作为基数，以第二、三产业就业人员 5.8 亿人作为初始值，如表 1-4 所示，如果在“十四五”期末（2025 年）第二、三产业就业比重达到 84.1%，则需要农业剩余劳动力实现非农就业规模 0.6757 亿人，第二、三产业就业比重年均增速保持在 1.52%，数字经济领域就业占全部就业人员比重升至 46.4%，年均增速保持在 2.02%。如果在“十五五”期末（2030 年）第二、三产业就业比重达到 90.7%，则需要在 2025 年的基础上，农业剩余劳动力实现非农就业规模再增加 0.5082 亿人，第二、三产业就业比重年均增速保持在 1.51%，数字经济领域就业占全部就业人员比重升至 50.7%，年均增速保持在 1.56%。

表 1-4　化解就业领域重大结构性失衡的主要指标

指　标	2019 年	2025 年	年均增速（%）（累计）	属性
1. 城乡、区域结构				
（1）城镇就业人员占全部就业人员比重（%）	57.1	66	1.58 （15.6）	约束性
（2）农民工占城镇就业人员比重（%）	65.7	62.2	-1.32 （-5.3）	预期性
（3）农村劳动力向城镇转移就业规模（万人）	—	—	（6820）	约束性
2. 产业结构				
（4）第二、三产业就业人员占全部就业人员比重（%）	74.9	84.1	1.52 （12.3）	预期性
（5）数字经济领域就业占全部就业人员比重（%）	27.5	46.4	2.02 （68.7）	预期性
（6）农业剩余劳动力实现非农就业规模（万人）	—	—	（6757）	约束性
3. 收入分配结构				
（7）劳动报酬占国内生产总值比重（%）	36.6	39	1.37 （6.6）	约束性
（8）可支配劳动报酬占劳动报酬比重（%）	73.0	>75	（>2.7）	预期性
（9）居民人均可支配收入增长率（%）	5.8	—	>5.5	预期性
4. 技能结构				
（10）劳动年龄人口占总人口比重（%）	64.0	61.5	-1.25 （-3.9）	预期性
（11）高技能人才占全部就业人员比重（%）	6.5	>11	（>69.2）	预期性
（12）劳动年龄人口平均受教育年限（年）	10.7	11.3	（0.6）	约束性

续表

指标	2025 年（预期）	2030 年	年均增速（%）（累计）	属性
1. 城乡、区域结构				
(1) 城镇就业人员占全部就业人员比重（%）	66	75	1.69 (13.6)	约束性
(2) 农民工占城镇就业人员比重（%）	62.2	60.8	-1.18 (-2.3)	预期性
(3) 农村劳动力向城镇转移就业规模（万人）	—	—	(6930)	约束性
2. 产业结构				
(4) 第二、三产业就业人员占全部就业人员比重（%）	84.1	90.7	1.51 (7.8)	预期性
(5) 数字经济领域就业占全部就业人员比重（%）	46.4	50.7	1.56 (9.3)	预期性
(6) 农业剩余劳动力实现非农就业规模（万人）	—	—	(5082)	约束性
3. 收入分配结构				
(7) 劳动报酬占国内生产总值比重（%）	39	41.5	1.45 (6.4)	约束性
(8) 可支配劳动报酬占劳动报酬比重（%）	—	>77	(>2.7)	预期性
(9) 居民人均可支配收入增长率（%）	—	—	>5	预期性
4. 技能结构				
(10) 劳动年龄人口占总人口比重（%）	61.5	59.2	-1.30 (-3.7)	预期性
(11) 高技能人才占全部就业人员比重（%）	—	>18	(>63.6)	预期性
(12) 劳动年龄人口平均受教育年限（年）	11.3	11.9	(0.6)	约束性

资料来源：作者设计。

3. 分配平衡——就业的收入分配结构明显改善

居民收入增长略快于经济增长，劳动报酬在初次分配中的比重提高，工资制度更加完善，工资合理增长机制更加健全，最低工资标准继续提高，低收入群体收入提高，中等收入群体规模扩大。各类生产要素由市场决定报酬的机制更加健全，劳动关系协调机制更加高效，多层次社会保障体系更加完善，公共服务更加均等、普惠、便捷，劳动者权益得到更充分保障，税收、社会保障、转移支付等调节力度和精准性增强，可支配劳动报酬比重提高。

2019 年，我国居民部门初次分配收入占比为 58.5%，比 2018 年下降了 2.7 个百分点。劳动报酬是居民部门最主要的收入来源。2019 年，劳动报酬占国内生产总值的比重约为 36.6%，比 2018 年下降了 1.5 个百分点。2019 年，可支配劳动报酬①约为 25.4 万亿元，占国内生产总值的比重为 25.6%，占劳动报酬总额的比重为 73%，比 2018 年提高了 1.2 个百分点。② 居民收入分配直接关系扩大消费和国内经济大循环。③ 考虑到分配失衡并不会随着经济增长而自发缩小，为改善收入分配结构，促进我国全要素生产率加速提高，以“十四五”时期我国经济年均增长率 5.5%、“十五五”时期我国经济年均增长率 5%作为基数④，如表 1-4 所示，到“十四五”期末（2025 年），劳动报酬占国内生产总值比重达到 39%，比 2019 年提高 2.4 个百分点，年均增速保持在 1.37%，可支配劳动报酬占劳动报酬比重超过 75%，累计增速超过 2.7%，居民人均可支配收入年均增速超过 5.5%。到“十五五”期末（2030 年），劳动报酬占国内生产总值比重达到 41.5%，比 2025 年提高 2.5

① 可支配劳动报酬指劳动报酬扣减社会保险缴费、住房公积金、个人所得税后的部分，对应居民的工资性收入，是可以用来消费和储蓄的劳动报酬。

② 张车伟，赵文，李冰冰．国民收入在部门间的分配及减税降费的影响——基于七部门资金流量表的测算与分析［J］．中国人口科学，2020（6）：16-28+126.

③ 王一鸣．百年大变局、高质量发展与构建新发展格局［J］．管理世界，2020（12）：1-12.

④ 陈昌盛，许伟，兰宗敏，江宇．“十四五”时期我国发展内外部环境研究［J］．管理世界，2020（10）：1-14+40.

个百分点，年均增速保持在 1.45%，可支配劳动报酬占劳动报酬比重超过 77%，累计增速超过 2.7%，居民人均可支配收入年均增速超过 5%。

4. 素质平衡——就业的技能结构不断提升

我国全民受教育程度继续提升，终身职业技能培训制度更加完善，科技人才评价体系更加健全，高技能人才队伍加快壮大，技术工人、高技能人才占比明显提高，先进制造业、战略性新兴产业、现代服务业等人才紧缺状况得到缓解，劳动就业创业服务更加普惠可及、优质高效，人才政策更加积极、开放、便利和有效。

受劳动年龄人口持续减少影响，“十四五”时期我国劳动力供给总量将继续减少。技术工人是支撑中国制造、中国创造的重要力量，技能型人才的规模和比重仍需加速提高。以就业人员总量 7.7 亿人作为基数，如表 1-4 所示，到“十四五”期末（2025 年），劳动年龄人口还将减少 2000 万人左右，劳动年龄人口占总人口比重降至 61.5%，比 2019 年下降 2.5 个百分点，年均降速保持在 1.25%；高技能人才规模达到 0.85 亿人，高技能人才占全部就业人员比重超过 11%，累计增速超过 69.2%；劳动年龄人口平均受教育年限达到 11.3 年，比 2019 年增加 0.6 年。到“十五五”期末（2030 年），劳动年龄人口占总人口比重进一步降至 59.2%，比 2025 年下降 2.3 个百分点，年均降速保持在 1.30%；高技能人才规模达到 1.39 亿人，高技能人才占全部就业人员比重超过 18%，累计增速超过 63.6%；劳动年龄人口平均受教育年限达到 11.9 年，比 2025 年增加 0.6 年。

（二）总体思路

我国就业领域结构性失衡是市场性因素、制度性因素以及社会性因素综合作用的结果，其中制度性因素包括产业政策、贸易政策、所有制结构、教育培训制度、户籍制度、社会保障制度、土地政策、国有企业用工制度等。而在众多因素中，产业政策、贸易政策、所有制结构、教育培训制度、户籍制度以及社会保障制度是最主要和最直接的因素。化解就业领域重大结构性失衡的主战场，是解决就业的城乡、区域结构性失衡和就业的产业结构性失衡。

从化解就业的城乡、区域结构性失衡角度看，缩小就业的城乡差距和区域差距是主攻方向。“十四五”时期乃至今后更长时期，我国应当全面深化改革，推进以人为核心的新型城镇化，不断吸引农村劳动力向城镇转移就业、促进农村人口向城镇迁移定居，加快扩大城镇就业规模，建立统一开放、竞争有序的人力资源市场体系，优化体制环境，强化政策到位和服务精准，切实提高城镇就业的稳定性和安全性。根据实证研究结果显示，地区经济发展水平、城镇就业工资收入、丰富的就业机会、良好的教育医疗卫生等公共服务、支持农村劳动力进城就业的户籍制度、包容公平的社会保障制度，以及交通和生活设施便利、完备等，都有助于提高城镇就业比重，优化就业的城乡、区域结构。在影响城镇就业比重的众多因素中，地区生产总值扩大、城镇单位就业人员平均工资提高、城镇登记失业率下降、每万人拥有城市卫生技术人员数增加、常住人口和生师比提高等，都存在正向的作用。

农村劳动力向城镇转移就业，需要有相应的就业岗位作为前提。要充分用好国内外两个市场、两种资源，提供更多的城镇就业机会。加快构建以国内大循环为主体、国内国际双循环相互促进的新发展格局，为农村劳动力向城镇转移就业提供重要支撑。在此背景下，要继续用好、用足我国在全球贸易中积累起来的比较优势，稳定出口部门的就业空间。同时，稳定立足于国内市场的城镇转移就业渠道，创造制造业转移的良好条件，保持劳动密集型的低端制造业对农村劳动力就业的基础性作用。支持数字经济下的新兴服务业高质量发展，发挥其对农村劳动力转移就业的促进作用。

切实破除农村劳动力转移的制度障碍，是促进有效转移的关键。分类施策，完善农村劳动力转移制度。对于未转移劳动力，优化向城镇转移就业机制，开展岗前定向就业技能培训、就业指导和招聘活动，实现劳务输出有效对接。完善农村劳动力就业信息采集、发布制度，搭建就业服务大数据平台，开发农村劳动力就业手机终端。对于已转移劳动力，完善农民工市民化制度。处理好户籍和公共服务的关系，实施积分入户和居住证制度，将长期工作居住的农村转移劳动力优先纳入城市公共服务体系中，保障转移劳动力在养老保险、基本医疗、社会保险等方面与城市户籍人口的同等权利。将居留时间作为户籍制度改革最重要的考虑因素，逐步放宽就业合同、社保缴费时间等受到劳动力市场、社会保险体制影响较大的限制条件。深化城乡社会保障体制改革，缩小不同人群待遇差距，加快调整社会保障制度，满足农村青年在新就业形态中的现实需要。处理好户籍和农民权益的关系，预留一定过渡期，在过渡期内，农民可以同时享有城镇利益和农村利益。在这之后，鼓励进城落户人口有偿转让农村权益，永久落户城市。要加大“人地钱挂钩”配套政策的激励力度，提高城市政府吸纳农业转移人口落户积极性。

从化解就业的产业结构性失衡角度看，促进就业的产业结构高级化是主攻方向。“十四五”时期乃至今后更长时期，我国应当提高农业现代化水平，释放农业劳动力，推动农业富余劳动力加快向非农产业转移就业，促进劳动力资源在第一、二、三产业之间的优化配置。根据实证研究结果显示，经济发展程度、对外开放程度、投资与消费水平、人力资本水平与产业就业结构协调性呈负相关关系，而市场化水平、科技水平、城镇化水平和老龄化水平则与产业就业结构协调性呈正相关关系，提升市场化程度、加强研发投入、加快城镇化进程、人口老龄化速度加快会提升产业就业结构的协调性。

提高农业现代化水平，充分释放农业劳动力。我国农业技术进步类型正向节约劳动型转变，未来释放农业劳动力还有较大潜力。但是，农业技术进步带来农业生产所需劳动力减少的目标，有赖于一系列制度的完善与支持，尤其需要通过促进农业规模化生产经营，提高农业生产组织化程度和社会化服务水平，加快形成稳定高素质中青年务农就业大军等手段，从根本上化解现代农业技术支持的规模化生产模式与小农分散经营之间的矛盾。

依托现代化经济体系建设，提高产业就业结构的协调性。加快经济结构优化，减少对投资的依赖，引导内资和外资向第三产业布局。改善初次分配格局，提升居民收入的增长速度，引导内需的增长，支持产业结构的转型升级。大力支持非公有制经济的发展，充分发挥非国有经济对就业的吸纳能力，着力提高非公有制经济就业质量，增强岗位吸引力和从业者的获得感。加大科技投入水平和力度，发挥科技对新型产业就业的带动作用。大力发展涉老产业，特别是涉老制造业和养老服务业。此外，将发展县域经济、加快三产融合、增强有效投资作为激发农村非农就业潜力的主要抓手。促进民营经济发展，加快推进县域城镇化和农村劳动力转移就业基地建设，创造更多就业机会并吸纳农民入园入镇务工。引导适合农村的第二、三产业向县域和有条件的镇村布局，鼓励并支持城市企业将生产实体转移延伸，把加工流通重心下沉，把更多岗位留给农民。引导农业与旅游、康养、休闲、电商融合发展，培育新的就业形态。加强绿色及高标准农田设施、仓储、冷链物流等建设，充分发挥补齐农业农村短板有效投资的就业拉动作用。

此外，从化解就业的收入分配结构性失衡角度看，提高劳动报酬占国内生产总值比重和缩小居民收入差距是主攻方向。“十四五”时期乃至今后更长时期，我国应当尽快形成统一开放、竞争有序的人力资源市场体系，继续合理提高劳动报酬水平，健全工资制度和工资价格形成机制，逐步规范收入分配秩序，完善科技成果评价体系，健全基于岗位职责和科技绩效评估的薪酬分配制度，完善科技成果转化激励机制。化解就业的收入分配结构性失衡，既有利于扩大中等收入群体规模，建设专业化社会，又有利于实现共同富裕，共享改革和发展的成果。

从化解就业的技能结构性失衡角度看，提高人力资本和就业创业能力是主攻方向。“十四五”时期乃至今后更长时期，我国应当深入推进教育体制和人才培养机制改革，提高教育质量和创新能力，强化技术性人才、职业技能人才的培养，完善人才培养与经济发展需要的联动机制，推动教育培训内容和方式变革，完善市场导向的高校学科及专业设置机制，深化产教融合，大力弘扬企业家精神和工匠精神，培养一批创新型优秀企业家和领军人才，完善传统动能改造提升过程中的转岗就业制度，加强职工技能提升培训和新技能开发培训。

（三）具体的应对举措

1. 支持实体经济更强更快发展，充分巩固就业基础

对民营企业和中小微企业加大金融财税支持力度。一是加大金融机构信

贷支持。积极鼓励银行等金融机构完善同新兴产业中小微企业、民营企业相配套的信贷管理和贷款评审制度，创新金融产品体系和服务模式，支持新兴产业领域具备良好发展前景的中小微企业、民营企业做大做强。推动建立中小微企业、民营企业重点企业及项目储备库，实施白名单管理，给予入库企业优先成为金融机构信贷及国家融资担保基金支持目标的机会。二是加大股权投资支持。积极发挥国家级战略性新兴产业发展基金和创业投资引导基金的引领和示范作用，鼓励成立定向支持中小微企业、民营企业的子基金。大力推进多层次资本市场建设，探索在新三板、科创板等板块建立战略性新兴产业优质中小微企业、民营企业上市绿色通道。三是加大财政资金支持。完善中小微企业、民营企业新技术新产品政府采购和补贴支持政策。加大对前沿新技术领域中小微企业、民营企业政府采购力度，推进新技术应用示范工程。发挥中央财政资金引导作用，引导各地支持战略性新兴产业中小微企业、民营企业发展。

打通堵点，强化支持，激发社会力量投资民生服务业。一是进一步简审批去烦琐。针对民间资本投资教育、医疗、养老等领域实行“一区一证”或“一企一证”。对养老机构的服务质量，可通过事前制定标准、事中事后强化监管来保证，加快落实取消“养老机构设立许可”。提高设施报建环节审批便利度，有条件的地方可探索建立“绿色通道”，推进“一站式审批”。二是增加民生服务业用地供给。将民生服务业用地统筹纳入城镇土地利用总体规划和年度用地规划。调整现行用地分类标准，在商业服务业设施用地大类中，再单列养老机构、养老社区用地小类。探索差别化用地供应政策，对非营利性机构举办民生服务业，符合政策要求的，落实以划拨方式供地。支持盘活存量闲置土地和房屋资源。对利用闲置厂房、仓库等举办民生服务业和公共服务的，加快用地性质转换审批，通过拍卖、租赁等方式转为民生服务业用途。三是着力破解融资难题。创新融资服务方式，允许民生服务业项目以未来的现金流或资产收益、政府购买服务协议、知识产权等作为征信，获得银行的授信额度。拓宽信贷抵押担保物范围，允许营利性民办教育、医疗、养老等机构以自有产权的土地、房产或大型设备作为抵押。四是进一步完善税费支持政策。借鉴国际经验，降低教育、医疗、养老等服务企业的所得税率。对餐费收入，免征增值税。允许将家庭的养老服务支出在个人所得税前予以抵扣。

2. 坚持创新驱动发展，妥善处理技术进步对就业的影响

有效放大科技进步和创新对劳动力需求的促进效应。始终坚持促进就业在经济社会发展中的优先目标地位，积极创新和努力完善宏观调控方式方法，强化包括财政税收、金融、产业等一揽子经济政策与就业政策的相互衔接。根据各地技术条件和资源禀赋，合理规划产业布局，强化人工智能等新技术的渗透和支撑，带动相关产业的集群式成长壮大。继续优化国家科技成果采购体系。国家科技管理机构应将各类科技成果编制目录简介进行宣传推广，国资企业技改采购应优先采用国家科技成果，或者确定一定比例，对成果产品实现税费补贴等。规定军工产品的安全采购纪律，优先采购国产高端装备。下大力气扶持生产性服务业如节能环保产业，以及生活性服务业如健康养老医疗产业等加快发展，坚定实施《中国制造 2025》，出台更多标准建立和质量提升指导意见，支持各细分制造业尤其是劳动密集型和技术密集型制造业发展，进一步提高第三产业就业占比，稳定和挖潜第二产业就业吸纳能力。对接《中国制造 2025》，进一步普及推广互联网技术，鼓励其在新产业、新业态发展中的应用。加快执行重大工程项目包，完善重大投资、重大决策和重大工程项目带动就业状况评估制度机制，并加紧实施。

加大对新经济集聚和创新的支持力度，释放更多就业效能。一是继续打造一批创新企业集聚、产业生态系统完备、具有一定国际竞争力的创新基地。整合财政专项资金，设立实施产业转型升级投资基金，鼓励成立创新实验室。引导社会资金支持新经济企业发展，将拼车、短租房等共享服务形式纳入政府采购范围。制定共享经济纳税的指导意见，实施税收优惠。建立共享经济平台的公共信息发布机制。二是细化灵活就业的概念和范畴，将各类就业形态纳入法治轨道。将灵活就业、新就业形态劳动者纳入法定“劳动者”范围。鼓励供求双方订立劳动合同，形式上可以更灵活。建立责任追究机制，加强对用人方的责任规定，对与灵活就业劳动者生存权有关的劳动关

系事项，设置责任追究机制，在安全防护、医疗卫生、工伤保险等方面维护灵活就业人员的基本权利。三是提高就业保障政策在促进公平就业中的作用。将灵活就业人群纳入就业创业政策规划中，按照稳定失业人员的有关政策标准，为灵活就业人员提供就业补贴。政府投资的重大项目和重大民生工程，可吸纳和招用灵活就业人员。支持灵活就业人员创业，创新反担保方式，给予担保贷款贴息。适当降低缴费率，吸引灵活就业者参加社会保险，自行选择社会保险归属地。落实灵活就业人员劳动维权政策，引入第三方调解机制，降低灵活用工行业供求双方投诉、仲裁、起诉的成本。

3. 继续深化国际开放合作，努力拓展就业领域和空间

扩大对外开放程度，加强贸易促进和服务。一是扩大开放程度。顺应全球贸易格局发展新态势，立足当前我国发展基础，加快推动新兴领域对外开放程度。加强国际创新合作，积极融入全球创新体系，探索创新成果共享化，破除新技术应用国际市场壁垒。二是积极拓展国际市场。进一步加强“一带一路”建设，与欧盟、东南亚等国家建立互利共赢的长期合作关系。三是从加强贸易促进、强化公共信息服务、推动政府机制保障等方面继续支持企业实现贸易市场多元化。四是积极推进创新发展，加大自主品牌、自主知识产权产品研发投入力度，培育竞争新优势，创造新的贸易机会。

全面提升国际合作水平，主动作为，积极开拓，推动产业全球化发展。一是鼓励参与有关国际标准的制定。鼓励支持企业、高校、科研院所参与战略性新兴产业及其细分领域国际标准的制定，充分发挥企业在参与国际标准化活动中的作用，强化国际市场话语权和新兴产业发展引导力。广泛开展国际标准跟踪研究，加强国际和国内标准制定、修订工作的衔接，以及国际与国内标准之间的协调。加强主要贸易国家和地区的标准信息收集与研究，深化技术性贸易措施研究和体系建设，推进国家标准互认。加快推广我国优势产业标准，保持产业标准领域领先地位。二是重点推动自主知识产权国际布局。大力发展重点产业知识产权联盟，鼓励研发具有自主知识产权的技术和装备，鼓励布局和申报 PCT（Patent Cooperation Treaty，即专利合作协定）国际专利。建立关键技术评估遴选机制，确保高价值专利在海外充分布局。积

极探索完善与国内产业和行业协会的信息沟通交流机制，利用多种信息渠道，及时掌握“走出去”过程中遇到的知识产权问题，鼓励知识产权联盟成立联合专利诉讼应对基金。三是大力发展国际化服务机构。借鉴创新券模式，通过政府补贴服务费用等方式，发展一批高水平国际化中介服务机构，推动国际化的金融、人力、知识产权、会计、管理和咨询等服务发展，为战略性新兴产业企业“走出去”提供高质量服务。

4. 建立完善统一开放、竞争有序的人力资源市场体系

改革户籍及社会保障制度，破除妨碍劳动力在城乡、地区、行业及不同所有制之间流动的体制机制弊端。进一步完善农业转移人口对城市公共服务的分担机制，使其与农业转移人口落户城镇挂钩，使农业转移人口稳定在城镇并转变为新市民。用人单位特别是公共部门应规范招人用人制度，消除就业歧视，增强反就业歧视法律的可执行性和可操作性。

加强城市群、城市带的人力资源交流协作，合力打造区域技能型、知识型人才高地。在教育、医疗、交通等领域，以柔性流动为主要形式，探索合伙人式共享、知识产权股权投资式共享、候鸟式共享等多种方式，推动人才共享深度参与核心业务发展。允许高校、科研院所设立一定比例的流动岗位，吸引具有创新创造创业实践经验的人才兼职。建立一体化人才服务、管理和保障标准，实行人才评价标准互认制度。探索人才共享的收益分享机制，对于参与共享或推动人才共享的个人、企业、专业社会组织和人才中介服务机构，给予政策扶持和奖励。完善知识产权保护制度，联合加强知识产权保护，维护人才的合法权益。

深入推进事业单位分类改革。通过政事分开、事企分开、管办分离，分类转制为行政单位、事业单位、企业，推动行业协会商会与行政机关脱钩。在分类的基础上，同社会其他机构形成合力，加快建立公益服务体系。理顺财政供养人员的职能和定位，探索适应现代服务型政府要求的财政供养人员岗位设置规律，确定财政供养规模、服务人口数量、地区经济能力之间的固定联系，实现财政供养人员编制的科学化。对财政供养人员实行结构性调整，减少政府对社会经济的干预和限制，建立高效的行政运转体系。同时，

在干部人事制度、劳动用工制度等方面，打破国有与非国有部门人员流动存在的体制性障碍。

以维护市场秩序、保护市场主体权益、保障市场稳定运行为目标，推动形成法规完善、保障有力、机制健全、多方参与的劳动力市场监管体系。进一步完善劳动力市场监管法律法规，将设立监管机构纳入法治化框架，建立相对独立的监管机构，加强职能部门之间的统筹协调，培育和发展社会监督机制，激发行业自律机制的作用，建立和完善对劳动力市场监管机构的监督制度，形成对监管机构行为的制衡机制。

5. 健全科学的工资制度和工资价格形成机制

推进工资收入分配制度改革、机关事业单位社会保障改革，调动财政供养人员的积极性。理顺国有企业人力资源激励机制，更好地体现按劳分配原则。进一步健全工资制度，逐步规范收入分配秩序。逐步缩小工资收入差距，着重健全收入分配机制。分类推进机关单位、事业单位薪酬制度改革，研究缩小不同地区间、不同层级间收入差距。清理、规范、统一机关单位津补贴制度，改革工资制度，调整工资结构，提高基本工资比重。探索建立财政供养人员工资收入激励机制，调动工作积极性，提高服务质量。完善劳动基准，明确劳动者享有的最低劳动权利和劳动待遇。完善科技成果评价体系，建立以科研能力、创新成果和应用发展为导向的科技人才评价标准，健全基于岗位职责和科技绩效评估的薪酬分配制度，完善科技成果转化激励机制，加大对科研人员股权激励力度，健全科研人才双向流动机制。

重点推进在非国有制企业和困难企业中开展平等协商，更好地发挥政府、工会、企业三方机制在协调劳动关系中的作用。坚持在平等协商的基础上签订集体合同，坚持劳动标准与适应企业实际情况统一起来。集体合同的内容要根据企业自身的特点使规定细化、量化、具有可操作性，对最低工资、休息休假、职业安全卫生、劳动保险等项目的规定，应当既要依法，又要结合企业的实际情况。在新建企业和小企业比较集中的地区、行业，可以推行区域性、行业性平等协商和集体合同制度。有条件的地区，要全面推进企业工资集体协商。

逐步推进退休保障制度，建立统一的社会养老保险体系，增强干部职工的职业稳定性。按照《国务院关于机关事业单位工作人员养老保险制度改革的决定》，逐步推进机关事业单位养老保障改革，注重公平，讲求效率，分类开展，实时推进，立足增量，平稳过渡。彻底解决“双轨制”带来的退休金发放混乱、单位负担不平衡问题，以及其他阻碍不同行业间人才流动的养老金接续问题。

6. 完善人才培养与经济发展需要的适时联动机制

加快推动教育培训内容和方式变革。如果说新一轮科技和产业革命对劳动力的替代需要 10~20 年时间，那么受到最大冲击的一批劳动者今天还在校园里读书。无论是技术变革时代需要的技术知识，还是创新能力、人际交往能力等劳动者素质，都应当是当下教育的重点。与此同时，改造和提升现有劳动者，加快构建一支专业知识扎实、从业经验丰富、有科学钻研精神的专业领军人才队伍刻不容缓。据统计，我国高中文化程度以下且年龄在 20~29 岁劳动人口占总劳动人口的比重超过 7%，远高于美国的不到 2%，这部分人在新技术、新产业发展中转换工作甚至退出劳动力队伍的概率最大。

加紧完善市场导向的高校学科及专业设置机制。一是建立高校专业人才供求预警机制，建立学科专业设置、职工培训项目与产业发展需求变化联动调整机制，适时调整优化高校学科专业结构，根据预测适当调整高校学科专业招生规模，更加注重对未来人才需求量大和结构难以匹配的专业的设置。二是改革高校和职业院校的学科评估指标体系。在学科评估及人才选拔、人才培养的各项指标中倡导把论文写在装备上、产品上。三是根据经济产业特别是战略性新兴产业发展的需求，引导高校进行专业结构、课程设计、教学内容、教学方法等的改革，进一步使毕业生的知识、能力、素质与社会真实需求相匹配。四是加强对智能制造传感器、软件及大数据人才的培养；支持高校设置新一代信息技术相关专业。在硕士研究生阶段，高校应扩大研究生的专业学习和论文选题的领域，为各行业培养专业人才。

大力发展职业教育，深化产教融合，通过财政补贴、税收减免等方式调动企业开展技能培训的积极性，优化人才培养培训结构。协调高等教育、职业培训、企业培养等途径，构建相互协作的多级培养体系，在创新实践中发现和培育人才。充分借鉴国外和跨国企业的留用人才机制，从户籍制度、税收减免、企业文化等方面入手吸引人才，优化和拓展人才队伍的发展空间。大力弘扬企业家精神和工匠精神，培养一批创新型优秀企业家、领军人才和技能人才。大力推进职工技能提升、岗位转型工作。把握新兴产业发展，促进新旧动能转换，推动发展数字职业培训，积极拓展 AI、信息技术等新兴产业教育和培训，引导更多劳动者有序向新兴产业领域转岗就业。完善传统动能改造提升过程中转岗就业制度，引导企业转产发展和延伸链条，加强职工技能提升培训和新技能开发培训，促进职工转岗提质就业。

7. 优化体制环境，强化各种政策到位和就业服务精准

积极推进“互联网+”与劳动就业创业服务业务领域的深度融合，打造线上线下一体化的劳动就业创业服务体系。充分运用“互联网+”和大数据思维，发挥互联网应用规模优势和劳动就业创业数据资源优势，深度挖掘劳动就业创业服务工作与互联网融合发展潜力，改善公共服务供给方式，提高信息发布的及时性和广泛性。围绕公共就业服务、创业服务、职业培训、劳动关系协调和劳动权益保护等重点项目，通过构建一体化的信息网络，提升基层服务能力，创新服务管理方式。积极发展人力资源服务业，尤其是支持线上服务，增强就业和人力资源配置信息的双向流通。对第三方服务机构加大扶持力度，加大跨区域就业平台建设，拓展与中西部劳动力资源相对丰富地区的连接渠道。建设返乡创业孵化基地，鼓励支持各类人力资源服务机构为灵活就业人员提供规范有序的求职招聘、技能培训、人力资源外包等专业化服务。

充分利用“互联网+”、大数据、人工智能等新技术，整合构建“智慧人才平台”。“智慧人才平台”是集人才项目数据库、人才管理平台、人才服务平台、人才信息发布平台、综合研判平台于一体的信息化服务窗口。整合完善区域性人才共享信息平台，打造综合性、多元化、专业型的区域人才信息资源库。建立起覆盖科研人才、创新创业人才、各类技能人才、医疗人才等信息数据库。构建和完善以人才供求为核心的信息交换和发布机制。探索

“互联网+人才服务”新模式，利用大数据技术，通过资源平台、大型数据库平台、项目载体等实现区域人才资源交流合作、人才信息共享共用，提高用人单位和共享人才之间的匹配成效，激发区域整体的创新活力。

加强就业失业监测机制建设，为精准施策提供可靠数据依据。丰富信息收集手段，鼓励社会机构利用互联网大数据开发公益性劳动力市场信息，加强就业形势跟踪研判和就业政策效果的动态评估。进一步完善就业观察指标，利用就业统计数据深化对劳动力市场供需变动的研究，并据此及时提出科学合理的政策建议。推动就业服务同互联网技术深度融合，通过大数据深入挖掘就业者的特征，尤其是新生代农民工以及大学应届毕业生的特点，为重点群体就业提供精准化服务。

总而言之，劳动力市场的失衡难以避免，当前需要尽量避免就业领域的重大结构性失衡。我们在纠正就业领域重大结构性失衡的同时，一方面要准确把握劳动力市场发展趋势，精准掌握好矫正就业领域重大结构性失衡的力度，避免按下葫芦浮起瓢；另一方面要根据劳动力市场的情形进行适时动态调整，因为就业领域结构性失衡的调整不可能一次性完成，必须连续不断地深入推进。

（执笔：王阳　杨宜勇）

参考资料：

1. 中共中央宣传部．习近平新时代中国特色社会主义思想学习纲要［M］．北京：学习出版社，人民出版社，2019.

2. 中国共产党第十九届中央委员会第五次全体会议文件汇编［M］．北京：人民出版社，2020.

3. 马晓河．转型与发展——如何迈向高收入国家［M］．北京：人民出版社，2017.

4. 卢子芳，朱卫未，巩永华，张冲．系统工程：原理与实务［M］．北京：人民邮电出版社，2020.

5. 王一鸣．建设现代化经济体系论纲［M］．广州：南方出版传媒，广东经济出版社，2020.

6. 杨宜勇，等．新中国民生发展 90 年［M］．北京：人民出版社，2019.

7. 赖德胜，李长安，张琪．中国就业 70 年［M］．北京：中国劳动社会保障出版社，中国人事出版社，2019.

8. 中国工程科技发展战略研究院．2020 中国战略性新兴产业发展报告［M］．北京：科学出版社，2019.

9. 谢伏瞻．2020 年中国经济形势分析与预测［M］．北京：社会科学文献出版社，2020.

10. 王阳，范宪伟．新一轮科技和产业革命对就业的影响及建议［J］．劳动经济评论，2019（2）：39-55.

11. 王颖．劳动者终生职业技能培训制度建设探索［J］．产业与科技论坛，2019（14）：255-256.

12. 杨玉凤．推行终身职业技能培训制度政策特点解读与策略研究——基于国发〔2018〕11 号文件［J］．劳动保障世界，2018（9）：41-42.

13. 常兴华，等．收入分配：新发现与新思考［M］．北京：中国计划出版社，2019.

14. 中国工程科技发展战略研究院．2019 中国战略性新兴产业发展报告［M］．北京：科学出版社，2018.

15. 王阳．劳动力要素市场化配置改革与经济发展效率——以劳动力要素城乡配置变化为例［J］．经济纵横，2020（7）：67-76.

16. 国家发展和改革委员会宏观经济研究院社会发展研究所．民生：中国全面建设小康社会 40 年［M］．北京：人民出版社，2019.

17. 何文炯．中国社会保障：从快速扩展到高质量发展［J］．中国人口科学，2019（1）：2-15+126.

18. 全国干部培训教材编审指导委员会．建设现代化经济体系［M］．北京：人民出版社，党建读物出版社，2019.

19. 中国科学院．2019 高技术发展报告［M］．北京：科学出版社，2020.

20. 张车伟，赵文．国民收入分配形势分析及建议［J］．经济学动态，2020（6）：

3-14.

21. 宋晓梧．构建共享型社会：中国社会体制改革40年［M］．广州：广东经济出版社，2017.

22. 中国宏观经济研究院．中国宏观经济蓝皮书（2020）［M］．北京：人民出版社，2020.

23. 国家发展和改革委员会社会发展研究所课题组．经济新常态下的就业风险研究［M］．北京：经济科学出版社，2019.

24. 刘世锦．中国经济增长十年展望（2018—2027）：中速平台与高质量发展［M］．北京：中信出版社，2018.

25. 张车伟，赵文，李冰冰．国民收入在部门间的分配及减税降费的影响——基于七部门资金流量表的测算与分析［J］．中国人口科学，2020（6）：16-28+126.

26. 王一鸣．百年大变局、高质量发展与构建新发展格局［J］．管理世界，2020（12）：1-12.

27. 陈昌盛，许伟，兰宗敏，江宇．"十四五"时期我国发展内外部环境研究［J］．管理世界，2020（10）：1-14+40.

第二章

城乡、区域就业结构性失衡

就业是民生之首，尤其中国在面临中美贸易摩擦和新冠肺炎疫情的双重挑战下，稳就业被提到空前重要的位置。长期以来，城镇登记失业率掩盖了就业方面的很多问题（任栋，2013）[①]，尤其是掩盖了我国就业结构长期失衡的问题。实际上，就业的城乡差异在很多国家普遍存在（David Shapiro，Sharon Shapiro，1995）[②]。由于我国城镇化比例仍然落后于发达国家，城乡就业差距较之更大。为提高全民劳动生产率，将农村就业人口转移为城镇就业人口是极为重要的方式。但是，人口的城镇化不可能一蹴而就，其受到诸多因素影响（Luis M. Sierra，2019）[③]。根据国际经验，城镇化发展具有阶段性。有学者将其总结为四个阶段，分别是城市剥夺农村、城市病与农村病并存、城乡综合治理和城乡一体化（李圣军，2013）[④]。学者们对未来城镇化水平进行了预测，在2035年中国城镇化率将达到71%~73%，2050年将达到76%~79%，即2035年中国将进入城镇化发展的平缓阶段（乔文怡等，2018）[⑤]。还有学者认为，城镇化在“十四五”期间就将进入平缓期（魏后凯、李玏、年猛，2020）[⑥]。无论怎样，城镇化会增加城镇就业人口，促进劳动生产率的提升。需要注意的是，在全国维度上，城乡差异凸显，但是站在

① 任栋．调查失业率与登记失业率之差异辨析［J］．中国人口科学，2013（2）：42-48+127.

② David Shapiro，Sharon Shapiro. Rural Employment and Rural-urban Differences in Employment in Zaire：A Comparative Perspective［J］．The Review of Black Political Economy，1995（2）．

③ Luis M. Sierra. Colonial Specters：The Extramuro，History，Memory，and Urbanization in La Paz，Bolivia，1900-1947［J］．Journal of Urban History，2019（6）．

④ 李圣军．城镇化模式的国际比较及其对应发展阶段［J］．改革，2013（3）：81-90.

⑤ 乔文怡，李玏，管卫华，王馨，王晓歌．2016—2050年中国城镇化水平预测［J］．经济地理，2018（2）：51-58.

⑥ 魏后凯，李玏，年猛．“十四五”时期中国城镇化战略与政策［J］．中共中央党校（国家行政学院）学报，2020（4）：5-21.

区域角度，区域就业结构差异也比较大（朱金生、王鹤、杨丽，2013）①。目前，将城镇就业比重作为研究指标的文献相对较少，无法从已有的文献中获得启示，所以本章将城镇就业比重作为研究指标开展探索性研究，试图挖掘城镇就业比重背后的更多政策意蕴。

本章将城镇就业比重作为衡量城乡就业差异的主要指标，首先，对全国城乡差异，对各省（区、市），东、中、西部和东北地区，南北方，国家重要战略性区域等的城镇就业比重进行白描。其次，用基尼系数和泰尔熵指数对全国和东、中、西部及东北地区的城镇就业比重进行差异化分析。再次，借助固定效应模型和随机效应模型对城镇就业比重的面板数据进行因果推断，对户籍、户口待遇、城市病、房价等较难量化的因素进行分析。最后，提出对策建议。

一、城乡、区域就业结构的现状

（一）城乡就业比重“一升一降”

一是我国就业人员的总体情况。2000—2018 年，我国总体就业人员数量上升，如图 2-1 所示，2000 年就业人员总数为 72085 万人，2010 年达到 76105 万人，2018 年为 77586 万人，18 年时间增长 5501 万人，平均每年增长 306 万人。就业人员增长和我国总人口增长态势同步，2000 年就业人口约占总人口的 55.65%，2018 年就业人口约占总人口的 55.81%，略有增长。

二是城镇就业人员和乡村就业人员变动情况。2000 年，城镇就业人员为 23151 万人，乡村就业人员为 48934 万人，乡村就业人员是城镇就业人员的 2 倍多。从就业人口变动趋势来看，2000 年到 2018 年，城镇就业人员数量呈现增多趋势，而乡村就业人员数量呈现减少趋势。如图 2-1 所示，在 2014 年，城镇就业人员为 39310 万人，而乡村就业人员为 37943 万人，城镇就业人员数量反超乡村就业人员。2018 年，城镇就业人员为 43419 万人，而乡村

① 朱金生，王鹤，杨丽．FDI 流动、区域差异与就业结构变迁——基于我国 1995—2010 年面板数据的分析［J］．软科学，2013（8）：127-131.

就业人员为 34167 万人，城镇就业人员比乡村就业人员多 9252 万人，城镇就业人员的增多与我国城镇化的加速推进有很大关系，这从一定程度上说明我国城镇化的逐步深入。

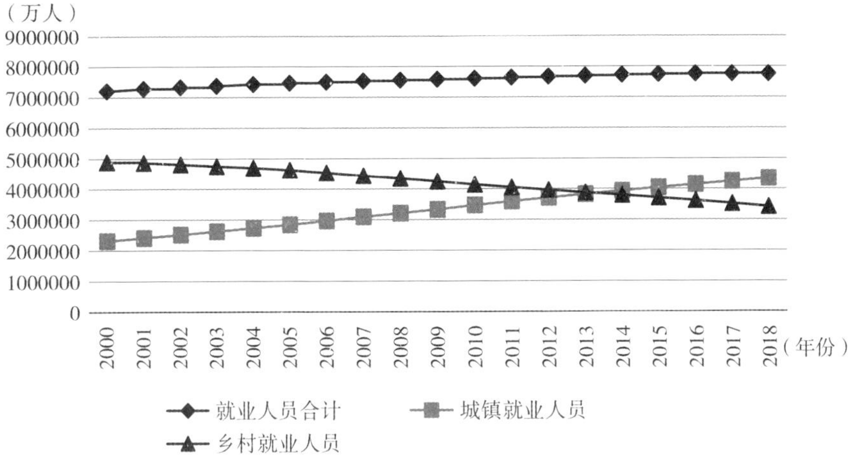

图 2-1 城镇就业人员和乡村就业人员的变动情况

资料来源：根据中国统计年鉴数据整理得到。

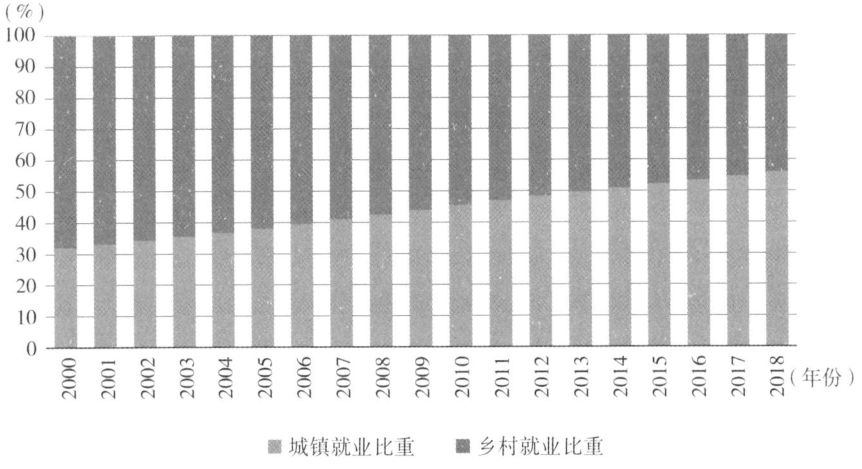

图 2-2 城镇就业比重和乡村就业比重变动情况

资料来源：根据中国统计年鉴数据整理得到。

三是城镇就业比重和乡村就业比重变动情况（见图 2-2）。按照公式

1：城镇就业比重=城镇地区就业规模/当地就业总规模，以及公式2：乡村就业比重=乡村地区就业规模/当地就业总规模，分别计算全国城镇就业比重和乡村就业比重。研究发现，2000年，城镇就业比重为32.12%，乡村就业比重为67.88%，此后城镇就业比重不断增大，乡村就业比重不断减小。2014年，城镇就业比重反超乡村就业比重，城镇就业比重为50.88%，乡村就业比重为49.12%。2018年，城镇就业比重为55.96%，乡村就业比重为44.04%。总体上，全国城镇就业比重呈稳步上升趋势，乡村就业比重则不断下降。

2021年，我国常住人口城镇化率达64.72%，城镇就业比重为62.65%，城镇就业比重和城镇化率还有一定差距，其原因可能在于老龄化的冲击。随着老龄化进程加快，城镇常住人口中老年人增多，而老年人口中就业人员比重很低。

（二）各省城镇就业比重有不同程度上升

数据分析显示，北京、上海、天津和浙江的城镇就业比重较高，四川、安徽、河南和云南的城镇就业比重较低，新疆、广东、贵州和江苏的城镇就业比重增幅较大，东北三省增幅最小。

本章对全国除港澳台地区外的31个省级行政区（包括22个省、5个自治区、4个直辖市）进行城镇就业比重变化的梳理，时间跨度从2000年到2018年。整体来看，大部分省级行政区的城镇就业比重都有所上升，部分省份波动较大，呈现先下降后上升的趋势。比如内蒙古自治区，2000年城镇就业比重为40.51%，后下降至2005年的33.65%，后又上升到2018年的53.81%。辽宁省是罕见的城镇就业比重下降的省份，2000年辽宁省城镇就业比重为52.92%，而到2018年却下降至46.46%。这可能与人口流失有关，2017年辽宁省常住人口4368.9万人，比上年减少8.9万人。2018年大连年末户籍人口595.2万人，比上年末增加3184人。但是，在医疗保险参保人数上，减少了12.9万人；在新型农村合作医疗参保人数上，参合农民减少了8.1万人；工伤保险参保人数减少了7万人。2012年末，大连的人口是669.04万人，到2018年的六年间下降了约74万人。

2012年辽宁省常住人口城镇化率达到65.65%，高出全国平均水平13.08个百分点，居全国各省（区、市）第二位，农业可转移到城市工作的人口有限。加之当地经济不景气，居住在城镇中有能力的人在经济形势不好的情况下会率先迁移到经济发达地区工作，这可能是导致辽宁省城镇就业比重下滑的重要原因。

对比2018年各省（区、市）城镇就业比重，如图2-3所示，北京是城镇就业比重最高的，达到93.87%；第二是上海，达到89.30%；第三是天津，达到79.67%；第四是浙江（推算值），达到77.03%。城镇就业比重的后四名分别是安徽（31.59%）、河北（30.99%，河北没有公布2018年的数据，此处为推算值）、河南（30.14%）、云南（28.83%）。城镇就业比重高的省份都属于经济发达地区，其中三个是直辖市，而城镇就业比重低的省份属于传统的农业大省，所以乡村就业比重比较高。约三分之二的省区（22个省区）城镇就业比重在30%到60%，反映出城镇就业存在集聚现象。

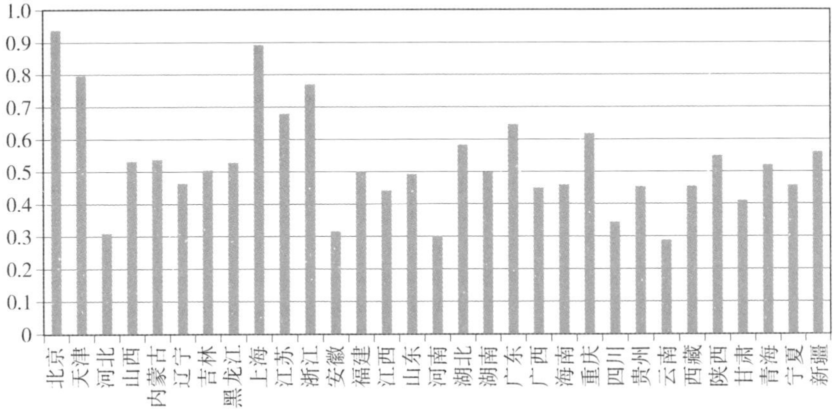

图2-3　全国各省级行政区城镇就业比重情况（2018年）

资料来源：根据各省级行政区统计年鉴的数据整理得到。

近20年哪些省（区、市）的城镇就业比重增幅最大？这一问题的结果有些意外，新疆是城镇就业比重增幅最大的省份。2000年，新疆的城镇就业比重仅为13.78%，2018年达到56.07%，增幅为42.29个百分点；第二是广东，增幅为 34.58 个百分点；第三是贵州，增幅为 31.08 个百分点；第四是江苏，增幅为 30.47 个百分点。后四名分别为黑龙江、浙江、吉林、辽宁，东北三省全在后四名。这一方面说明东北三省的城镇就业比重本来就高，另一方面也说明东北的城镇发展存在一定问题，无法吸纳更多的就业，而辽宁的增幅为-6.47%，更反映出城镇就业问题的严峻性。这可能是受到东北城镇就业人口流失，人口数量塌陷的影响。

如果用一条线描述各省（区、市）城镇就业比重的差值，得到的结果为 $y = 0.0052x + 0.1147$，$R^2 = 0.2183$，这说明我国城镇就业比重的差值存在一定规律性，在斜线上方的一般是经济发达地区或者历史上经济基础较弱，但是近年来发展较快的地区，而斜线下方则是发展平稳或者有所衰退的地区（如图 2-4 所示）。

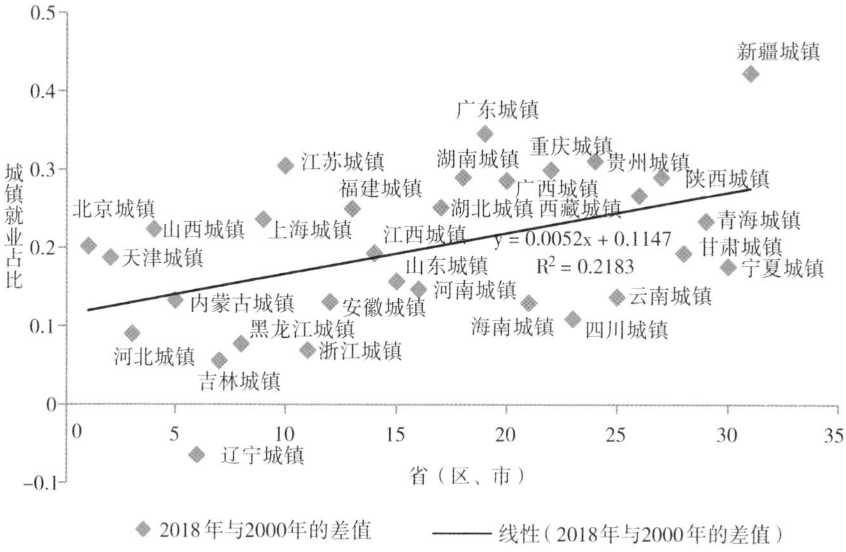

图 2-4　全国各省级行政区城镇就业比重差值

资料来源：根据计算数据整理得到。

（三）四大区域城镇就业比重都有所提高

一般来说，我国有东、中、西部的划分，因为东北振兴等因素，又把东北地区作为单独的区域，我国东、中、西部和东北地区的区域划分标准指我国大陆四大经济区域，即东部、中部、西部和东北地区。自2005年起，统计上东、中、西部和东北地区的分组方法是：东部地区包括北京、天津、河北、上海、江苏、浙江、福建、山东、广东、海南10个省市；中部地区包括山西、安徽、江西、河南、湖北、湖南6省；西部地区包括重庆、四川、贵州、云南、西藏、陕西、甘肃、青海、宁夏、新疆、内蒙古、广西12个省（区、市）；东北地区包括辽宁、吉林、黑龙江3省。

从四大区域城镇就业比重的趋势来看，东北地区城镇就业比重保持稳定，东部地区起点虽较低但后来居上超过东北地区，中部地区和西部地区起步相当，其中西部地区略高于中部地区。

东北地区城镇就业比重起步高，且一直保持稳定。2000年东北地区城镇就业比重已经达到48.41%，但是近20年后，2018年东北地区城镇就业比重为49.72%，仅增长1.31个百分点。相对东北地区而言，东部地区起步低，2000年其城镇就业比重为37.71%，但东部地区增长速度较快，其城镇就业比重在2013年达到51.14%，超过东北地区，后者为50.51%。2018年，东部地区城镇就业比重增长至54.33%，2000年到2018年东部地区增幅为19.62个百分点。中部地区和西部地区起步相当，2000年中部地区城镇就业比重为22.17%，西部地区为22.14%。2008年之前两个地区的城镇就业比重交替上升，2008年之后西部地区上升幅度大于中部地区，而且在2008—2013年两地区增幅差距进一步拉大，而后又逐渐缩小。2018年中部地区城镇就业比重为41.57%，比2000年提高19.41个百分点；2018年西部地区城镇就业比重为43.78%，比2000年提高21.64个百分点，是四个区域中最高的（如图2-5）。

（四）南北方城镇就业比重同步上升

本书以省级行政区划作为划分南北方的标准，其中南方地区包括：江苏、安徽、湖北、重庆、四川、西藏、云南、贵州、湖南、江西、广西、广东、福建、浙江、上海和海南（港澳台）；北方地区包括：山东、河南、山西、陕西、甘肃、青海、新疆、河北、天津、北京、内蒙古、辽宁、吉林、

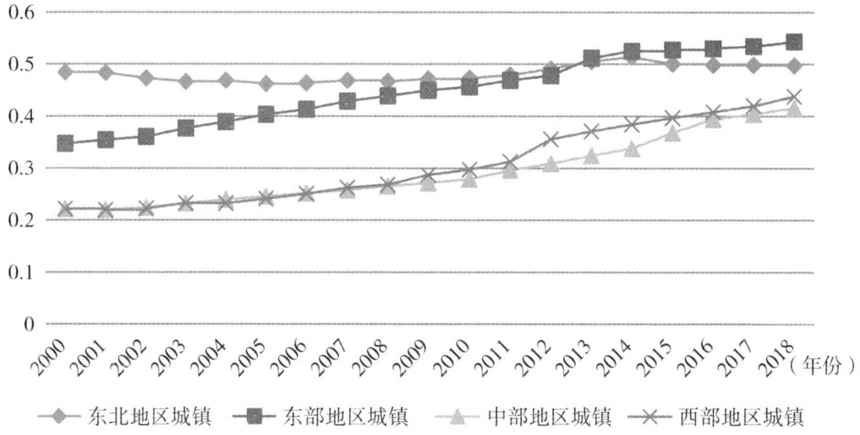

图 2-5　全国东、中、西部和东北地区城镇就业比重变化情况

资料来源：根据计算数据整理得到。

黑龙江和宁夏。

按照上述南北方省份的划分方法，对南北方的城镇就业比重进行计算，发现南北方城镇就业比重呈现同步上升的趋势，两者始终差距不大，早期北方略高于南方，2014 年以后，南方超越了北方。如图 2-6 所示，2000 年，北方城镇就业比重为 30.85%，南方为 26.90%，两者相差 3.95 个百分点。此后北方和南方都呈现上升趋势，但北方较为平稳，南方上升势头更足。2014 年，南方城镇就业比重超过北方，南方为 43.73%，北方为 43.34%。之后南北方差距逐步拉大，2018 年，北方城镇就业比重为 46.33%，南方为 48.66%，南方比北方高 2.33 个百分点。2000—2018 年，南方增长速度更快，南方城镇就业比重增幅为 21.75%，北方为 15.49%，相差 6.26 个百分点。

（五）三大战略性区域城镇就业比重差距不大

总体来看，京津冀地区、长三角地区、粤港澳大湾区起步差距不大，粤港澳大湾区在 2012 年以后大幅提升。

如图 2-7 所示，2000 年，京津冀地区、长三角地区、粤港澳大湾区的城镇就业比重分别是 33.44%、33.83%、35.55%，此后一直到 2012 年，呈现

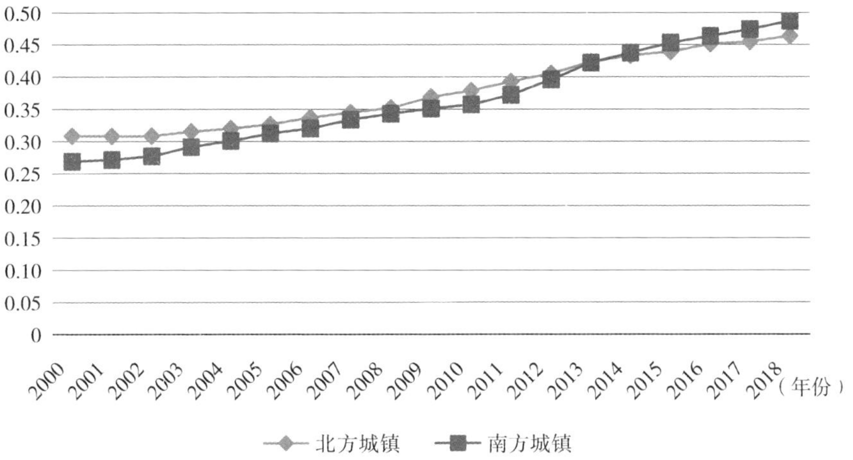

图 2-6　中国南北方城镇就业比重变化情况

资料来源：根据计算数据整理得到。

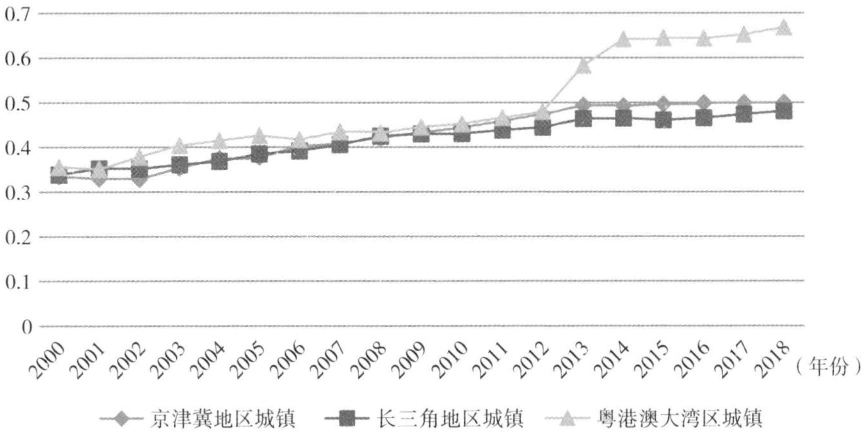

图 2-7　中国京津冀地区、长三角地区、粤港澳大湾区城镇就业比重变化情况

资料来源：根据计算数据整理得到。

粤港澳大湾区略高，京津冀地区和长三角地区交替上升的态势。2012 年后，粤港澳大湾区城镇就业比重大幅增高，京津冀地区对于长三角地区的优势也逐渐明确。2018 年，粤港澳大湾区城镇就业比重为 66.80%，京津冀地区为 49.99%，长三角地区为 47.99%。粤港澳大湾区增幅最大，达到 31.25 个百

分点，其次是京津冀地区，增幅为16.55个百分点，最后是长三角地区增幅为14.16个百分点。长三角地区的城镇就业比重低于京津冀地区主要是因为安徽城镇就业比重较低。

二、城乡、区域就业结构的差异度

（一）全国各省城镇就业比重的差异度缩小

测量不平等一般用基尼系数或者泰尔熵指数。由于不太好判断基尼系数和泰尔熵指数在各省份城镇就业比重中使用的优劣，作者对这两个指数分别作了测量。测算结果显示，全国各省的城镇就业比重不平等呈现缩小趋势。

基尼系数是国际上通用的，用以衡量一个国家或地区居民收入差距的常用指标。基尼系数最大为“1”，最小等于“0”。基尼系数越接近0，表明收入分配越是趋向平等。国际惯例把0.2以下视为收入差距绝对平均；0.2~0.3视为收入差距比较平均；0.3~0.4视为收入差距相对合理；0.4~0.5视为收入差距较大；当基尼系数达到0.5以上时，则表示收入差距悬殊。

泰尔熵标准（Theil's entropy measure）或者泰尔熵指数（Theil index）常被用来衡量个人之间或者地区间收入差距（或者称不平等度）。用泰尔熵指数来衡量不平等的最大优点是，它可以衡量组内差距和组间差距对总差距的贡献程度。泰尔熵指数和基尼系数之间具有一定的互补性，基尼系数对中等收入水平的变化特别敏感；泰尔熵T指数对上层收入水平的变化很明显，而泰尔熵L指数和V指数对底层收入水平的变化敏感。

2000年，我国各省间城镇就业比重不平等的基尼系数为0.2688，说明2000年各省间城镇就业比重不平等现象并不严重。随着时间的推移，基尼系数不断下降。如图2-8所示，2012年为0.1876，降到了0.2以下，按照国际惯例达到绝对平均标准；而2018年为0.1613，各省间城镇就业比重平等性进一步增强。

从泰尔熵指数的计算结果看，呈现出与基尼系数值类似的下降趋势。在2000年，我国各省间城镇就业比重不平等的泰尔熵指数为0.1149，此后波动

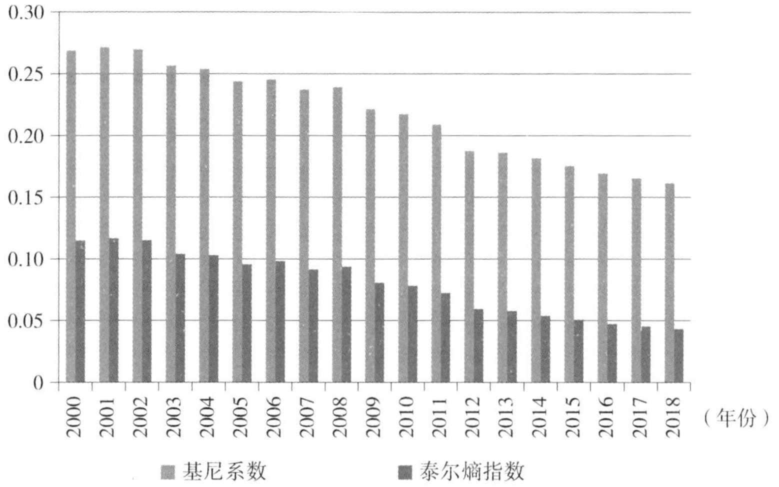

图 2-8　中国各省份城镇就业比重不平等变化情况

资料来源：根据计算数据整理得到。

走低，到 2018 年仅为 0.0430，城镇就业比重不平等状况下降了近 3 倍。

各省间城镇就业比重不平等状况得到了逐渐改善，其主要原因是我国近年来大力推行的新型城镇化。2012 年 12 月，中央经济工作会议在北京召开，会议提出了 2013 年经济工作的主要任务，其中包括积极稳妥推进城镇化，着力提高城镇化质量，要把有序推进农业转移人口市民化作为重要任务抓实抓好。2013 年 7 月 9 日，国务院强调要推进以人为核心的新型城镇化。各种城镇化政策都指向让农民离开土地，到城市里生产生活居住，而且配套了一系列政策进行鼓励，这些措施积极促进了农村劳动力向城市的就业转移。

（二）四大区域城镇就业比重的差异度缩小

区域间的城镇就业比重不平等状况同样适用基尼系数和泰尔熵指数来测量，这里的区域主要是指东、中、西部和东北地区。测算结果显示，东、中、西部和东北地区的城镇就业比重不平等呈现缩小趋势。

按照基尼系数来看，如图 2-9 所示，2000 年，我国不同地区城镇就业比重不平等的基尼系数为 0.1792，按照国际惯例属于绝对平均，说明从 2000 年开始，区域间的城镇就业比重不平等现象就不是很严重，而且随着时间的推移，基尼系数不断下降。2014 年为 0.0981，降到了 0.1 以下，平等程度进一步增加；2018 年为 0.0584，区域间城镇就业比重平等性进一步增强。泰尔熵指数也呈现了类似的趋势，2000 年泰尔熵指数为 0.0560，此后波动走低，到 2018 年仅为 0.0056，城镇就业比重不平等状况下降了近 10 倍。

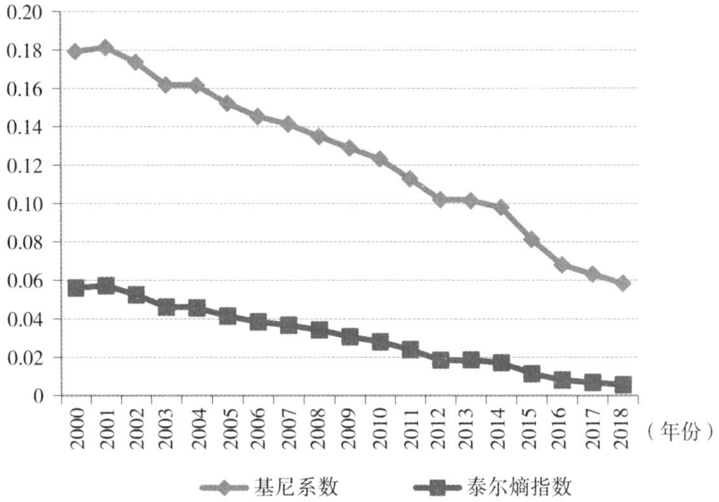

图 2-9　中国不同地区城镇就业比重不平等变化情况

资料来源：根据计算数据整理得到。

三、影响城镇就业比重的主要因素

（一）自变量的选取及描述性统计

是什么影响了城镇就业比重？学界通常采用推拉理论来解释人口流动迁移和就业。传统的推拉理论认为劳动力迁移是由迁入地与迁出地的工资差别引起的。而现代推拉理论除关注经济因素外，更关注流动人口的主动性，流动人口的迁移需要考虑更好的职业、更好的生活条件、为自己与孩子获得更好的受教育的机会，以及更好的社会环境等因素。李（E. S. Lee）又进一步完善了推拉理论，在《移民人口学之理论》一文中，他认为流出地和流入地实际上都既有拉力又有推力，同时又补充了第三个因素：中间障碍因素。中间障碍因素主要包括距离远近、物质障碍、语言文化的差异，以及移民本人对于以上这些因素的价值判断。①

根据推拉理论，本书试图构建一个影响城镇就业比重的理论框架，考虑到数据的可获得性，这里主要以各省级层面年度数据指标为主（如图 2-10 所示）。

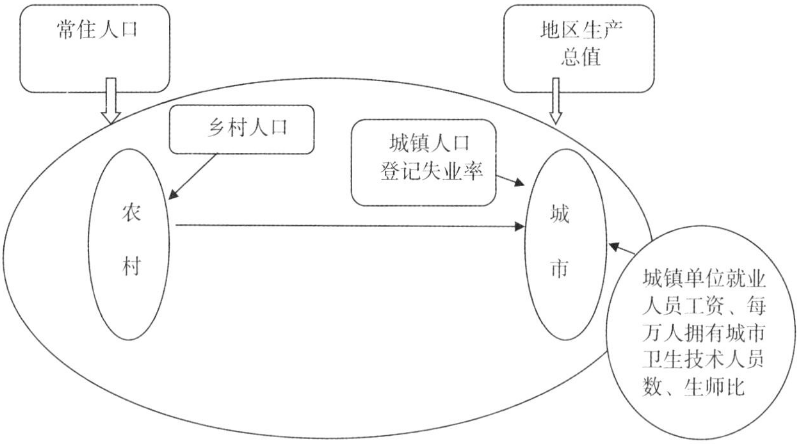

图 2-10 中国不同地区城镇就业比重影响因素框架

资料来源：作者设计。

从农村和城市两个角度出发，宏观背景下两个因素影响着从农村到城市的人口流动，一个是当地的地区生产总值，如果地区生产总值很低，可能就去其他地区生产总值高的省份；另一个是常住人口，常住人口多才可能有流动的人口，例如，四川、河南、安徽等人口大省往往是农民工大省。此外，农村的影响因素是乡村人口，如果乡村人口富余，才可能产生富余劳动力转移到城市，所以从推拉理论角度来看乡村人口属于推力。而从城市角度来说，城镇单位就业人员工资、每万人拥有城市卫生技术人员数、生师比等分别代表了收入、医疗、教育对乡村人口的吸引力。当然，城市也有推力，如果城市失业率很高，进城务工人口找不到工作，自然会回到乡村。

① 费喜敏，王成军．基于推拉理论的农民工定居地选择意愿的实证研究［J］．软科学，2014（3）：40-44.

对城镇就业比重影响因素的描述性统计如表 2-1 所示，面板数据的时间跨度是 2000—2018 年，对象为全国 31 个省（区、市）。乡村人口均值约为 2072 万人，常住人口均值约为 4273 万人，城镇人口均值约为 2259 万人，地区生产总值约为 13861 万元，城镇单位就业人员平均工资约为 47494 元，城镇登记失业率约为 3.5%，每万人拥有城市卫生技术人员数约为 101 名，生师比约为 17.1，城镇就业比重约为 41%。

表 2-1　城镇就业比重影响因素的描述性统计

变量	均值	标准差	最大值	最小值
乡村人口（万人）	2072.251	1443.91	206	6505
常住人口（万人）	4273.411	2711.991	258	11346
城镇人口（万人）	2259.394	1528.668	58	8022
地区生产总值（万元）	13860.77	15424.98	117.8	99945.22
城镇单位就业人员平均工资（元）	47494.38	22605.31	15370	145766
城镇登记失业率（%）	3.531046	0.714489	0.8	6.5
每万人拥有城市卫生技术人员数（名）	100.7986	28.31289	39	220
生师比	17.08905	3.128844	9.82	26.52
城镇就业比重	0.41005	0.177519	0.119318	0.940403

资料来源：根据计算数据整理得到。

（二）面板数据的固定效应模型和随机效应模型

固定效应模型和随机效应模型各有优势和侧重，笔者分别选择两种模型进行计算，并报告计算结果。

1. 固定效应模型的计算结果

整个模型的 P 值为 0.000，而且 F 检验的 P 值也为 0.0000，表示模型适用于固定效应模型。如表 2-2 所示，整体来看，有三个变量显著。其中，城镇单位就业人员平均工资提高可以显著提高城镇就业比重，城镇登记失业率增高则会显著降低城镇就业比重，每万人拥有城市卫生技术人员数可以显著提高城镇就业比重。乡村人口和城镇人口可以负向影响城镇就业比重，但不显著。常住人口、地区生产总值、生师比对城镇就业比重有正向影响，但也不显著。

表 2-2　城镇就业比重影响因素的固定效应模型

变量	Coef.	Std. Err.	t	P>t	[95% Conf.	Interval]
乡村人口	-0.00235	0.005217	0.45	0.653	-0.01262	0.0079308
常住人口	0.002437	0.005215	0.47	0.641	-0.00783	0.0127095
城镇人口	-0.00235	0.005218	0.45	0.653	-0.01263	0.0079269
地区生产总值	7.44E-07	6.25E-07	1.19	0.235	-4.88E-07	1.98E-06
城镇单位就业人员平均工资	1.27E-06	2.09E-07	6.07	0.000	8.57E-07	1.68E-06
城镇登记失业率	-0.03873	0.007888	4.91	0.000	-0.05427	-0.0231924
每万人拥有城市卫生技术人员数	0.000409	0.000169	2.42	0.016	7.58E-05	0.0007429
生师比	0.000848	0.00257	0.33	0.742	-0.00422	0.0059118
截距项	0.069436	0.181759	0.38	0.703	-0.28862	0.4274898

资料来源：根据计算数据整理得到。

2. 随机效应模型的计算结果

表 2-3　城镇就业比重影响因素的随机效应模型

变量	Coef.	Std. Err.	t	P>t	[95% Conf.	Interval]
乡村人口	-0.00309	0.005198	-0.59	0.552	-0.0132805	0.007096
常住人口	0.003059	0.005198	0.59	0.556	-0.0071298	0.013247
城镇人口	-0.00306	0.005199	-0.59	0.556	-0.0132489	0.007132
地区生产总值	1.21E-06	5.69E-07	2.12	0.034	9.05E-08	2.32E-06
城镇单位就业人员平均工资	1.38E-06	2.01E-07	6.86	0.000	9.83E-07	1.77E-06

续表

变量	Coef.	Std. Err.	t	P>t	[95% Conf.	Interval]
城镇登记失业率	-0.03816	0.007702	-4.95	0.000	-0.0532559	-0.02307
每万人拥有城市卫生技术人员数	0.000288	0.000167	1.73	0.084	-0.0000385	0.000614
生师比	0.001458	0.00246	0.59	0.553	-0.0033636	0.006279
截距项	0.506167	0.061764	8.2	0.000	0.3851108	0.627223

资料来源：根据计算数据整理得到。

整个模型的P值为0.000，而且F检验的P值也为0.0000，表示模型适用于随机效应模型。如表2-3所示，整体来看，有三个变量显著，其中地区生产总值可以显著扩大城镇就业比重，城镇单位就业人员平均工资提高可以显著扩大城镇就业比重，城镇登记失业率增高可以显著降低城镇就业比重。考虑到P<0.1存在一个边际显著，那么每万人拥有城市卫生技术人员数可以显著提高城镇就业比重。乡村人口和城镇人口可以负向影响城镇就业比重，但不显著。常住人口、生师比对城镇就业比重有正向影响，但也不显著。

3. 小结：确定政策思路

综合表2-2和表2-3的计算结果，得到表2-4的总体判断。主要结论如下：

一是有四个因素的影响是显著的，能够对确定政策思路起到约束性要求作用，分别包括：地区生产总值、城镇单位就业人员平均工资、每万人拥有城市卫生技术人员数、城镇登记失业率。

二是有四个因素的影响是不显著的，但是存在明确的作用方向，对确定政策思路起到预期性指导作用，分别包括：常住人口、生师比、乡村人口、城镇人口。

表 2-4　基于两个模型计算结果的总体判断

主要变量	固定效应模型		随机效应模型		总体判断及对政策思路的作用
	作用方向	显著水平	作用方向	显著水平	
乡村人口	负向（-）	不显著	负向（-）	不显著	负向影响，预期性指导
常住人口	正向（+）	不显著	正向（+）	不显著	正向影响，预期性指导
城镇人口	负向（-）	不显著	负向（-）	不显著	负向影响，预期性指导
地区生产总值	正向（+）	不显著	正向（+）	显著	正向影响，约束性要求
城镇单位就业人员平均工资	正向（+）	显著	正向（+）	显著	正向影响，约束性要求
城镇登记失业率	负向（-）	显著	负向（-）	显著	负向影响，约束性要求
每万人拥有城市卫生技术人员数	正向（+）	显著	正向（+）	显著	正向影响，约束性要求
生师比	正向（+）	不显著	正向（+）	不显著	正向影响，预期性指导

资料来源：根据计算数据整理得到。

（三）其他原因

城乡就业比重变化的关键是农村劳动力转移到城镇就业。实际上，影响农村劳动力到城镇就业的因素是多种多样的，除了模型中考虑到的因素（通过可获得的数据加以分析），还有一些因素的影响不容忽视。本节将结合已有的一些研究，再做延展性的分析和论述。

1. 户籍条件要求高，城镇就业稳定不下

城乡分割的户籍制度依然存在，虽然目前多地已实行居住证制度，但城乡户籍差别并未完全消除。表面看来，各地户籍制度基本相同，但落实的门槛并不相同。中西部地区和中小城市落户相对容易，东部沿海城市则相对困难。在某种程度上，户口与档案的落实难度与区域的经济发展程度正相关，越是经济发达的城市，越难以解决户口与档案问题。以深圳为例，2021 年，68.5%的深圳人口并没有取得深圳户籍，无形中也使得这些城市的户口更加珍贵。但这些城市的就业机会多，薪酬相对较高，个人发展空间相对较大，因而成为大学毕业生和许多求职者的首选。他们甚至宁愿先不解决户口与档案问题，也要留在大城市工作，这种情况在北京、上海和广州等超大城市较为突出。在许多大学生观念里，只要能够留在大城市，哪怕户口无法落实也没关系。正是这种户籍门槛的区域不平衡，促成了大学毕业生就业难的现象主要集中在大中城市，小城市或者边远地区相对就缓和得多，甚至不存在这一问题。

此外，在社会保障、教育、医疗、养老等方面，城乡差距依然十分明显，城镇对于农民的包容性不够，进城农民的融入性和认同感较低（陈良敏等，2020）①。

2. 城市房价居高不下，稳定居住负担重

住房是农民工进入城市、融入城市的安身立命之所，而建设保障性住房（简称保障房）是改善农民工居住条件，推进农民工市民化进程的关键举措之一。

当前各地保障房建设仍存在一些问题，研究表明，第一，居住在保障房的新生代农民工比例仍然偏低，意味着针对农民工的保障房建设依然任重道远。第二，相比于租房，保障房对新生代农民工城市居留意愿具有显著正向影响，在加入其他解释变量后，结论保持一致。考虑到模型中潜在的选择性偏误，运用倾向得分匹配法构建反事实框架加以纠正，并通过逆向概率加权法、逆向概率加权回归调整法、调整变量衡量方式等进行稳健性检验，结论依然成立。第三，保障房对新生代农民工城市居留意愿的影响存在代际差异，相比于“90后”农民工，保障房对“80后”农民工的影响更明显。由此可见，要发挥保障房在农民工市民化进程中的作用，应当突出保障房建设的多样性与差异化，优先考虑就业居住超五年的“80后”农民工，实施更有利于新生代农民工的住房制度改革举措（祝仲坤，2020）②。

---

① 陈良敏，刘国顺，丁士军．失业风险、异质性资本与农民工社会融合［J］．农村经济，2020（5）：120-128.

② 祝仲坤．保障性住房与新生代农民工城市居留意愿——来自2017年中国流动人口动态监测调查的证据［J］．华中农业大学学报（社会科学版），2020（2）：98-108.

3. 特大城市罹患城市病，迫使人口外迁

城市病是指城市在发展过程中出现的交通拥挤、住房紧张、供水不足、能源紧缺、环境污染、秩序混乱，以及物质流、能量流的输入、输出失去平衡，导致的需求矛盾加剧等问题（邓伟志，2003）[①]。其主要表现为城市规划和建设盲目向周边扩展，大量耕地被占，人地矛盾尖锐；布局分散、城市整体规划相对落后；只求规模不问功能，盲目扩大，土地利用效率低下；道路交通、公共服务等基础设施建设相对不足和落后；城市历史文化遗产得不到良好的保护；城市建设中的人文问题、犯罪率问题突出等。这些问题导致城市建设与城市发展处于失衡和无序状态，造成资源的巨大浪费、居民生活质量下降和经济发展成本提高，在一定程度上阻碍了城市的可持续发展。

4. 农业户口待遇提高，就业创业保障好

我国一些农民不愿意转变成市民的原因之一是农村户口拥有独特的土地权益——农民拥有承包地和宅基地。现在很多农村大学生读了大学还保留着农村户口，多是出于这个理由。

此外，农民已经参加城乡居民医疗保险，尽管看病的报销比例不如城镇医疗保险，但是已经有较大提高。有些地方的农村户口居民，只要出很少的一部分钱，男性 60 岁，女性 55 岁，每月就可以领到一定的养老金额。相比之下，非农业户口的人如果没有工作，就必须自己买养老保险。这些因素也影响了农村人口向城市转移。

四、推动城乡、区域就业更加均衡

（一）转变发展方式

加快转变我国依赖外需的发展模式，推动产业向中西部转移，尤其是推动劳动密集型产业向中西部地区转移。扩大内需，利用内需支撑中西部地区

① 邓伟志．当代“城市病”［M］．北京：中国青年出版社，2003.

劳动密集型产业的发展，有利于吸纳中西部地区的富余劳动力。打破区域分割和垄断，彻底消除地区之间的贸易保护和市场分割，让各地能够根据比较优势发展特色产业，在全国范围内实现产业的合理布局。

（二）发展中小城市

大规模城市化是提高城镇就业比重的重要措施。但目前大城市，吸纳劳动力的潜力已十分有限，因此，中国今后应依据各地区经济发展水平，建设与经济发展水平相适应的中小型城市，以吸纳农村富余人口。结合中国总人口规模庞大的国情，摒弃单一发展大中城市的思路，积极发展小城市，尤其是要引导发展农村小集镇，实现农民的就地转移。

（三）打破户籍制度

解决城乡就业结构性失衡的关键是彻底打破户籍制度，消除城乡之间劳动力自由流动的制度性障碍，实现劳动力资源在城乡和全国范围内的最优配置。劳动力从农村流入城市，农村土地可以规模化经营，可以提高农业机械化水平，促进农业集约化精细化发展，使农民获得更大收益。但是，也不能把农民全部转移到城市，要注重发挥农村作为劳动力蓄水池的作用。

（执笔：赵玉峰）

参考资料：

1. 任栋．调查失业率与登记失业率之差异辨析［J］．中国人口科学，2013（2）：42-48+127.

2. David Shapiro，Sharon Shapiro. Rural employment and rural-urban differences in employment in Zaire：A comparative perspective［J］. The Review of Black Political Economy，1995（2）.

3. 高帆，尹晨．中国经济转型背景下的城市化与农业劳动生产率演变［J］．求是学刊，2020（4）：70-79.

4. Luis M. Sierra. Colonial Specters：The Extramuro，History，Memory，and Urbanization in La Paz，Bolivia，1900-1947［J］. Journal of Urban History，2019（6）.

5. 李圣军．城镇化模式的国际比较及其对应发展阶段［J］．改革，2013（3）：81-90.

6. 乔文怡，李玏，管卫华，王馨，王晓歌．2016—2050 年中国城镇化水平预测［J］．经济地理，2018（2）：51-58.

7. 魏后凯，李玏，年猛．“十四五”时期中国城镇化战略与政策［J］．中共中央党校（国家行政学院）学报，2020（4）：5-21.

8. 朱金生，王鹤，杨丽．FDI 流动、区域差异与就业结构变迁——基于我国 1995—2010 年面板数据的分析［J］．软科学，2013（8）：127-131.

9. Theil E C．The synthesis of hemoglobin and non-hemoglobin protein of amphibian red blood cells related to metamorphosis［J］．Biochim Biophys Acta，1967（1）：175-185.

10. 费喜敏，王成军．基于推拉理论的农民工定居地选择意愿的实证研究［J］．软科学，2014（3）：40-44.

11. 陈强．高级计量经济学及 Stata 应用［M］．北京：高等教育出版社，2010.

12. 刘厚莲，韩靓．深圳市人口空间分布及其优化路径［J］．城市观察，2019（6）：59-69.

13. 陈良敏，刘国顺，丁士军．失业风险、异质性资本与农民工社会融合［J］．农村经济，2020（5）：120-128.

14. 邓伟志．当代“城市病”［M］．北京：中国青年出版社，2003.

15. 祝仲坤．保障性住房与新生代农民工城市居留意愿——来自 2017 年中国流动人口动态监测调查的证据［J］．华中农业大学学报（社会科学版），2020（2）：98-108.

| 第三章 |

就业结构与产业结构的失衡

一、产业就业失衡的研究现状

产业部门是劳动力就业的空间载体。产业结构布局决定着就业人员的空间分布，在市场出清的状态下，产业结构与就业结构往往是一致的。然而，由于我国二元经济长期存在，劳动力市场存在较为严重的分割，产业发展也呈现对工业的倚重，造成我国就业结构与产业结构出现较大程度的偏离，协调性较差，使得社会面临较大的就业压力。自我国经济进入新常态以来，转变经济增长方式、调整优化产业结构已成为新的任务。然而，产业结构的调整速率往往快于就业结构的调整速率，且我国工业面临着产能过剩的问题（于斌斌、吴银忠，2020），通过技术升级、加大资本投入来提升经济效益势在必行。而第三产业在“质”和“量”上仍然落后，内部存在转型升级要求，对劳动力的吸纳潜力有待进一步确认。在该背景下，探讨我国产业就业结构的协调性及其影响因素的实践意义不言自明。本章旨在通过实证方法建立指标体系，探讨影响产业就业结构性失衡的因素，以研究促进三大产业转型升级、引导就业合理流动的策略，促进我国产业结构与就业结构协调发展，缓解就业压力，并实现经济社会健康、良性发展。

关于产业结构与就业结构关系的研究起源于威廉·配第，其认为随着经济发展，劳动力会逐步由农业转移至工业，再转移至商业。克拉克进一步指出，劳动力出现这种转移，原因在于产业间的收入差异。这会导致就业结构变化与产业结构调整保持一定的一致性。但库兹涅茨认为，两者变动的相关性只在较长时期内呈现出一致性，短期内就业结构的变化往往滞后于产业结构的变动。钱纳里等的研究则区分了发达国家与发展中国家，认为发展中国家的就业变动更滞后于产业变动。刘易斯、拉尼斯和费景汉以及托达罗进一步分析了发展中国家劳动力在工业和农业间的流动条件问题，认为发展中国家需要发展劳动密集型企业来吸纳农业部门转出的劳动力。

中国就业结构变动滞后于产业结构变动是不争的事实。不论是对中国整体的研究还是对部分区域的研究都表明，我国产业结构与就业结构存在失衡的状态（Jiangjuan Shan and Tianqing Miao，2014；陈刚等，2019；华德亚、汤龙，2019；廖添土、葛格，2019；徐波等，2019；钟孝江，2019），主要表现为第一产业就业比重过高（结构偏离度为负），第二、三产业仍然有较强就业吸纳能力（结构偏离度为正）等特点（陈桢，2007；牛青杨，2008；齐义军、付桂军，2011；刘艳婷，2012；陈楚天，2014；张东旭，2015；程涵，2015；孙雨露等，2018；陈少辉等，2019），且东部地区的产业就业结构协调性最好，西部最差（王庆丰，2010；夏四友等，2020）。即使考虑劳动异质的情况，三次产业的结构偏离度依然呈现出这样的特点，且第二产业的结构偏离度存在被低估的现象（张建华、王慧丽，2016）。随着经济社会发展，第一产业结构偏离度呈现出上升态势，第二、三产业结构偏离度则呈现出下降趋势（张樨樨等，2016；孙雨露等，2018；孙晴等，2019；杨帆，2019）。

为何中国的产业结构与就业结构呈现出严重失衡的状态？影响其发展变化的因素又有哪些？陈桢、王庆丰、张抗私、王振波和张东旭认为，工业化的经济发展战略是最重要原因，过于依赖重工业的发展战略以及以固定资产投资为重的财政政策对产业的转型升级起到了重要推动作用，工业化水平得到快速提升。改革开放以后，外资投入不断增加，但工业化为主导的战略导致外资过多投向制造业，整体就业创造能力受到约束（张抗私、王振波，2014；陈楚天，2014；欧阳艳艳等，2019）。在此战略下，我国部分行业受到明显的行政管制，就业带动能力较强的民营企业和中小型企业发展空间受限，进一步削弱了产业对就业的带动能力（李文星、袁志刚，2010）。另外，还有研究表明，在工业化加速推进的初期，技术进步的就业替代效应要远大于就业补偿效应，技术进步未能有效推动就业结构的调整和变化（陈桢，2007；张抗私、王振波，2014；陈楚天，2014）。

市场化水平也是影响就业结构变动的重要原因。市场化水平提升意味着市场机制在劳动力资源配置方面的作用增强，可以促进劳动力的合理流动和有效配置（张抗私、王振波，2014；孙雨露等，2018）。然而，我国的市场化进程明显呈现出行政主导的特点，特别是二元化经济结构以及劳动力市场的分割严重阻碍了我国的城镇化进程，农村剩余劳动力无法得到有效转移，就业结构变动进一步受阻（王庆丰，2010；刘艳婷，2012；张东旭，2015；张建华、王慧丽，2016；孙雨露等，2018）。行政主导的经济体制还导致经济增长过度依赖投资，国民收入的初次分配比重过低，居民收入增长缓慢，从而引发内需不足；第三产业的发展驱动力被削弱，致使其就业带动能力较差。

从就业的主体——劳动者来看，我国整体劳动力素质仍然呈现文化素质偏低的特点，特别是农村剩余劳动力多数仅能从事简单体力劳动，对实现劳动力有效转移形成了进一步的制约（张东旭，2015；张建华、王慧丽，2016；孙雨露等，2018）。

由此可以看出，现有文献对我国产业就业结构的失衡状态已有了较为一致的结论，对影响产业就业结构性失衡的因素也有了较多的讨论。本章力图在参考现有文献的基础上，利用最新数据分析产业就业结构协调性的变化趋势，并建立指标体系来分析影响其变动的因素。

二、对指标和实证方法的说明

（一）协调性指标的定义

本章采用结构偏离度来测量就业结构与产业结构的协调性。当结构偏离度的绝对值等于0时，说明就业结构和产业结构基本协调；当偏离度大于0时，说明产值比重大于就业比重，该产业劳动生产率较高，对就业吸纳能力较强；当偏离度小于0时，说明该产业劳动生产率偏低，需要向其他产业转移劳动力。在完全市场竞争的条件下，结构偏离度趋近于0。但在现实的市场条件下，受政府干预、体制机制壁垒等因素的影响，结构偏离度往往大于0或者小于0，使得就业结构和产业结构处于非均衡状态；其具体计算公式为：

$$E_k = \frac{x_k}{y_k} - 1(k = 1, 2, 3)$$

其中，$k=1$，2，3 分别代表第一、二、三产业，E_k 代表第 k 产业的结构偏离度，x_k 代表第 k 产业的产值比重，y_k 代表第 k 产业的就业比重。

（二）研究方法的说明

本章采用偏最小二乘法对模型进行设定。该方法借助多次多元线性回归建立偏最小二乘模型，通过对模型的迭代求解得到潜变量与显变量的参数值，以此估算潜变量与显变量之间以及潜变量内部之间的关系。它规避了模型不可识别的问题，对样本量要求较少，广泛应用于研究领域。

偏最小二乘模型由外部模型和内部模型共同组成。假设显变量为 J 组，每组显变量含有变量 p_i 个，则每组显变量为：$X_j = (x_{j1}, x_{j2}, \cdots, x_{jp_i})$，$j = (1, 2, \cdots, J)$。设定显变量 $x_{jh} = (1, 2, \cdots, J; h = 1, 2, \cdots, p_i)$ 是中心化的，且基于 n 个共同观测点，每组显变量 X_j 对应的潜变量 $\xi_j(j = 1, 2, \cdots, J)$ 是标准化的。

外部模型解释了潜变量与显变量之间的关系：

$$x_{jh} = \lambda_{jh}\xi_j + \varepsilon_{jh}$$

其中，ε_{jh} 表示均值为 0 的随机误差项。

内部模型解释了潜变量之间的关系：

$$\xi_{jh} = \sum_{i \neq j} \beta_{ij}\xi_i + \zeta_j$$

其中，ζ_j 表示均值为 0 的随机误差项。

三、失衡状况和主要影响因素

（一）就业结构与产业结构的协调性分析

根据产业就业结构偏离度的计算公式，本章计算了我国三次产业的结构偏离度状况。如图 3-1 所示，我国第一产业结构偏离度最低且始终为负值，这与受户籍制度限制导致城乡劳动力流动不尽合理有关。第一产业仍然存在大量的富余劳动力无法有效转移，劳动生产效率低下，产业发展严重滞后。

同时，第一产业的结构偏离度呈现震荡上升的趋势，由1990年的-0.42变成2018年的-0.19，2020年进一步调整至-0.16，显示了随着我国城镇化水平的提高，第一产业的富余劳动力得到了一定程度的转移，第一产业的就业结构与产业结构的协调性呈现出持续改善的趋势。

第二产业的结构偏离度最高，这与我国经济发展的工业化战略有关。第二产业在2006年及以前的年份基本维持在0.22左右的水平，体现了较高的劳动生产率，有较大吸纳就业潜力。随着金融危机对我国经济的冲击以及劳动力成本上升导致的部分制造业向国外转移，第二产业的结构偏离度逐步下降至2015年的0.12，2016年之后又呈现小幅波动的趋势，2017年为0.12，2020年降至0.09。这可能与我国制造业的转型升级有关，资本密集型和技术密集型的制造业得到大力发展，对劳动力吸纳能力不足。今后一段时期，不能单纯依靠第二产业吸纳来自第一产业转移出来的富余劳动力。

第三产业的结构偏离度居中，这与产业发展程度存在较大关联。在2003年之前，第三产业的结构偏离度呈现大幅震荡的趋势，最高值达到0.16，最低值则低至0.08。2004年以来，第三产业的结构偏离度呈现小幅震荡的平稳态势，基本维持在0.09的水平，2017年降至0.08，2020年降至0.07。这说明随着第三产业的持续发展，我国经济结构趋于合理，第三产业对就业的吸纳能力有所增强。相对于第二产业，第三产业的服务型企业居多，尤其是养老、家政等生活性服务业对劳动力的素质要求比较低，吸纳第一产业富余劳动力的潜力较大。

（二）就业结构与产业结构协调性的影响因素分析及指标选择

为分析导致我国就业结构性失衡和产业结构性失衡的影响因素，本章进一步构建指标体系来探究各因素的作用强度。根据偏最小二乘法的建模要求，综合已有文献和实践状况，确定了分析指标体系，如表3-1所示。各项指标的具体含义如下：

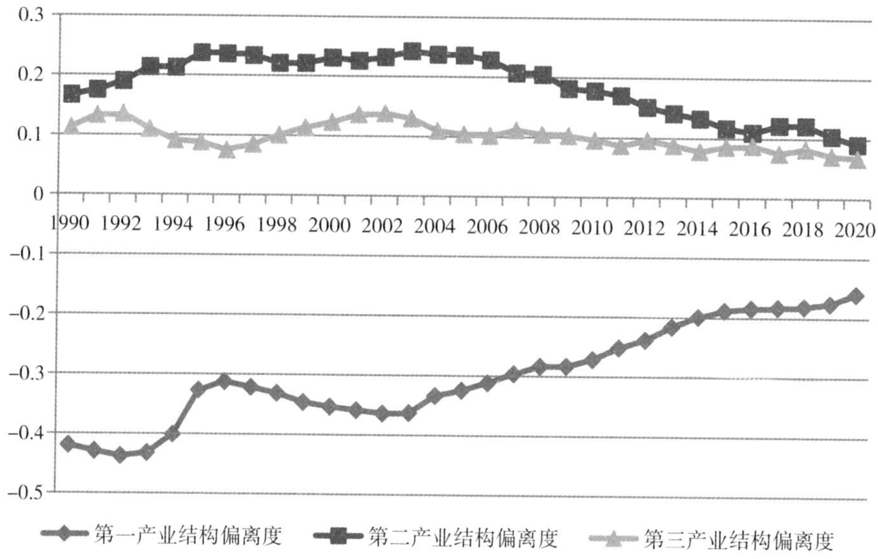

图 3-1　我国三次产业结构偏离度状况

资料来源：作者绘制。

表 3-1　偏最小二乘分析模型指标体系及其计算方式

潜变量	显变量	计算方法
经济发展程度（X_1）	人均 GDP（X_{11}）	取对数
	第二产业产值比重（X_{12}）	第二产业产值/国内生产总值
	第三产业产值比重（X_{13}）	第三产业产值/国内生产总值
市场化程度（X_2）	非国有经济固定资产投资比重（X_{21}）	（全社会固定资产投资-国有经济投资总额）/全社会固定资产投资
	非国有经济单位就业人员占城镇就业人员比重（X_{22}）	（城镇港澳台资及外商投资企业就业人员+城镇私营企业就业人员+城镇个体就业人员）/城镇就业人员
对外开放程度（X_3）	外贸出口额占 GDP 比重（X_{31}）	—
	外资占全社会固定资产投资比重（X_{32}）	（港澳台投资经济的投资额+外商投资经济的投资额）/全社会固定资产投资
	实际利用外资额（X_{33}）	取对数

续表

潜变量	显变量	计算方法
投资与消费水平（X_4）	投资率（X_{41}）	全社会固定资产投资额/国内生产总值
	工资总额占 GDP 比重（X_{42}）	城镇单位工资总额/国内生产总值
	居民储蓄存款（X_{43}）	住户部门总储蓄，取对数
人力资本水平（X_5）	教育经费占 GDP 比重（X_{51}）	教育经费/国内生产总值
	普通高等教育学校毕业生数占总就业人数比重（X_{52}）	（本专科毕业生数+研究生毕业生数）/就业人员总数
	每十万人口在校大学生数（X_{53}）	取对数
科技水平（X_6）	研发经费投入强度（X_{61}）	研发经费支出/国内生产总值
	技术市场合同成交额（X_{62}）	取对数
	研发人员全时当量（X_{63}）	取对数
城镇化水平（X_7）	城镇化率（X_{71}）	城镇人口数/总人口数
	就业城镇化率（X_{72}）	城镇就业人数/就业人员总数
老龄化水平（X_8）	老年人口比重（X_{81}）	65 岁及以上人口数/总人口数
	老年人口抚养比（X_{82}）	65 岁及以上人口数/15~64 岁人口数
	劳动年龄人口的平均年龄（X_{83}）	15~59 岁人口的平均年龄［∑（某组年龄中位数×该组人口数）/∑各组人口数］
就业结构与产业结构偏离度（Y）	第一产业结构偏离度（Y_1）	（第一产业的产值比重/该产业就业比重）-1
	第二产业结构偏离度（Y_2）	（第二产业的产值比重/该产业就业比重）-1
	第三产业结构偏离度（Y_3）	（第三产业的产值比重/该产业就业比重）-1

资料来源：作者设计。

一是经济发展程度（X_1）。就业结构和产业结构的变化取决于经济发展水平和经济结构。人均国内生产总值水平越高，各产业的发展潜力越大，对就业的带动作用就越强，反之亦然。同时，我国经济发展长期依赖于第二产业的发展，因而第二产业对就业状况产生了十分重要的作用。而第三产业的发展状况直接取决于经济发达程度，且第三产业具有极强的就业吸纳能力。因此，本章纳入人均 GDP（X_{11}）、第二产业产值比重（X_{12}）和第三产业产值比重（X_{13}）来测量经济发展程度。

二是市场化程度（X_2）。市场在资源配置中起决定性作用。成熟的市场调节机制会通过调整工资水平差距来实现劳动力在各产业间合理流动，从而实现均衡化配置，提升产业部门的效率。由于民营企业的运行完全遵循市场化原则，其发展状况体现了经济体市场化程度的高低。我国特殊的经济体制决定了国有企业占据主导角色，由于国有企业多为掌握经济命脉的资本密集型企业，对劳动力素质的要求较高，因而对就业的吸纳能力有限。民营企业多分布于次要地位的行业，却能够吸纳较多素质偏低的劳动力。鉴于我国劳动力整体受教育程度不高的现实，民营企业对城镇就业的贡献率超过 80%，对新增就业的贡献率达到了 90%。因此，本章纳入非国有经济固定资产投资比重（X_{21}）和非国有经济单位就业人员占城镇就业人员比重（X_{22}）两个指标来测量市场化程度。

三是对外开放程度（X_3）。我国经济的发展始于对外开放政策的实施，外商投资不仅直接促进产业发展和转型升级，还通过资本输入和技术外溢带来了国内劳动力素质的提升，使就业结构得到优化。因此，本章纳入外贸出口额占 GDP 比重（X_{31}）、外资占全社会固定资产投资比重（X_{32}）和实际利用外资额（X_{33}）来测量对外开放程度。

四是投资与消费水平（X_4）。改革开放以来，投资一直是我国经济发展的主要驱动力，而内需消费对经济的带动作用不足，两者的不平衡也引起了产业间的不平衡发展，从而影响了三次产业的就业吸纳能力。因此，本章纳入投资率（X_{41}）、工资总额占 GDP 的比重（X_{42}）和居民储蓄存款（X_{43}）来测量投资与消费水平。

五是人力资本水平（X_5）。劳动力素质的高低决定了产业发展的智力供给状况，并决定着产业结构的调整和升级状况，继而影响就业结构和产业结构的协调性。因此，本章纳入教育经费占GDP比重（X_{51}）、普通高等教育学校毕业生数占总就业人数比重（X_{52}）和每十万人口在校大学生数（X_{53}）来测量人力资本水平。

六是科技水平（X_6）。科技进步是生产力发展的决定因素，能够推动产业生产率的提升，从而促进劳动力在不同产业与行业之间的流动和优化配置，甚至催生新兴的行业部门，带来产业就业结构的变化。因此，本章纳入研发经费投入强度（X_{61}）、技术市场合同成交额（X_{62}）和研发人员全时当量（X_{63}）来测量我国的科技水平。

七是城镇化水平（X_7）。城镇化促使大量农村富余人口从农村向城镇转移，形成了人口和产业在城镇的集聚，并细化了社会分工，创造了更多的就业机会。本章纳入城镇化率（X_{71}）和就业城镇化率（X_{72}）来测量城镇化水平。

八是老龄化水平（X_8）。人口老龄化水平决定了产业发展可利用的劳动力数量和质量状况，老龄化水平的提升还催生了养老产业的发展，并带动相关产业行业就业需求的增加。本章纳入老年人口比重（X_{81}）、老年人口抚养比（X_{82}）和劳动年龄人口的平均年龄（X_{83}）来测量老龄化水平。

四、相关模型和信度效度分析

（一）数据来源

本章选取1990—2017年的国家层面数据，全部原始数据来源于历年的《中国统计年鉴》《中国劳动统计年鉴》《中国固定资产投资统计年鉴》和《中国贸易外经统计年鉴》等公开出版物。其中，部分年份的缺失数据采用线性插值法进行了补充。

（二）模型的建立与估计

本章采用SmartPLS 3.3.2软件，建立了中国就业结构性失衡与产业结构性失衡影响因素偏最小二乘通径分析模型。模型如图3-2所示。

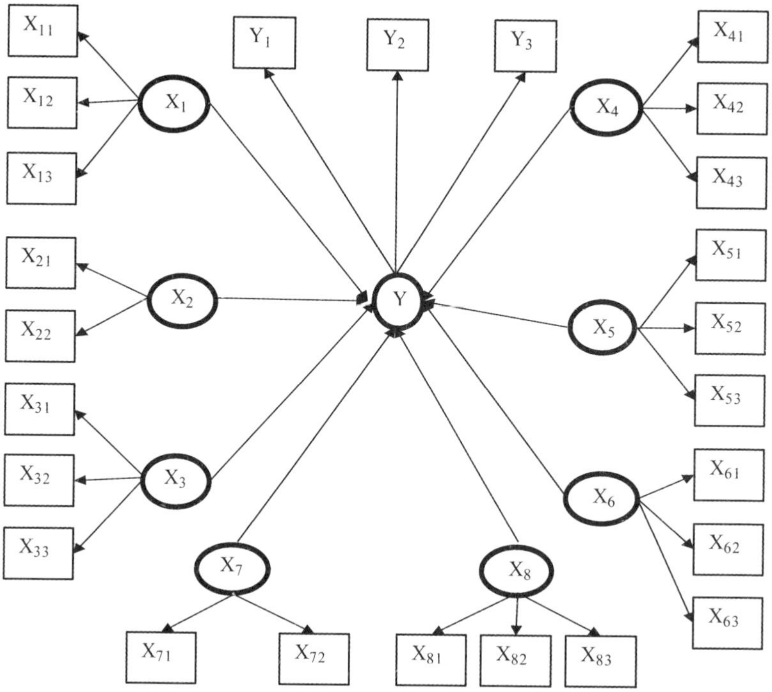

图3-2　中国就业结构性失衡与产业结构性失衡影响因素偏最小二乘通径分析模型

资料来源：作者绘制。

（三）模型评级

根据PLS建模要求，分别对显变量与潜变量进行交叉因子载荷及通径系数检验。结果显示，显变量 X_{12}、X_{31}、X_{33} 和 X_{61} 与对应的潜变量 X_1、X_3、和 X_6 的载荷系数小于0.7，相关性不明显。因此，剔除显变量 X_{12}、X_{31}、X_{33} 和 X_{61} 后重新进行交叉因子载荷及通径系数检验，调整后的显变量与潜变量的载荷系数均符合模型要求，如表3-2所示。

表 3-2　PLS 通径分析模型的交叉因子载荷及通径系数检验

潜变量	显变量	外部模型载荷	与 Y 的通径系数
X_1	X_{11}	0. 515	0. 541
	X_{12}	0. 930	
	X_{13}	0. 991	
X_2	X_{21}	0. 946	-1. 227
	X_{22}	0. 969	
X_3	X_{31}	-0. 368	-0. 589
	X_{32}	0. 931	
	X_{33}	-0. 808	
X_4	X_{41}	0. 970	-0. 091
	X_{42}	0. 789	
	X_{43}	0. 910	
X_5	X_{51}	0. 983	2. 017
	X_{52}	0. 958	
	X_{53}	0. 958	
X_6	X_{61}	0. 262	-0. 095
	X_{62}	0. 984	
	X_{63}	0. 986	
X_7	X_{71}	0. 995	-3. 140
	X_{72}	0. 996	
X_8	X_{81}	0. 992	0. 590
	X_{82}	0. 981	
	X_{83}	0. 931	

资料来源：根据模型计算结果整理得到。

(四) 信度及效度评价

对模型内部一致性信度及收敛效度的评价指标主要包括 Cronbach's Alpha 值、rho_ A 值、组合信度（CR）和平均抽取变异量（AVE）。以上指标如果大于 0.7，说明模型内部收敛效度较高。表 3-3 的计算结果表明，本章建立的中国就业结构性失衡与产业结构性失衡影响因素偏最小二乘通径分析模型内部一致性较好，收敛效度较好，模型符合要求。

表 3-3 PLS 通径分析信度及效度评价

	负载系数	Cronbach's Alpha 值	rho_ A 值	组合信度（CR）	平均抽取变异量（AVE）
X_{11}<-X_1	0.985	0.968	0.970	0.984	0.969
X_{13}<-X_1	0.983				
X_{21}<-X_2	0.946	0.911	0.959	0.957	0.917
X_{22}<-X_2	0.969				
X_{32}<-X_3	1.000	1.000	1.000	1.000	1.000
X_{41}<-X_4	0.970	0.869	0.883	0.921	0.798
X_{42}<-X_4	0.789				
X_{43}<-X_4	0.910				
X_{51}<-X_5	0.983	0.965	0.992	0.977	0.934
X_{52}<-X_5	0.958				
X_{53}<-X_5	0.958				
X_{62}<-X_6	0.988	0.978	0.982	0.989	0.978
X_{63}<-X_6	0.990				
X_{71}<-X_7	0.995	0.991	0.994	0.996	0.991
X_{72}<-X_7	0.996				
X_{81}<-X_8	0.992	0.966	0.977	0.978	0.937
X_{82}<-X_8	0.981				
X_{83}<-X_8	0.931				

资料来源：根据模型计算结果整理得到。

(五) 判别效度分析

针对模型效果的评价，还需要判别潜变量对应的测项指标组与其他潜变量对应的测项指标组。每个潜变量的 Fornell-Larcker Criterion 值应大于该潜变量与其他对应的测项指标之间的相关性。判别效度分析结果如表 3-4 所示。该结果表明，模型具有较好的判别效度。

表 3-4 潜变量间相关系数

	X_1	X_2	X_3	X_4	X_5	X_6	X_7	X_8	Y
X_1	0.984								
X_2	0.982	0.958							
X_3	-0.959	-0.917	1.000						
X_4	0.916	0.912	-0.907	0.893					
X_5	0.971	0.955	-0.915	0.874	0.966				
X_6	0.978	0.942	-0.946	0.881	0.959	0.989			
X_7	0.982	0.956	-0.953	0.883	0.954	0.981	0.996		
X_8	0.981	0.953	-0.932	0.875	0.945	0.981	0.982	0.968	
Y	-0.850	-0.866	0.820	-0.889	-0.813	-0.920	-0.894	-0.882	0.901

说明：对角线为 Fornell-Larcker Criterion 值。
资料来源：根据模型计算结果整理得到。

五、造成失衡的直接和间接效应

调整后的通径模型中潜变量与 Y 的通径系数显著，可决系数 $R^2=0.937$，拟合精度较高。进行显变量与潜变量的偏最小二乘回归，得到显变量外部权重，如表 3-5 所示。

表 3-5　通径系数及显变量外部权重

潜变量	显变量	外部权重	与 Y 的通径系数
经济发展程度（X_1）	人均 GDP（X_{11}）	0.524	2.292
	第三产业产值比重（X_{13}）	0.492	
市场化程度（X_2）	非国有经济固定资产投资比重（X_{21}）	0.452	-1.489
	非国有经济单位就业人员占城镇就业人员比重（X_{22}）	0.590	
对外开放程度（X_3）	外资占全社会固定资产投资比重（X_{32}）	1.000	0.076
投资与消费水平（X_4）	投资率（X_{41}）	0.406	0.197
	工资总额占 GDP 比重（X_{42}）	0.336	
	居民储蓄存款（X_{43}）	0.374	
人力资本水平（X_5）	教育经费占 GDP 比重（X_{51}）	0.333	1.604
	普通高等教育学校毕业生数占总就业人数比重（X_{52}）	0.408	
	每十万人口在校大学生数（X_{53}）	0.295	
科技水平（X_6）	技术市场合同成交额（X_{62}）	0.485	-1.015
	研发人员全时当量（X_{63}）	0.526	
城镇化水平（X_7）	城镇化率（X_{71}）	0.487	-2.070
	就业城镇化率（X_{72}）	0.517	
老龄化水平（X_8）	老年人口比重（X_{81}）	0.365	-0.311
	老年人口抚养比（X_{82}）	0.362	
	劳动年龄人口的平均年龄（X_{83}）	0.304	

续表

潜变量	显变量	外部权重	与 Y 的通径系数
第一产业结构偏离度（Y_1）	—	—	-0. 969
第二产业结构偏离度（Y_2）	—	—	0. 886
第三产业结构偏离度（Y_3）	—	—	0. 842

资料来源：根据模型计算结果整理得到。

（一）产业就业结构性失衡的直接效应

第一产业的结构偏离度对整体就业结构与产业结构的协调性影响最大，且为正向效应。如表 3-5 所示，第一产业结构偏离度每增加 1%，相应地推动就业结构与产业结构协调性增加 0. 969%。这说明，我国要改善产业就业结构偏离度，就要尽快提高第一产业的产值，将第一产业中的富余劳动力释放出来，提高产业劳动生产率。

第二产业和第三产业结构偏离度对整体就业结构与产业结构的协调性影响接近，且均为负向效应。第二产业和第三产业结构偏离度每增加 1%，相应地使就业结构与产业结构协调性分别降至 0. 886%和 0. 842%。这是因为我国第二产业和第三产业已经存在“产值高，吸纳就业不足”的现象，两个产业的结构偏离度提高，意味着吸纳劳动力不足的现象更加突出。换言之，两个产业有进一步吸纳劳动力的潜力。

（二）影响产业就业结构性失衡的路径分析

计算结果显示，经济发展程度、人力资本水平、投资与消费水平、对外开放程度四个因素，与产业就业结构的偏离度存在正相关关系。这意味着，经济发展水平提升，对外开放程度增强，投资与消费水平提高以及人力资本水平提升，会加剧产业就业结构性失衡。其内部机理和原因分析如下。

一是经济发展程度加剧了产业就业结构的偏离度。经济发展程度的影响最大，其通径系数达到 2. 292，符号为正。我国经济增长过于依赖资本和技术密集型的重工业，其就业吸纳能力较低，而第三产业仍然以传统服务业为主，对低技能劳动力的需求高于对高技能劳动力的需求。在第三产业转型升级的过程中，资本和技术的大量引入会进一步增强第三产业对低技能岗位的排斥力，在我国劳动力素质仍普遍偏低的情况下，会对产业就业结构协调性产生较大的负面影响。

二是人力资本水平加剧了产业就业结构的偏离度。人力资本水平的通径系数是 1.604，符号为正。人力资本水平的提升，产生了“相对过剩”的高素质劳动力，对产业就业结构的协调性产生了负面影响。大学生的就业难问题便是一个典型的例证。理论上看，人力资本水平提升本应对产业就业结构的协调性产生正向影响。然而，PLS 通径模型却得出了与理论相悖的结果。可能的原因是，显变量测量为教育经费投入和劳动力的受教育程度，关注对产业转型升级帮助较大的劳动力的“质量”。而在我国经济发展中，传统的简单、重复性的体力性岗位仍然占有较大的比重，就业岗位呈现出低质量和低技能性的特点，不能有效吸纳现有教育经费培养出的高质量劳动力，从而加剧了劳动力供给与需求的错位。

三是投资与消费水平加剧了产业就业结构的偏离度。投资与消费水平的通径系数是 0.197，符号为正。我国的经济发展呈现以投资为主导的趋势，投资率由 1990 年的 23.93%上升至 2018 年的 78.13%。投资率的较快增长对制造业产值拉动作用明显，但是资本深化的发展路径对劳动力需求增加（特别是对低技能劳动力需求）不明显，甚至产生了一定的排斥作用，从而对产业就业结构的协调性产生了负面影响。与此同时，我国工资总额占国内生产总值的比重和居民储蓄存款增长缓慢，消费增长的空间滞后，极大地限制了现代服务业发展，使得第三产业的就业吸纳能力未能得到充分释放。

四是对外开放程度加剧了产业就业结构的偏离度。对外开放程度的通径系数仅为 0.076，符号为正。这意味着，对外开放对产业就业结构的协调性产生了不利的影响。这是由于我国改革开放以来，在内需不旺盛的背景下，借助于外商投资实现了工业部门的快速发展，但是对外商投资缺乏有效引导，导致其对第三产业投资不足，未能有效转移农村富余劳动力，因而外资对就业结构的优化作用也不甚显著。

同时，城镇化水平、市场化程度、科技水平和老龄化水平四个因素，与产业就业结构的偏离度存在负相关关系。这意味着，提升市场化程度、加强研发投入、加快城镇化进程、人口老龄化速度加快会提升产业就业结构的协调性，其内部机理和原因分析如下。

一是城镇化水平对产业就业结构的偏离度产生了正面影响。城镇化水平对产业就业结构偏离度影响的通径系数为2.070，符号为负。这表明，人口向城镇集聚能够促进社会分工的合理化和城乡一体化市场的建立，有利于劳动力合理流动和有效配置，从而对产业就业结构的协调性产生积极影响。

二是市场化程度改善了产业就业结构的偏离度。市场化程度对产业就业结构偏离度影响的通径系数为1.489，符号为负。这表明，非国有经济的大力发展有助于吸纳过剩劳动力，从而实现产业就业结构协调发展。

三是科技水平改善了产业就业结构的偏离度。科技水平对产业就业结构偏离度影响的通径系数为1.015，符号为负。这表明，科技水平的提升促进了社会分工的细化，新的产品和新的产业部门不断交叠更替，进一步推动就业，有利于产业就业结构的优化。

四是老龄化水平对产业就业结构的偏离度产生了正面影响。老龄化水平对产业就业结构偏离度影响的通径系数为0.311，符号为负。可能的原因在于：其一，老龄化带动了老龄产业的发展，涉老产品制造业和养老服务业得以快速扩张，对吸纳低技能农村富余劳动力产生了积极影响。其二，老龄化水平的提升降低了农村尚待转移富余劳动力的数量和比重，使得第一产业就业结构偏离度上升，从而增加了整体产业就业结构的协调性。其三，老龄化水平提升也降低了城市劳动力的“可用性”，第二、三产业需要进一步吸纳农村富余劳动力来获得发展。

六、科学实现产业就业结构协调发展

由上述论证可知，第一产业结构偏离度对整体产业就业结构协调性存在正向影响，第二、三产业结构偏离度则存在负向影响。这与我国第一产业结构偏离度为负值，第二、三产业结构偏离度为正值且处于较高水平有关。“十四五”时期，应当进一步深化户籍制度改革，推动农村富余劳动力加快向城镇转移就业，从而促进劳动力资源在第一、二、三产业之间的优化配置。

从提高产业就业结构协调性的角度出发，笔者提出以下建议：

一是加快优化我国经济结构，减少对投资的依赖，引导内资和外资向第三产业布局。完善初次分配机制，提高居民收入增长速度，引导内需增长，支持产业结构转型升级。

二是提升城镇化水平，消除户籍与社会保障制度在城乡间和部门间的差异，降低劳动力流动成本。完善就业服务体系建设，促进城乡一体化就业公共服务平台建设，建立劳动力资源动态均衡配置的有效机制。

三是加强劳动力市场供需监测，有效引导高技能人才培养，解决高素质劳动力“相对过剩”与技能人才“短缺”并存的难题。改革教育培训体制机制，培养更多的高素质劳动力，满足经济转型升级对高素质劳动力的需求。

四是大力支持非公有制经济发展，充分发挥非国有经济对就业的吸纳能力，着力提高非公有制经济就业质量，增强岗位吸引力和从业者的获得感。

五是加强科技投入水平和力度，发挥科技对新型产业就业的带动作用。

六是大力发展涉老产业，特别是涉老制造业和养老服务业。在人口老龄化不可逆转的现实条件下，城市劳动力加速老化，劳动能力的“可用性”正在变差，应当加强城镇第二、三产业对农村尚待转移富余劳动力的吸纳能力。

（执笔：王阳　赵海珠）

参考资料：

1. Fei. C. H, Rains. G. A Theory of Economic Development [J]. American Economic Review, 1961, 51 (4): 533-558.

2. Kuznets, S. Quantitative Aspects of the Economic Growth of Nations [J]. Economic

Development and Culture Change, 1956（1）：1-94.

3. Lewis. W. Arthru. Economic Development with Unlimited Supplies of Labor［J］. Manchester School, 1999（22）：139-191.

4. Shan, J. and Miao, T. Space Research of China's Industry Structure and Employment Structure Coordination Degree［J］. Theoretical Economics Letters, 2014（6）：446-456.

5. Syrquin, M. Chenery, H. B. Three Decades of Industrialization［J］. The World Bank Review, 1989（3）：152-153.

6. Todaro. Michael. A Model of Labor Migration and Urban Unemployment in Less Developed Countries［J］. American Economic Review, 1969, 59：138-148.

7. 陈楚天．青岛产业结构与就业结构协调发展研究［D］．中国海洋大学博士学位论文，2014.

8. 陈刚，韦晓慧，邹小华．就业结构与产业结构之间协调性分析——基于广州市的实证检验与横向比较［J］．中国经贸导刊（中），2019（2）：108-111.

9. 陈少晖，廖添土，黄静怡．福建省就业结构与产业结构的协同变迁与偏离分析［J］．中国人事科学，2019（11）：79-96.

10. 陈桢．产业结构与就业结构关系失衡的实证分析［J］．山西财经大学学报，2007（10）：32-37.

11. 程涵．贵州省产业结构与就业结构协调发展研究［D］．贵州财经大学博士学位论文，2015.

12. 何飞，蓝定香．研发强度、就业结构与经济增长［J］．经济体制改革，2020（4）：72-77.

13. 华德亚，汤龙．产业结构与就业结构协调性及地区趋同研究［J］．统计与决策，2019（9）：145-149.

14. 李文星，袁志刚．中国就业结构失衡：现状、原因与调整政策［J］．当代财经，2010（3）：10-17.

15. 廖添土，葛格．福建省产业结构与就业结构耦合效应分析［J］．经济研究参考，2019（11）：68-82.

16. 刘培，罗力菲．中国产业与就业体系结构：一个文献综述［J］．中南财经政法大学研究生学报，2020（4）：48-55.

17. 刘艳婷．人口就业结构与产业结构的关联性与结构失衡分析——基于四川省的实证研究与横向比较［J］．经济体制改革，2012（4）：103-107.

18. 牛青杨．河南省产业结构与就业结构失衡的动态分析［J］．经济与社会发展，2008（9）：70-73.

19. 欧阳艳艳，谢睿婷，余雪霏．产业结构演变如何影响中国工业和服务业就业［J］．产业经济评论，2019（6）：5-25.

20. 齐义军，付桂军．产业结构视阈下经济增长与就业失衡研究——以内蒙古为例［J］．内蒙古大学学报（哲学社会科学版），2011（3）：87-94.

21. 宋锦，李曦晨．产业转型与就业结构调整的趋势分析［J］．数量经济技术经济研究，2019（10）：38-57.

22. 孙晴，韩平，丁莹莹．三次产业的就业弹性、结构偏离度与比较劳动生产率协同研究［J］．统计与决策，2019（10）：129-133.

23. 孙雨露，李正升，李虹．云南省就业结构与产业结构失衡的数量分析［J］．内江师范学院学报，2018（10）：93-99.

24. 王庆丰．中国产业结构与就业结构协调发展研究［D］．南京航空航天大学博士学位论文，2010.

25. 夏四友，赵媛，许昕，刘笑杰．中国就业结构与产业结构协调性的时空格局演化［J］．华东经济管理，2020（5）：73-80.

26. 徐波，汪波，朱琳．我国产业结构与就业结构演进及动态测度［J］．统计与决策，2019（18）：121-125.

27. 杨帆．我国省级产业结构升级与就业的比较及对策［J］．江淮论坛，2019（3）：78-83.

28. 于斌斌，吴银忠．就业—产业结构协调发展能化解产能过剩吗？［J］．中国人口·资源与环境，2020（8）：128-139.

29. 张东旭．西安市产业结构与就业结构协调性分析研究［D］．西安建筑科技大学博士学位论文，2015.

30. 张建华，王慧丽．劳动异质情况下的产业结构偏离及其影响因素分析——基于2006—2013年全国产业行业数据［J］．工业技术经济，2016（1）：154-160.

31. 张抗私，王振波．中国产业结构和就业结构的失衡及其政策含义［J］．经济与管理研究，2014（8）：45-53.

32. 张樨樨，周振，李聪聪．我国就业结构失衡及其矫正［J］．经济与管理评论，2016（3）：34-40.

33. 钟孝江．我国产业升级与就业结构关系研究［D］．江西财经大学博士学位论文，2019.

| 第四章 |

就业结构对经济发展效率的影响

一、我国的就业状况与就业结构

随着国企改革深化和劳动就业体制的全面改革，用人单位已经成为劳动力市场的自主需求主体，劳动者成为劳动力市场上的自主供给主体，人力资源的配置主要通过市场这只“无形的手”来实现。国家通过法律法规建设来规范劳动力市场上供求双方的行为，明确各自的权利和义务。企业可以根据生产需要自行决定人员的招聘、解雇，可以在国家法律法规规定下自行制定职工福利待遇，可以采取劳务派遣等多种方式使用劳动力；各类求职人群包括农民工、大学毕业生等主要通过劳动力市场来寻找工作，与用人单位建立劳动合同关系。除了对弱势群体的就业援助外，政府不再直接干预人力资源配置，只是作为立法者、监管者和公共就业服务提供者。市场成为人力资源配置主要力量的表现是，非公有制经济成为吸纳劳动者就业的主要渠道，尤其是私营经济和个体经济的就业人数最多，而这些就业完全是市场机制的结果（国家发展和改革委员会宏观经济研究院社会发展研究所，2019）。

劳动力是重要的生产要素之一。我国是世界人口第一大国，也是世界上劳动力资源最丰富的国家。2021 年末，我国除港澳台地区外的总人口达 14.1 亿人，16~59 岁（含不满 60 周岁）人口 8.82 亿人。主要劳动力的人力资本水平①显著提升，尤其是新增劳动力的人力资本水平高。2017 年，我国新增劳动力平均受教育年限超过 13.3 年；2020 年，新增劳动力平均受教育年限提高到 13.5 年，② 2018 年，劳动年龄人口平均受教育年限提高到 10.5

① 使用受教育年限作为衡量标准。

② 我国新增劳动力平均受教育年限超过 13.3 年［EB/OL］. 中国政府网，http://www.gov.cn/xinwen/2017-09/29/content_5228360.htm，2017-09-29.

年①；2020 年，劳动年龄人口平均受教育年限达到 10.8 年，与美国、澳大利亚、丹麦和韩国等其他发达国家的差距也在进一步缩小。人才资源结构不断优化，2017 年我国技能劳动者有 1.65 亿人，其中高技能人才 4791 万人；截至 2021 年底，我国技能人才总量超过 2 亿人，其中高技能人才超过 6000 万人。

就业状况是劳动力配置的结果。我国实施稳定和扩大就业、优化就业结构等政策措施，不仅有助于优化劳动力资源配置，也是提高劳动效率、增加经济效益、增进社会福利的必然要求。进入新时代，我国劳动就业创业领域推出了一系列深化改革的政策措施，通过培育和发展人力资源市场，稳步推进劳动力要素市场化配置改革，激发了各类劳动者参与经济活动的主动性和积极性，使人人都有通过辛勤劳动实现自身发展的机会，实现更高质量和更充分就业（王阳，2020）。同时，还有助于增强各类用人主体参与市场竞争、开展技术创新及整合国际资源等的能力和水平，激发企业家的主观能动性和创造活力，推动经济依靠创新提质增效。

本章旨在评估就业结构对经济发展效率的影响，以城乡就业结构和产业就业结构为重点，分别考察两个就业领域结构性因素对经济发展质量的影响。

二、劳动力优化配置的分类

在理论上，市场经济条件下，就业变化大多数表现为，劳动者通过自由流动，经过劳动力供求双方的自由选择，不断实现岗位和人员的优化配置。但是在实际情况中，由于信息的不对称性、其他一些体制机制的约束以及劳动力转换的成本，劳动力供求双方往往很难配置到一个较好的状态。因此，通过制度优化，增强市场作用，提高劳动力配置效率，对于提高经济效益和社会福利都具有重要意义。

---

① 李克强：劳动年龄人口平均受教育年限提高到 10.5 年［EB/OL］. 人民网，http：//m.people.cn/n4/2018/0305/c204734-10629247.html，2018-03-05.

人力资源配置状况重构可以提高全要素生产率①。Hsieh、Chang-Tai 和 Klenow（2009）的研究指出，假如资本和劳动力可以完全自由化流动并达到最佳配置状态，那么，美国制造业的全要素生产率可以提升 30%~43%，中国可以提升 86%~115%，印度可以提升 100%~128%。如果达不到最佳配置状态，但能达到美国的劳动力配置状态，中国的全要素生产率可以提升 30%~50%，印度的全要素生产率可以提升 40%~60%。根据研究，劳动力的优化配置主要包括以下几种情况。

第一，劳动力在城乡间配置的优化，即城乡就业结构的优化，可以提高全要素生产率。对于后发展国家来说，劳动力在农业和非农业之间的配置是经济发展中的重要问题。1954 年，刘易斯（W. A. Lewis）提出的二元经济增长模式，就揭示了对于二元经济体，劳动力从农业向非农业转移是一个持续的优化过程。尽管我国城乡间劳动力流动得到很大改善，但是城乡配置仍然不够优化，存在劳动力要素的城乡错配。有研究估算，当前我国劳动力在农业部门就业比重过大，给全要素生产率带来不利影响，指出改革开放以来，我国劳动力在农业和非农业之间的错配对全要素生产率有明显的负效应，并利用不同的指标进行测算指出，这种负效应在-18%到-2%，并呈现逐渐扩大的趋势（袁志刚、解栋栋，2011）。

第二，劳动力在区域间配置的优化，即区域就业结构的优化，可以提高效率，促进经济转型升级。一些研究表明，我国劳动力资源与经济发展存在显著的区域错配，中西部地区劳动力利用效率较低，东部地区劳动力利用效率较高，这既不利于劳动力资源充分利用，也会制约产业升级，更极大地阻碍了区域间的协调发展（梁泳梅、李钢、董敏杰，2011）。区域发展不平衡是计划配置的遗留问题，并在市场配置的条件下被放大。过度教育使经济落后地区的人力资本供给结构超前，但这些地区的产业转型升级迟缓，人力资

① 全要素生产率是指各要素（如资本和劳动力等）投入之外的技术进步、生产和组织创新、专业化、能力实现等导致的产出增加，是剔除要素投入贡献后所得到的残差，最早由索洛（Solow，1957）提出，故也称为索洛残差。

本的需求结构滞后，这就造成劳动力区域配置效率低下（高波、陈健、邹琳华，2012；陈晓迅、夏海勇，2013）。

第三，劳动力在不同性质部门间配置的优化，即行业和所有制就业结构的优化，可以激励创新，实现经济稳增长乃至跨越式发展。技术进步与要素禀赋结构和产品质量升级层次有关（Acemoglu，1998）。高技能劳动力的增长会带来先进机器需求增大以及技术的进步，并促进技术密集型产业的发展，而产品质量升级和水平层次能力的增强，也会带来产业结构的优化升级，并需要更多的高技能劳动力。由于政府政策的调整和行政垄断收益的存在，造成了相对报酬的扭曲，人力资本很可能更多地集中在垄断部门，降低了市场化程度高以及创新性强的行业和部门的人力资本配置，引发整体人力资本的错位配置（Acemoglu and Autor，2011；李静、楠玉，2017）。垄断性行业、机关事业单位和非生产性行业吸引了大量高人力资本的劳动力，而同样需要高人力资本劳动力的一线企业却缺少供给（吕世斌、张世伟，2015）。中国经济增长前沿课题组（2014）的研究结果显示，与美国和英国相比，中国在制造业配置的高素质就业人员比重明显偏低，而在教育、卫生、娱乐等服务业配置的劳动力素质明显偏高。

三、就业结构影响的实证分析

（一）研究假设

优化就业结构、调整劳动力资源配置，是我国劳动就业体制改革的一项重要内容。通过实施一系列有针对性的改革措施，广开就业门路，更多地吸纳城镇劳动力就业，鼓励和引导农村富余劳动力逐步向非农产业转移、向城镇地区有序流动，成为我国运用市场手段解决就业问题的有益探索和宝贵经验。因此，本章以我国城乡就业结构和产业就业结构为例，实证检验就业结构对经济发展效率的影响。

支持和鼓励城镇就业政策是以稳定和扩大城镇地区就业规模、提高城镇地区就业质量为目标的各项公共政策。从实质上看，支持和鼓励城镇就业政策能够达到向城镇地区集聚更多劳动力资源的结果。如果经检验，该项政策对经济发展效率具有显著的正向影响，那么就认为该项政策是有助于提高效率的决策。也就意味着，我国向城镇地区集聚更多的劳动力资源是有效率的区位选择。如果经检验，该项政策对经济发展效率具有显著的负向影响，那么就认为该项政策是有损于效率的决策，也就意味着，我国向城镇地区集聚更多的劳动力资源是无效率的区位选择。根据已有的理论和研究文献的结论，笔者提出本研究的假设，具体如下：

研究假设 1：我国向城镇地区集聚更多的劳动力资源是有经济效率的区位选择。

支持和鼓励第二、三产业就业政策是以稳定和扩大非农就业规模、提高非农就业质量为目标的各项公共政策。从实质上看，支持和鼓励第二、三产业就业政策能够达到向第二、三产业配置更多劳动力资源的结果。如果经检验，该项政策对经济发展效率具有显著的正向影响，那么就认为该项政策是有助于提高效率的决策，也就意味着，我国向第二、三产业配置更多的劳动力资源是有效率的就业选择。如果经检验，该项政策对经济发展效率具有显著的负向影响，那么就认为该项政策是有损于效率的决策，也就意味着，我国向第二、三产业配置更多的劳动力资源是无效率的就业选择。

研究假设 2：我国向第二、三产业配置更多的劳动力资源是有经济效率的就业选择。

采纳邵帅、范美婷和杨莉莉（2013）的建议，笔者分别从数量和质量上衡量经济发展效率，使用人均国内生产总值的增长率作为在数量上反映经济发展效率的代表性指标，使用全要素生产率的自然对数作为在质量上刻画经济发展效率的代表性指标。尽管人均国内生产总值的增长率是比较普遍和直观地衡量一个国家或地区经济发展效率的指标，但是不能体现技术、管理、制度和经验等因素的作用，也不能涵盖因为地理位置接近而在要素匹配、知识溢出、资源共享等方面所具有的优势（Lemieux，2006）。相比之下，全要素生产率则能弥补上述不足。根据新古典增长理论，全要素生产率具有丰富的内涵，其融合了技术进步、工艺流程、市场机制完善、制度优化、要素配置效率改进、规模效益、管理经验积累和产业结构升级等多个方面的有利于提高经济效率的因素（李培，2007）。此外，从地理学的角度看，研究城市问题本身就离不开劳动生产率或是一般生产率（阿瑟·奥莎利文，2015）。因为城市存在集聚经济，地理位置相互接近就会提高劳动者的生产效率和收入，继而吸引更多劳动力的迁入，推动城市规模扩张（柯善咨、赵曜，2014）。

无论是城镇就业，还是第二、三产业就业都与经济发展效率存在非线性关系。Ciccone 和 Papaioannou（2009）从理论机理上分析了原因，指出企业一开始乐于雇佣生产率高的工人，但是随着城镇劳动力数量的增加，企业不得不雇佣生产率低的工人。随着生产率较低的工人不断加入城镇劳动力队伍，劳动力的边际产品减少，从而减少了劳动力的边际收益产品。笔者以数量上反映经济发展效率的指标人均国内生产总值的增长率为例，利用现有的经验数据进行统计性描述，对上述理论机理的分析进行初步的事实观察。

笔者使用我国 2001—2018 年 31 个省（区、市）城镇就业人员数占当地全部就业人员数的比重作为横坐标，使用各省（区、市）人均国内生产总值的增长率（即当年名义人均国内生产总值的增长率）作为纵坐标，绘制散点拟合图。如图 4-1 所示，城镇就业比重与人均国内生产总值的增长率表现出了非线性的倒 U 形曲线关系。在曲线拐点（中间最高点）的前边和后边，城镇就业比重与人均国内生产总值的增长率分别表现为正向的关系和负向的关系。

同此做法，笔者使用我国 2001—2018 年 31 个省（区、市）第二、三产业就业人员数占当地全部就业人员数的比重作为横坐标，使用各省（区、市）人均国内生产总值的增长率（即当年名义人均国内生产总值增长率）作为纵坐标，绘制散点拟合图。如图 4-2 所示，第二、三产业就业比重与人均国内生产总值的增长率表现出了非线性的倒 U 形曲线关系。在曲线拐点（中间最高点）的前边和后边，第二、三产业就业比重与人均国内生产总值的增长率分别表现为正向的关系和负向的关系。

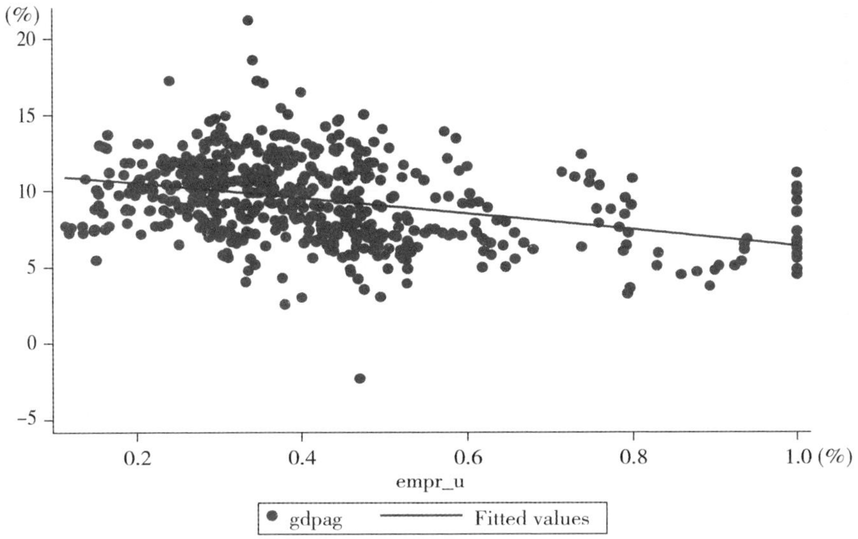

图 4-1 我国省际城镇就业比重与经济发展效率的散点拟合图（2001—2018）

资料来源：中国统计年鉴 2019. 中国经济社会大数据研究平台，https：//data. cnki. net/.

上述两个现象初步印证了前述的理论观点。但是，目前尚不能完全断定城镇就业或者第二、三产业就业，与经济发展效率之间存在倒 U 形曲线关系。原因在于，无论是城镇就业还是第二、三产业就业同经济发展效率之间的关系，都会受到宏观经济环境以及其他方面因素的影响。要验证就业结构与经济发展效率两个变量之间的关系，还需要考虑在其他控制变量作用的条件下的反应，进行更为严谨的实证分析。

基于此，本章除了检验研究假设外，还要试图回答如下四个具体问题：

第一，城镇就业比重增大与人均国内生产总值增长存在倒 U 形曲线关系吗？

第二，城镇就业比重增大与全要素生产率增长存在倒 U 形曲线关系吗？

第三，第二、三产业就业比重增大与人均国内生产总值增长存在倒 U 形曲线关系吗？

第四，第二、三产业就业比重增大与全要素生产率增长存在倒 U 形曲线

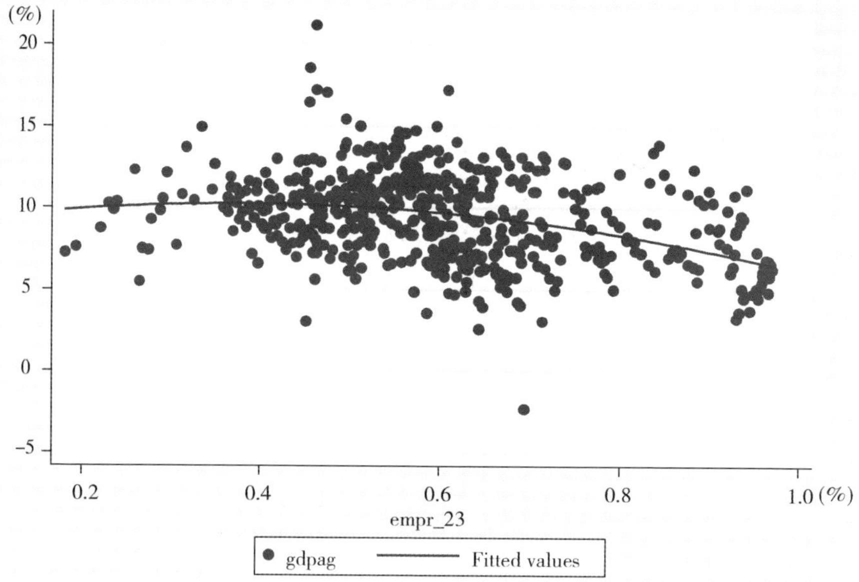

图 4-2 我国省际第二、三产业就业比重与经济发展效率的散点拟合图（2001—2018）

资料来源：中国统计年鉴 2019. 中国经济社会大数据研究平台，https：//data. cnki. net/. 作者对数据进行了汇总、整理和计算。

关系吗？

（二）基本模型

本章采用动态面板数据回归模型进行实证研究。主要原因是，就业结构变化对经济发展效率的影响是一个动态的过程，随时间的变化而变化。尤其是中国处在全面深化改革的过程中，动态面板数据模型能够避免结构性断点（Ji，K. Magnus，J. and W. Wang，2010），同时，还可以控制各省不随时间改变的个体异质性，对内生性问题也可以有效控制。

根据本研究的假设，笔者对邵帅、范美婷和杨莉莉（2013）提出的回归模型进行改进，引入就业结构及其二次方项，构建如下基本的静态面板数据回归模型：

$$DE_{it} = \alpha_0 + \alpha_1 ER_{it} + \alpha_2 ER_{it}^2 + \alpha_3 X_{it} + \varepsilon_{it} \qquad (1)$$

其中，被解释变量 DE 表示经济发展效率，分为人均国内生产总值的增长率（即当年名义人均国内生产总值增长率，$gdpag$ ）和全要素生产率的自然对数（ $\ln tfp$ ）两个变量，分别刻画经济发展效率的数量和质量，一并检验研究假设，以及对应回答四个具体的问题。ER 代表城镇就业比重（或第二、三产业就业比重），ER^2 是其平方项；X 代表需要引入模型的其他控制变量组成的向量集；i 和 t 分别代表各截面单位和全部年份；α_0 为常数项，α_1 ~ α_3 为需要估计的参数；ε 为随机扰动项。

在基本模型（1）中，如果系数 α_1、α_2 显著不等于零，那么就可以根据 α_1、α_2 的符号对城镇就业比重与经济发展效率之间的关系做出如下判断：第一，如果 $\alpha_1 > 0$、$\alpha_2 < 0$，那么城镇就业比重与经济发展效率之间存在倒U形曲线关系。当城镇就业比重小于和等于拐点值时，经济发展处于“城镇劳动力资源集聚收益”阶段；当城镇就业比重大于拐点值时，经济发展就进入了“城镇劳动力资源集聚成本”阶段。第二，如果 $\alpha_1 < 0$、$\alpha_2 > 0$，那么城镇就业比重与经济发展效率之间存在U形曲线关系。当城镇就业比重小于和等于拐点值时，不利于经济发展效率；当大于拐点值时，反而有利于经济发展效率。

同理如上，在基本模型（1）中，如果系数 α_1、α_2 显著不等于零，那么就可以根据 α_1、α_2 的符号对第二、三产业就业比重与经济发展效率之间的关系做出如下判断：第一，如果 $\alpha_1 > 0$、$\alpha_2 < 0$，那么第二、三产业就业比重与经济发展效率之间存在倒U形曲线关系。当第二、三产业就业比重小于和等于拐点值时，经济发展处于“第二、三产业劳动力资源集聚收益”阶段；当第二、三产业就业比重大于拐点值时，经济发展就进入了“第二、三产业劳动力资源集聚成本”阶段。第二，如果 $\alpha_1 < 0$、$\alpha_2 > 0$，那么第二、三产业就业比重与经济发展效率之间存在U形曲线关系。当第二、三产业就业比重小于和等于拐点值时，不利于经济发展效率；当大于拐点值时，反而有利于经济发展效率。

基本模型（1）隐含了所有变量不存在滞后效应。但事实上，宏观经济变量通常具有一定的“惯性”，即呈现路径依赖特点，前期水平不可避免地会对当期结果产生或多或少的影响，诸如固定资产投资、技术改进投入等具有存量因素特征的变量，其自身的调整很难与当期的经济社会环境和制度条件同步进行，这就造成经济发展效率的变化也出现滞后。经济发展效率对宏观经济因素变化的敏感性在很大程度上决定了其滞后效应的大小（邵帅、范美婷、杨莉莉，2013）。因此，十分有必要对经济发展效率变化的滞后效应做进一步的考察。建立局部调整模型（2）如下：

$$DE_{it}^{*} = \theta + sV_{it} + \delta_{it} \tag{2}$$

其中，DE^{*} 表示经济发展效率的期望水平，θ 为常数项，V 为模型（1）中解释变量所组成的向量，s 为系数向量，δ 为随机扰动项。

经济发展效率的期望水平是政府运用多种政策和改革手段所要达到的目标水平，也是政府预期实现的最优经济发展效率水平。模型（2）揭示，经济发展效率的期望水平受到各种因素和条件的实际水平制约，导致这一期望水平不会在很短的时间内快速达到，而是需要政府通过宏观调控并结合市场机制的作用逐步进行调整来达成的。实际水平向期望水平的靠拢是一个渐进的过程，所以实际变化只是期望变化的一部分，即两者存在的关系如模型（3）所示：

$$DE_{it} - DE_{i,\ t-1} = (1-\lambda)(DE_{it}^{*} - DE_{i,\ t-1}) \tag{3}$$

其中，$1-\lambda(0<\lambda<1)$ 为经济发展效率的实际水平向期望水平的调整系数，该值越大，则调整速度越快，表明当期实际水平与期望水平越接近。两个极端的情况如下：若 $\lambda=0$，则当期实际水平与期望水平相等，表明调整完全到位；若 $\lambda=1$，则当期实际水平与前一期的水平相等，表明调整完全未进行。将模型（3）代入模型（2）推导出模型（4）如下：

$$DE_{it} = \theta^{*} + \lambda DE_{i,\ t-1} + s^{*}V_{it} + \delta_{it}^{*} \tag{4}$$

其中，$\theta^{*}=(1-\lambda)\theta$，$s^{*}=(1-\lambda)s$，$\delta^{*}=(1-\lambda)\delta$。$s^{*}$ 为短期乘数，表达解释变量 V 对经济发展效率的短期影响；s 为长期乘数，表达解释变量 V 对经济发展效率的长期影响；λ 为滞后乘数，表达前一期经济发展水平对当期的影响，即滞后效应。

模型（4）即为本章采用的动态面板数据回归模型的基本形式。为检验研究假设及对应的两个具体问题，分别采用人均国内生产总值的增长率（当年名义人均国内生产总值增长率，$gdpag$）和全要素生产率（$\ln tfp$）度量经济发展效率，作为被解释变量。

对控制变量 X 的选择如下：第一，选择滞后一期的人均国内生产总值的增长率（$gdpag_{t-1}$）和滞后一期的全要素生产率的自然对数（$\ln tfp_{t-1}$）。将滞后一期的经济发展效率变量引入模型，旨在控制各截面单位初始经济状态的差异，削弱经济发展惯性对实证结果产生的干扰作用。第二，选择滞后一期的人均资本存量的自然对数（$\ln ka_{t-1}$）。第三，选择滞后二期的人均资本存量的自然对数（$\ln ka_{t-2}$）。第四，选择滞后三期的人均资本存量的自然对数（$\ln ka_{t-3}$）。将滞后一期、滞后二期和滞后三期的资本深化变量引入模型，旨在控制各截面单位初始资本的差异，削弱物质资料积累对实证研究产生的干扰作用。上述四个控制变量可以在一定程度上降低城镇就业变量所具有的潜在内生性问题（吕世斌、张世伟，2015）。

此外，本章还考虑了如下三个影响经济发展效率的重要传导机制变量，包括人均国内生产总值的自然对数（$\ln gdpa$）、人均资本存量的自然对数（$\ln ka$）和人均受教育年限（$eduy$）。其中，人均国内生产总值的自然对数用于表示经济发展状况，人均资本存量的自然对数用于表示资本深化状况，人均受教育年限用于表示人力资本增长状况。全部变量的定性描述如表 4-1 所示。

表 4-1　回归模型全部变量的定性描述

变量类别	变量名称	变量定义（单位）	预期符号
被解释变量	$gdpag$	人均国内生产总值的增长率（%）	+
	$\ln tfp$	全要素生产率的自然对数（—）	+
重点检验变量	ER	（1）城镇就业比重（%）	+
		（2）第二、三产业就业比重（%）	+
	ER^2	（1）城镇就业比重的平方项（万分比）	−
		（2）第二、三产业就业比重的平方项（万分比）	−

续表

变量类别	变量名称	变量定义（单位）	预期符号
基本控制变量	$gdpag_{t-1}$	滞后一期的人均国内生产总值增长率（%）	+
	$\ln tfp_{t-1}$	滞后一期的全要素生产率的自然对数（—）	+
	$\ln ka_{t-1}$	滞后一期的人均资本存量的自然对数（—）	不确定
	$\ln ka_{t-2}$	滞后二期的人均资本存量的自然对数（—）	不确定
	$\ln ka_{t-3}$	滞后三期的人均资本存量的自然对数（—）	不确定
传导机制变量	$\ln gdpa$	人均国内生产总值的自然对数（—）	+
	$\ln ka$	人均资本存量的自然对数（—）	不确定
	$eduy$	平均受教育年限（年）	+

资料来源：作者设计。

据此，本章构建城镇地区劳动力要素配置对经济发展效率影响的动态面板数据回归模型（5）如下：

$$DE_{it} = \beta_0 + \beta_1 DE_{i,\ t-1} + \beta_2 ER_{it} + \beta_3 ER_{it}^2 + \beta_4 \ln ka_{it} + \beta_5 \ln ka_{i,\ t-1} + \beta_6 \ln ka_{i,\ t-2} + \beta_7 \ln ka_{i,\ t-3} + \beta_8 \ln gdpa_{it} + \beta_9 eduy_{it} + \eta_{it} \quad (5)$$

$i = 1,\ 2,\ 3,\ \cdots,\ 31$；$t = 2001,\ 2001,\ 2002,\ \cdots,\ 2018$

其中，β_0 为常数项，$\beta_1 \sim \beta_9$ 为待估计的参数，η 为随机扰动项。

四、两种有经济效率的就业选择

（一）数据描述

鉴于样本容量等问题，笔者选择 2001—2018 年我国除港澳台地区之外的 31 个省（区、市）的省级面板数据进行分析。数据来源于《新中国六十年统计资料汇编》，及历年《中国劳动统计年鉴》《中国统计年鉴》和 31 个省（区、市）历年统计年鉴等公开出版物。平均受教育年限根据 1982 年、1990 年、2000 年、2010 年的全国人口普查数据，采用插值方法得到。具体步骤如下：

第一步，对样本的面板数据进行基本的整理，将人均国内生产总值、人均资本存量等折算为 2000 年可比价格。

第二步，计算全要素生产率。根据各省（区、市）各年度可比价格计算的国内生产总值、就业规模和资本存量等三个变量，使用 DEA—Malmquist 指数法[①]测算各省（区、市）各年度的全要素生产率，并利用 DEAP2.1 程序完成全部计算。资本存量是用于测算全要素生产率的关键指标，采用永续存盘方法，具体的计算过程如下：首先，使用固定资产投资价格指数将各年的固定资产投资折算为 2000 年的可比价格；其次，将 1952 年以来的固定资产投资乘以 10 作为各省（区、市）的初始资本存量，然后根据 5%的折旧率计算固定资产投资的折旧额；最后，把历年的固定资产投资扣除折旧累计相加，得到的计算结果为各省（区、市）各年度的资本存量。2000—2008 年各省（区、市）各年度的固定资产投资和固定资产投资价格指数来自《新中国六十年统计资料汇编》，其中缺失的数据根据张军、吴桂英和张吉鹏（2004）提供的数据进行补充，2009—2018 年各省（区、市）各年度的固定资产投资和固定资产投资价格数据来自历年的《中国统计年鉴》。

第三步，计算人均国内生产总值、全要素生产率、人均资本存量的自然对数。本研究主要变量的名称、定义及全部数据的描述性统计分析从略。

（二）回归结果

以计量模型（5）为依据，分别以人均国内生产总值的增长率（ *gdpag* ）和全要素生产率的自然对数（ ln*tfp* ）作为被解释变量，进行回归分析。为保证计量的精确度，在做面板数据估计之前，方程对空间单位进行了横截面方差加权（冯文权，2013）。全部操作使用 Stata 13 软件完成，包括对模型相关参数的估计和检验。回归结果如表 4-2 和表 4-3 所示。

---

① DEA（Data Envelopment Analysis）即非参数数据包络分析法。Malmquist 指数方法，基于数据包络分析（DEA）方法而提出。针对面板数据，可以使用 DEA 的线性规划和一个（基于投入或者产出）Malmquist TFP 指数来测度生产力的变化，进而把生产力的变化分解成技术进步和技术效率的变化。

表 4-2　城镇就业的经济发展效率模型整体估计结果

解释变量	被解释变量（效率的衡量标准）			
	gdpag		ln*tfp*	
	系数	t 值	系数	t 值
ER	0.172***	3.05	0.0075***	4.25
ER^2	-0.0013***	-2.32	-0.00005***	-3.61
$gdpag_{t-1}$	0.565***	16.03	—	—
$\ln tfp_{t-1}$	—	—	0.177***	4.58
$\ln ka_{t-1}$	-0.292	-0.08	0.331***	2.88
$\ln ka_{t-2}$	-8.373**	-2.35	-0.020	-0.19
$\ln ka_{t-3}$	1.302	0.66	-0.076	-1.30
ln*gdpa*	0.368***	4.16	-0.027***	-20.33
ln*ka*	0.822***	10.82	-0.210***	-18.57
eduy	0.259***	3.51	0.003***	2.32
常数项	-18.275***	-2.27	0.338***	21.87
曲线关系	倒 U 形		倒 U 形	
观测值	558		558	
组数	31		31	

注：**、*** 分别代表 5%和 1%的显著性水平。

表 4-3　第二、三产业就业的经济发展效率模型整体估计结果

解释变量	被解释变量（效率的衡量标准）			
	gdpag		ln*tfp*	
	系数	t 值	系数	t 值
ER	0.217***	6.32	0.049***	4.25
ER^2	-0.00129***	-3.72	-0.00027***	-3.61
$gdpag_{t-1}$	0.652***	15.63	—	—
$\ln tfp_{t-1}$	—	—	0.018***	4.58

续表

解释变量	被解释变量（效率的衡量标准）			
	gdpag		ln*tfp*	
	系数	t 值	系数	t 值
$\ln ka_{t-1}$	-0.314	-1.09	0.452***	3.79
$\ln ka_{t-2}$	-6.938**	-3.41	-0.053	-0.37
$\ln ka_{t-3}$	2.716	1.97	-0.133	-1.48
ln*gdpa*	0.432***	5.16	-0.024***	-0.01
ln*ka*	0.913***	11.94	-0.018***	-16.00
eduy	0.316***	4.16	0.002***	1.51
常数项	-18.728***	-18.07	0.333***	21.70
曲线关系	倒 U 形		倒 U 形	
观测值	558		558	
组数	31		31	

注：**、*** 分别代表 5%和 1%的显著性水平。

根据回归结果显示，得到如下四个结论：

第一，我国城镇就业与经济发展效率存在显著的非线性倒 U 形曲线关系。曲线的拐点就是经济发展效率的最大值，同时也是城镇就业比重的最优值。

如表 4-2 所示，城镇就业比重一次方项（ER）的系数大于 0，而其二次方项（ER^2）的系数小于 0。那么，在曲线拐点的前边和后边，城镇就业与经济发展效率分别存在显著的正向关系和显著的负向关系。当城镇就业比重小于或等于最优值时，向城镇地区集聚更多的劳动力资源就有利于提高经济发展效率。但是，当城镇就业比重超过最优值并进一步增大时，向城镇地区进一步集聚更多的劳动力资源就可能有损于经济发展效率。

第二，研究假设 1 得到了部分验证。在一定的约束条件下，我国向城镇地区集聚更多的劳动力资源是有经济效率的区位选择。

如果使用人均国内生产总值的增长率来衡量经济发展效率（数量上的标

准），那么城镇就业比重的最优值为66.2%。如果使用全要素生产率的自然对数衡量经济发展效率（质量上的标准），那么城镇就业比重的最优值为75.0%。2019年，我国城镇就业比重达到了57.1%，距离前述两个最优值分别还有9.1个百分点和17.9个百分点的提升空间。

第三，我国第二、三产业就业与经济发展效率存在显著的非线性倒U形曲线关系。曲线的拐点就是经济发展效率的最大值，同时也是第二、三产业就业比重的最优值。

如表4-3所示，第二、三产业就业比重一次方项（ER）的系数大于0，而其二次方项（ER^2）的系数小于0。那么，在曲线拐点的左侧和右侧，第二、三产业就业与经济发展效率分别存在显著的正相关关系和显著的负相关关系。当第二、三产业就业比重小于或等于最优值时，向第二、三产业配置更多的劳动力资源有利于提高经济发展效率。但是，当第二、三产业就业比重超过最优值并进一步增大时，向第二、三产业配置更多的劳动力资源就可能有损经济发展效率。

第四，研究假设2得到了部分验证。在一定的约束条件下，我国向第二、三产业配置更多的劳动力资源是有经济效率的就业选择。

如果使用人均国内生产总值的增长率衡量经济发展效率（数量上的标准），那么第二、三产业就业比重的最优值为84.1%。如果使用全要素生产率的自然对数衡量经济发展效率（质量上的标准），那么第二、三产业就业比重的最优值为90.7%。2019年，我国第二、三产业就业比重达到了74.9%，距离前述两个最优值分别还有9.2个百分点和15.8个百分点的提升空间。

五、加快扩大城镇和非农就业量

（一）主要结论

回溯历史并结合各地实践经验，我国城镇就业比重的提高呈现渐进趋势。尤其是2013年以来，城镇就业比重年均增长率达到1.5%。以2019年城镇就业比重57.1%为初始值，预计2019年以后的6~12年，我国都将处在优化城乡就业结构的改革红利释放期。如果城镇就业比重年均增速保持在1.5%，到2025年，我国城镇就业比重将达到66.2%的最优值，对数量上衡量的经济发展效率的正向作用最大；到2031年，我国城镇就业比重将达到75.0%的最优值，对质量上衡量经济发展效率的正向作用最大。即使城镇就业比重年均增速略降至1.3个百分点，到2033年，我国城镇就业比重也将达到75.0%的最优值。

同理如上，我国第二、三产业就业比重的提高也呈现渐进趋势，尤其是2013年以来，第二、三产业就业比重年均增长率达到1.36%。以2019年第二、三产业就业比重74.9%为初始值，预计2019年以后的6~12年，我国都将处在优化产业就业结构的改革红利释放期。如果第二、三产业就业比重年均增速保持在1.36个百分点，到2025年，我国第二、三产业就业比重达到84.1%的最优值，对数量上衡量的经济发展效率的正向作用最大；到2030年，我国第二、三产业就业比重将达到90.7%的最优值，对质量上衡量的经济发展效率的正向作用最大。如果第二、三产业就业比重年均增速降至0.8个百分点，到2039年，我国第二、三产业就业比重才会达到90.7%的最优值。

（二）启示和建议

展望"十四五"时期乃至未来20年，提高城镇就业比重和第二、三产业就业比重都是优化就业结构、增加经济效益和符合经济高质量发展要求的战略选择。但在当前，劳动力市场机制要充分发挥作用仍然面临一些突出问题。

第一，劳动力工资制度和工资价格形成机制不健全。部分劳动者权益保障不到位，违法解除劳动合同，拖欠职工工资，同工不同酬，不缴或欠缴社会保险费，超时加班，不落实带薪年休假制度，不依法支付加班工资等现象普遍存在。

第二，劳动力流动面临体制机制障碍和隐性壁垒。劳动力市场还存在以户籍制度和劳动用工制度为代表的一系列制度性分割，包括城乡劳动力市场的分割、不同体制的部门之间的分割等。虽然部分明显带有歧视性的政策已经逐渐被取缔，但是一些地方仍然在维护这些歧视性制度，事实上造成了城乡之间在教育、医疗、社保、卫生等方面一系列的权利和福利差异。改革开放40多年，农村转移劳动力并没有真正融入城市，他们的城乡流动表现出潮汐式和候鸟式的特点。

因此，我国应当全面深化改革，推进以人为核心的新型城镇化，不断吸引农村劳动力向城镇转移就业，农业富余劳动力向非农产业转移，促进农村人口向城镇迁移定居，加快扩大城镇就业规模，增强劳动力市场灵活性，提高城镇就业的稳定性和安全性。

第一，加快建设统一开放、竞争有序的人力资源市场。改革户籍及社会保障制度，进一步完善农业转移人口对城市公共服务的分担机制，用人单位特别是公共部门应规范招人用人制度，消除就业歧视。促进政府职能转变，推进国家治理体系和能力的现代化。以维护市场秩序、保护市场主体权益、保障市场稳定运行为目标，推动形成法规完善、保障有力、机制健全、多方参与的劳动力市场监管体系。

第二，健全工资价格形成机制。推进工资收入分配制度改革及机关事业单位社会保障改革，逐步规范收入分配秩序，缩小工资收入差距，完善劳动基准。建立统一的社会养老保险体系，彻底解决“双轨制”带来的退休金发放混乱、单位负担不平衡问题，进一步解决阻碍不同行业间人才流动的养老金接续问题。加快建设统一的社会保障体系，有序调节不同所有制间人力资源的合理配置。

第三，深入推进教育体制和人才培养机制改革。加大高等教育改革力度，强化技术性人才、职业技能人才的培养。着力完善教育行政部门制定标准、高校按标准办学、第三方机构进行评价、有关部门进行督导的运行机制。对人才培养质量的评价要体现评价主体的多元性以及人才对经济社会发展的适应度。积极探索根据第三方综合评价结果进行生均教育经费的差异化拨款，特别是形成行业企业评价，建立起“奖优罚劣”的激励机制。

（执笔：王阳　牟俊霖）

参考资料：

1. 国家发展和改革委员会宏观经济研究院社会发展研究所．民生：中国全面建设小康社会 40 年［M］．北京：人民出版社，2019.

2. 王阳．劳动力要素市场化配置改革与经济发展效率——以劳动力要素城乡配置变化为例［J］．经济纵横，2020（7）：67-76.

3. Hsieh，Chang-Tai，& Peter J. Klenow. Misallocation and Manufacturing TFP in China and India［J］. Quarterly Journal of Economics，2009，124：1403-1448.

4. 罗德明，李晔，史晋川．要素市场扭曲、资源错置与生产率［J］．经济研究，2012（3）：4-14+39.

5. 袁志刚，解栋栋．中国劳动力错配对 TFP 的影响分析［J］．经济研究，2011（7）：4-17.

6. 梁泳梅，李钢，董敏杰．劳动力资源与经济发展的区域错配［J］．中国人口科学，2011（5）：36-48+111.

7. 高波，陈健，邹琳华．区域放假差异、劳动力流动与产业升级［J］．经济研究，2012（1）：66-79.

8. 陈晓迅，夏海勇．我国需求结构滞后下的人力资本配置困境［J］．现代经济探讨，2013（9）：77-81.

9. Acemoglu，D. Why Do New Technologies Complement Skills? Directed Technical Change and Wage Inequality［J］. Quarterly Journal of Economics，1998（4）：1055-1089.

10. Murphy，A.，J. Muellbauer and G. Cameron. Housing Market Dynamics and Regional Migration in Britain［A］. Department of Economics Discussion Paper Series［C］. Department of Economics，University of Oxford，2006（275）.

11. 纪雯雯，赖德胜．人力资本配置与中国创新绩效［J］．经济学动态，2018（11）：19-31.

12. Acemoglu，D. and D. Autor. Skill，Tasks and Technologies：Implications for Employment and Earnings［A］. in Ashenfelter O.，and D. Card（eds.），Handbook of Labor Economics，North-Holland，2011：1043-1171.

13. 李静，楠玉．为何中国“人力资本红利”释放受阻？——人力资本错配的视角［J］．经济体制改革，2017（2）：31-35.

14. 吕世斌，张世伟．中国劳动力“极化”现象及原因的经验研究［J］．经济学（季刊），2015（2）：757-778.

15. 中国经济增长前沿课题组．中国经济增长的低效率冲击与减速治理［J］．经济研究，2014（12）：4-17+32.

16. 邵帅，范美婷，杨莉莉．资源产业依赖如何影响经济发展效率？——有条件资源诅咒假说的检验及解释［J］．管理世界，2013（2）：32-63.

17. Lemieux, T. Increasing Residual Wage Inequality: Composition Effects, Noisy Data, or Rising Demand for Skill?［J］. American Economic Review, 2006（3）: 461-498.

18. 李培．中国城市经济增长的效率与差异［J］．数量经济技术经济研究，2007（7）：97-106.

19. ［美］阿瑟·奥莎利文．城市经济学：第8版［M］．周京奎，译．北京：北京大学出版社，2015.

20. 柯善咨，赵曜．产业结构、城市规模与中国城市生产率［J］．经济研究，2014（4）：76-88+115.

21. Ciccone, A. and E. Papaioannou. Human Capital, the Structure of Production, and Growth［J］. Review of Economics and Statistics, 2009（1）: 66-82.

22. Ji, K., Magnus, J. and W. Wang. Resource Abundance and Resource Dependence in China［R］. Center Discussion Paper Series, 2010.

23. 张军，吴桂英，张吉鹏．中国省际物质资本存量估算：1952—2000［J］．经济研究，2004（10）：35-44.

24. 冯文权．经济预测与决策技术［M］．武汉：武汉大学出版社，2013：57-93.

| 第五章 |

数字经济对就业结构的影响

一、我国数字经济呈现蓬勃发展态势

（一）数字经济的优势

数字经济是指以数字化知识和信息作为关键生产要素、以现代信息网络作为重要载体、以信息通信技术有效使用作为效率提升和经济结构优化重要推动力的一系列经济活动。近年来，随着数字经济相关产业不断发展壮大，数字经济领域就业加速增长，新就业形态不断涌现，传统产业数字化转型持续加速，数字经济创新创业活力不断得到激发。同时，由于我国数字经济仍处于发展阶段，数字人才供给缺口大，现有就业服务与劳动力流动方式和多样化就业趋向不相适应，用工管理制度有待完善等问题仍较突出。

数字经济是继农业经济、工业经济、知识经济之后的新一代经济形态。与前几种经济形态相比，数字经济具有明显的优势。主要表现为：一是通过数据重构生产要素，提高全要素生产率。在数字经济发展过程中，人类生产生活所产生的数据以信息流带动技术流、资金流、物资流，通过减少信息流动障碍，加速资源要素流动，提高供需匹配效率，实现资源的优化配置。二是数字经济不断孕育出新的生产模式，共享经济、供应链金融、移动支付等新模式、新业态，成为激发创新创业的重要驱动力量，成为驱动大众创业、万众创新的关键变革力量。三是通过最大限度地利用社会闲置资源，实现包容性和可持续增长。通过消除要素流动障碍，加强多领域、全方位的互联互通，数字经济降低了经济主体参与市场活动的壁垒，为不同区域、不同人群创造了更多参与经济生活的机会，开拓了实现就业的途径和方式。

（二）数字经济的发展进展

近年来，随着数字经济的蓬勃发展，我国数字经济红利不断释放，为经济发展带来新动能。从 2012 年到 2021 年，我国数字经济规模从 11 万亿元增长到超过45万亿元，数字经济占GDP的比重由1.6%提升至39.8%。

从数字基础设施看，我国光纤光缆等硬件基础设施建设向纵深发展，全国所有地级及以上的城市均建成了光纤网络全覆盖的“光网城市”，其中，北京、上海、重庆、成都和郑州等10个城市已经开始提供千兆宽带业务。

从数字经济平台发展情况看，我国数字经济平台已经开始迈入高质量发展阶段。当前，在全球十大平台经济体中，阿里巴巴、腾讯、百度名列前茅，数字经济平台已经逐步对接生产性和生活性服务业。

从移动宽带网络的发展情况看，我国已经建成全球规模最大的4G网络，移动宽带用户规模居全球第一。同时，伴随5G规模化商用进程推进，智慧经济、共享经济、无人经济、副业创新等新型经济业态正在加快发展。

当前，我国仍然是一个发展中国家，经济发展的主要矛盾表现为人民日益增长的美好生活需要和不平衡不充分发展之间的矛盾。具体到数字经济领域，主要表现在以下三个方面：

一是数字基础设施整体比较薄弱。与发达国家相比，我国无论是互联网接入能力、移动通信运行成本、IPV4和IPV6普及率均呈现发展不充分的特征。

二是数字经济在区域间发展不均衡。受梯度发展战略的影响，我国数字经济发展与三次产业在区域上的分布具有一定同质性，因而中西部地区数字经济发展水平整体偏低。同时，从城乡数字经济的发展水平看，受人户分离、城镇人口转移等因素影响，乡村数字经济发展能力明显弱于城镇地区。

三是数字经济协同发展能力不足。随着数字经济向生产生活深度渗透，数字经济发展所涉及的经济、社会、生态等领域，亟须强化数据支撑，但是受到体制机制影响，我国在高质量发展阶段所要求的数字经济协同治理能力仍然薄弱。

二、数字经济促就业的红利持续显现

自1994年我国正式接入国际互联网以来，我国数字经济发展经历了从萌芽到高速发展再到成熟三个阶段。经过近20余年来的发展，我国数字经济发展逐步稳定，如今已经成为支撑国民经济持续发展的重要支柱。2018年，国家发展和改革委员会出台《关于发展数字经济稳定并扩大就业的指导意见》，提出要大力发展数字经济，稳定并扩大就业，促进经济转型升级和就业提质扩面互促共进。总之，在由工业经济向数字经济转型的过程中，我国也由劳动密集型就业转向技术、数据密集型就业。

（一）催生大量新岗位新职业

数字经济本质上是一种创新经济，通过实现新的要素组合，数字经济在发展过程中创造了大量就业机会。一方面，通过新产业、新业态、新模式持续盘活就业存量，实现闲置劳动力资源的优化配置。另一方面，通过引入新的生产函数，激活了劳动力就业增量，拓展了生产可能性曲线。总体而言，数字经济发展对创造新就业机会、开发新就业形态发挥了重要作用。

数字经济发展盘活了大量城乡闲置就业存量。随着经济下行压力不断加大，我国就业形势日益严峻。同时，在技术进步和产业结构调整过程中造成了一定程度的结构性失业和摩擦性失业。我国城乡出现了大量闲置劳动力，但数字经济所孕育出的“共享经济”和“零工经济”有效缓解了城乡失业问题，盘活了城乡剩余人口。据阿里研究院研究数据显示，2021年，全国27个省共出现了2171个淘宝镇和7023个淘宝村，其中淘宝镇约占全国乡镇数量的7.2%，淘宝村实现了连续四年增量保持在1000个以上。农村数字电商的发展不仅形成了如网店客服、仓储加工、包装物流等一系列的就业机会，而且为老人、妇女等农村非技能型常住人群提供了多样化的就业岗位。一方面，网上求职的兴起，使就业信息更易获取，覆盖范围广，劳动力更易获得就业信息，提高了劳动力市场的匹配效率。另一方面，互联网快速发展，使劳动者的工作地点更加灵活，使劳动者的就业选择更加丰富，让更多的劳动者进入劳动力市场。

数字经济发展催生出众多新岗位、新职业增量。新技术的诞生和应用不断催生出更多新产业、新业态，培育了更多新的就业岗位。比如，数字技术的广泛应用会创造出新的就业岗位和职业类型，尤其是在数据分析、软件和应用程序开发、网络和人工智能、智能机器生产、机器人和3D打印等领域。同时，数字经济的发展将广泛淘汰并优化现有就业岗位，自动化、智能化、网络化的普及将大大加快传统劳动密集型产业用工的替代速度。同时，数字经济发展将倒逼企业提高员工技能，以使其适应不断变化的新需求和新流程。同时，大量传统产业+数字化的跨界融合不断涌现，数字技术带动新的商业模式，激发了新领域的就业。传统行业的数字化转型，产生了大量需要应用技能的复合就业需求。

（二）吸纳就业的能力显著提升

当前，我国数字经济不断赋能第一、二、三产业，不仅持续推动相关业态创新，更是对吸纳就业、提升就业质量发挥了积极作用。

从政府服务端来看，数字经济发展在客观上要求政府提供更加快捷便利的就业公共服务，如上海市通过平台化手段将“企业招用员工”“企业与员工解除终止劳动合同”和“创业”三项服务统一打包，通过“设置统一入口、事项分类指引、线上线下联动”等方式为企业和社会提供了更加便捷的就业服务。

从企业需求端来看，随着产业数字化转型的加速，当前数字经济相关产业的人才需求更加专业和多元。为提升产业核心竞争能力，产业链相关企业在设置技术类岗位、管理类岗位时，对数字化技能的要求越来越高。随着产业网络的进一步精细化，企业对不同层次、不同年龄劳动者的入职门槛要求也有所降低，企业需求的不断增加也对广泛吸纳就业群体发挥了重要作用。据统计，在数字经济就业结构中，产业数字化领域招聘岗位占总招聘数的67.5%，招聘人数占总招聘人数的75.8%。其中，第三产业就业岗位占比高达89.32%，远高于第二产业的10.53%和第一产业的0.15%。

从劳动力供给端来看，数字经济的发展通过降低学习门槛、提升知识获取能力、降低入职与转行门槛以及提供更加多元化的薪酬，对激活社会人力资本潜力、降低传统教育成本、广泛吸纳就业群体发挥了重要作用。据统计，2020 年微信小程序个人运营者中本科以下学历就业者占比达到 47.0%，微信视频号个人运营者中本科以下学历就业者占比达到 46.8%。

由数字经济构建的数字生态实现了多方主体的共同参与，数据、信息、资金、人才通过数字化工具不断得到重组和优化，对实现劳动力资源在时间、空间上的优化配置发挥了积极作用。

（三）人才资源红利不断显现

数字人力资源是引领数字经济发展的首要资源。在我国，与数字人力资源相近的是科技人力资源。近年来，我国科技人力资源总量平稳增长。2020 年底，我国科技人力资源总量达到 1.12 亿人。从年龄结构上看，2019 年 39 岁以下科技人力资源占比达到 78.39%，50 岁以上的占比不到 10%。同时，近年来，大众创业和万众创新的推进为新劳动力提供了充分的容纳空间。另外，从数字人力资源的薪酬水平看，数字人力资源的薪酬待遇明显高于其他行业。以美国为例，2016 年，美国数字经济从业者的总薪酬为 6740 亿美元，占整体经济从业者总薪酬的 6.8%。数字经济领域的平均年薪超过 11 万美元，而整个经济体的平均年薪收入仅为 6.6 万美元，数字经济领域的平均年薪是整个经济体平均年薪收入的近 2 倍。

（四）数字化就业韧性持续凸显

暴发于 2020 年初的新冠肺炎疫情对我国的就业造成了明显冲击。在我国实体经济复产复工压力加大，就业形势不断严峻的背景下，数字经济的发展有效缓解了就业难题，彰显了强劲韧性，数字化就业对保障民生发挥了重要作用，多重积极就业效应不断叠加。

数字经济发展提升了疫情防控期间的就业韧性。一方面，在数字平台的积极影响下，疫情防控期间平台经济的发展为社会提供了越来越多的就业岗位，在一定程度上弱化了由突发性疫情带来的消极影响。同时，平台在带动生活性服务业数字化升级的同时，也促进了全产业链的就业发展，形成了更加灵活、更加多样的就业生态体系。另一方面，近年来个人数字素养的提高为提升数字化就业能力提供了保障。以智能手机普及率和使用时间来看，

2021 年，我国已有超过 9.5 亿个智能手机用户，人均日使用智能手机的时间超过 3.3 个小时，名列前位。

数字经济发展激活了疫情防控期间的多重就业效应。其一，疫情防控期间传统服务业受到较大冲击，以移动互联网支撑的线上购物、线上学习、线上办公等线上工作方式逆势上涨，由此激活生活性服务业中的新型就业形态。其二，疫情加速了制造业人机协同化的进程。随着机器人在制造业中的普及，尽管机器替代人的趋势有所增强，但总体而言，人类的生产活动仍然具有较强的不可替代性，因而制造业企业数字化的过程本质上是提升人机协同能力的过程。其三，产业数字化和数字产业化的过程可以增强劳动力的个人资本。由于数字赋能具有边际报酬递增的特征，因而劳动者数字化能力的提高可以显著提升个人人力资本，进而优化就业结构，提升就业质量。

三、数字经济对就业产生结构性影响

数字经济发展对经济产生了深远影响，并通过生产、消费、流通、分配等环节逐步渗透至生产生活中的诸多领域。进一步来看，数字经济是由互联网技术的发展和经济迈向高质量发展阶段后的新需求两股动力催生出来的。同时，在全球产业分工格局日益分化的背景下，数字经济发展还要受到国际贸易、产业转移、资本流动等因素的影响。与此同时，数字经济发展也为我国就业带来了新机遇和新挑战。随着机器化的推进，“十四五”时期企业对高技能工人和受过高等教育的劳动力的需求将会增加，对熟练工、从事简单重复性劳动的人员需求会下降，由此对传统劳动密集型产业的就业前景产生较大冲击。一般来说，面临数字转型最大风险的工作是行政工作、销售、贸易、物流、建筑和制造等。此外，在向数字经济转型的过程中，劳动力的工作压力和工作时间不断增加，工作强度也有所加大。同时，数字经济的发展还增强了劳动力市场的不透明性，导致劳动力卖方市场面临种族、性别、年龄或其他方面的歧视。

数字经济发展对各就业领域的传导是一种相对复杂的机制。本章针对数字经济在发展过程中对就业总量、就业制度、产业就业结构以及区域就业结构的传导机制，从理论上加以阐释。

（一）数字技术重构了经济活动

数字经济的发展归根结底得益于市场经济的发展。原因在于：其一，现代市场分工的细化是数字经济发展的重要动力。第二次世界大战以来，经济全球化和区域经济一体化进程明显加快，市场经济体制逐步被世界上多数国家接受，各国经济逐步融入全球市场分工体系当中。在这一背景下，作为数字经济发展基础的互联网技术逐步由单一领域应用到经济领域，并对经济社会发展产生重要影响。其二，数据作为一种全新的生产要素能够推动经济增长。数字经济是继农业、工业、知识等经济形态之后又一种新型的经济发展模式。与前面注重一般硬生产力的提升相比，数字经济更加注重数据这一新型生产要素对经济增长的推动作用。受益于数据采集、分析技术的进步，市场经济开始迈入精准化发展的新阶段。其三，数字经济的发展得益于市场主体在实现交换过程中降低交易成本的取向。经济史上的任何一次工具性进步均是市场经济发展的结果，而技术进步的目的在于尽可能地降低交易成本。正是基于对降低交易成本的诉求，数字经济的发展大大降低了不同区域交易主体的时间成本和空间成本，从而实现了经济效率的提升。

数字经济的发展，通过大数据、人工智能、移动互联网等技术手段，对人们的经济活动产生了重要影响。数字经济推动三次产业发生深刻变革，基于数字技术的应用，智慧农业、智能工厂、智慧服务等现代化三次产业不断涌现。通过数字赋能、数据增值和精准匹配，传统第一、二、三产业的生产效率得到了极大提高，产业内部结构进一步分化，产业分工进一步强化，产业结构逐步迈向高级化，产业现代化水平持续提升。同时，在产业资本有机构成提升的背景下，生产力与生产关系的矛盾出现了一些新的变化。比如，人—机协作水平的提升在解放了社会生产力的同时，又对个人技能产生了新的诉求，还在一定程度上对收入分配格局产生影响。另外，得益于生产力的发展，经济社会生活得到重构，城乡间、区域间、市场与政府间的关系进一步得到优化。

（二）数字产业化创造就业机遇

数字经济的发展创造了新的产业形态，在市场竞争不断加剧的背景下，新型产业形态的发展创造了大量新的就业岗位。得益于数字化信息技术广泛而深入的应用，第一产业将进一步提高农业的规模化、集约化、智能化水平以及农业劳动生产率，对掌握数字化技能的新型职业农民、农业生产性服务业从业人员，以及技术人员的需求将不断增加。对于第二产业来说，随着数字化、网络化和智能化的发展，传统人—机关系将逐步走向协同发展，实体经济对数字化技能型人才、复合型人才、创新型人才的需求量将不断增大，工业机器人与工人间更加高效、灵活的协作，将大幅提升制造业生产率。对于第三产业来说，生产性服务业与高端生活性服务业创造的就业规模将显著增加。研发设计、管理咨询、信息中介、融资租赁和贸易运输等新型生产性服务业将迎来大发展，创造的就业量也将大幅提升。与此同时，随着云计算、大数据、人工智能等技术向生活性服务业的全面渗透，推动了养老医疗、体育健康、旅游文化和教育培训等高端生活性服务业的兴起，服务需求的大幅上升拉动了就业需求的显著增加。

（三）产业数字化倒逼就业升级

传统产业的数字化升级将倒逼就业领域的优化。从传统产业数字化改造的角度来看，在传统农业当中，随着机器人等新一代人工智能技术的普及，更多的农业劳动力将会被农业自动化释放出来。这一部分被释放的农业劳动力将通过城镇化、技能提升等途径实现自我素质的提高，从而在一定程度上优化人口就业结构。在第二产业，传统制造业就业规模将持续降低。随着数字化、网络化和智能化的发展，传统制造业的就业规模将会受到较大冲击，重复性工作内容和可预测的程序性任务将会由低成本技术完成，大大减少了生产过程中的人力耗费。另外，数字经济的发展还会倒逼区域就业结构的优化。改革开放以来，我国逐步发展起具有中国特色的社会主义市场经济体制，经历了消费、投资、进出口等需求侧的拉动后，开始转向以供给侧和需求侧同步拉动经济高质量发展的新阶段。

（四）数字化就业加剧就业极化

数字经济发展对就业市场的传导还埋藏着潜在的失业风险，并且对区域间的就业形势产生一定的极化影响。在技术进步的作用下，经济结构调整和产业结构优化，进而带来结构性失业问题，表现为数字经济发展在产生大量新型就业过程中还会造成数以百万计传统就业的消失。作为一个发展中国家，数字经济对我国传统就业形态的冲击会更为明显。此外，数字化可能导致劳动力市场两极分化加剧，高技能和低技能劳动力的工资上涨，就业机会增加，而中等技能劳动力则面临着“空洞化”问题。另外，由于区域间数字基础设施发展的差距较大，数字经济发展的不平衡性会在空间上表现出来，进而在劳动力市场上表现为劳动者之间个人数字能力的分化。

数字经济在传导过程中还会加剧就业困难人员的就业弱势地位，使他们在劳动力市场竞争中处于更加不利的地位。数字经济发展不仅会降低城镇低收入群体、贫困人口、大学生群体、农民工及老龄就业人口等重点群体的就业能力，加剧就业的结构性失衡，还会传导至收入分配端，弱化收入分配的公平和效率。由于数字经济迭代速度快，要求个人对数字基础设备具有一定的支付能力，但是这一部分群体受收入预算约束、时间预算约束以及能力约束的影响，他们对数字消费的支付能力相对有限，参与数字化市场的能力相对不足。

（五）制度建设使就业总体改善

开放型市场经济条件下数字经济发展对就业的传导，还应包括市场和政府两大体系的优化组合。通过市场和政府部门的制度建设优化整个传导流程，有助于降低数字经济传导至市场端后的潜在风险，从而实现就业结构助力经济结构优化。在数字经济发展过程当中，传统的计划调节模式和纯粹的市场调节模式都不利于发挥数据这一关键要素对产业链、价值链、人才链的增值作用，过多的政府干预以及市场主体的盲目竞争均会导致市场体系产生混乱。因此，市场和政府部门在数据这一关键性生产要素被纳入生产函数之后实现优化组合，还需要制度建设的辅助支撑。

数字经济的制度优化可以实现整个传导链的帕累托改善。如图 5-1 所示，一方面，市场和政府部门的制度建设可以有效降低数字化经济体系运行的交易成本。由于产业数字化改造和数字产业化本身的发展，市场体系中供需双方的信息不对称问题得到了较好解决，从而有效减少了市场主体的道德风险和逆向选择行为，也可以降低市场运行成本。另一方面，在劳动力市场上，政府和市场的制度化建设不仅有利于提升生产部门的运行效率，更可以提升劳动者的福利水平。数字人力资源向数字人力资本的转化发生在数字经济对就业领域传导的末端。在这一过程中，数字基础设施、数字制度环境、数字资源获得性，以及数字个人能动性等，都对数字人力资本的积累发挥着重要的作用。同时，基于数字化所形成的新型人力资本具有报酬递增的特征，因而会强化数字人力资本的积累。数字经济发展通过双重渠道为高技能人才和低技能人才提供新的就业机会。

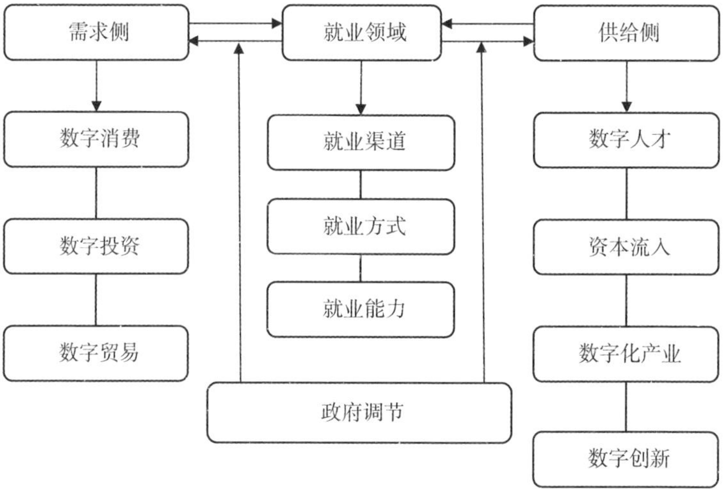

图 5-1　供需两侧对数字经济就业的传导机制

资料来源：作者设计。

四、数字经济对就业影响的实证分析

就业结构是指国民经济各部门所占用的劳动数量、比例及其相互关系。按照不同的划分方法，就业结构又可分为产业结构、职业结构、地区结构、知识结构等。作为一个综合性的变量，数字经济发展可以对就业结构中的各部分产生不同的影响。笔者使用2010—2018年全国31个省（区、市）的面板数据，建立数字经济发展指标评价体系，利用主成分分析法和多元回归分析构建面板数据模型，实证研究数字经济发展对就业结构的影响程度，相关数据来源于历年的《中国统计年鉴》《中国劳动统计年鉴》等公开出版物。

（一）研究方法

第一，主成分分析法。基于数字经济发展的综合性，本章主要采用主成分分析法对数字经济发展的多个因变量指标进行降维。主成分分析是将多个具有一定相关性的指标，重新组合成一组相互独立的几个综合性指标，并且反映原指标的主要信息。运用主成分分析法的优点在于主成分变量的综合解释效力大于每个实际指标的解释效力，而且各主成分是互相独立互不相关的，这就避免了对指标进行综合时信息重复的问题，可以减少指标提供信息的交叉，对于分析评价是非常有利的。而且，它所确定的权数是基于数据分析而得出的指标之间的内在结构关系，具有较好的客观性，克服了主观评价指标权重的不足。

第二，多元回归分析。多元回归分析是指在相关变量中将一个变量视为因变量，其他一个或多个变量视为自变量，建立多个变量之间线性或非线性数学模型数量关系式，并利用样本数据进行分析的统计分析方法。其基本形式是设因变量为Y，影响因变量的k个自变量分别为$X_1, X_2, X_3, \cdots, X_K$。假设每一个自变量对因变量$Y$的影响都是线性的，也就是说，在其他自变量不变的情况下，Y的均值随着自变量的变化均匀变化。计算公式如下：

$$Y = \beta_0 + \beta_1 X_1 + \beta_2 X_2 + \beta_3 X_3 + \cdots + \beta_K X_K + \varepsilon$$

（二）指标界定

根据数字经济发展与就业领域可能存在的多种联系，本章主要选取了2010—2018年我国数字经济发展的相关指标，通过主成分分析法和多元回归分析，研究数字经济发展相关指标对就业的影响。主要指标及其定义的说明如表5-1所示。

表5-1　主要指标及其定义的说明

相关指标（单位）	指标说明
（一）自变量	
软件业务收入（万元）	用于说明互联网经济发展水平
域名数（万个）	用于说明互联网规模
网站个数（万个）	用于说明互联网发展能力
IPV4 数量	用于说明互联网普及率
互联网宽带接入量	用于说明互联网使用情况
移动互联网使用人数	用于说明移动互联网的普及情况
（二）因变量	
劳动力（万人）	用于说明总体劳动力市场规模
就业人数合计（万人）	用于说明总体就业规模
第一产业	用于说明第一产业发展水平
第二产业	用于说明第二产业发展水平
第三产业	用于说明第三产业发展水平

资料来源：作者设计。

（三）实证分析

1. 主成分分析

主成分分析衡量的是测量方式与期望目标的吻合水平，可通过KMO和巴特利特球形检验（Bartlett Test of Sphericity）。KMO统计量指通过比较各变量间简单相关系数和偏相关系数的大小判断变量间的相关性，相关性强时，偏相关系数远小于简单相关系数，KMO值接近1。一般情况下，KMO>0.9时非常适合做因子分析；0.8<KMO<0.9时适合；0.7以上时尚可；0.6时效

果很差；0.5以下时不适宜做因子分析。结果显示，本问卷的KMO值为0.807，表明可以进行因子分析。

巴特利特球形检验用于检验相关矩阵是否是单位阵，即各变量是否独立。它是以变量的相关系数矩阵为出发点，零假设为相关系数矩阵是一个单位阵。

如果巴特利特球形检验的统计计量数值较大，且对应的相伴概率值小于给定的显著性水平，则应该拒绝零假设；反之，则不能拒绝零假设，认为相关系数矩阵可能是一个单位阵，不适合做因子分析。若假设不能被否定，则说明这些变量间可能各自独立提供一些信息，缺少公因子。

在所选数据中，巴特利特球形检验统计量为64.625，相应的概率Sig.为0.000，如表5-2所示，因此可以认为相关系数矩阵与单位阵存在显著差异，变量间没有共同因素存在。同时，KMO值为0.807，根据Kaiser给出的KMO测量标准可知，原有变量适合做因子分析。由表5-3可知，能提取一个主成分。

表5-2 巴特利特球形检验

KMO		0.807
Bartlett Test	Chi-square	64.625
	df	10
	Sig.	0.000

资料来源：根据本章计算结果整理得到。

表5-3 主成分分析

成分	初始特征值			提取载荷平方和		
	总计	方差百分比	累计（%）	总计	方差百分比	累计（%）
1	4.403	88.061	88.061	4.403	88.061	88.061
2	0.527	10.548	98.609			
3	0.053	1.066	99.675			
4	0.01	0.193	99.868			
5	0.007	0.132	100			

资料来源：根据本章计算结果整理得到。

2. 多元回归分析

由表 5-4 可知，软件业务收入与域名数以及互联网宽带接入量能够显著预测劳动力的数量（$p<0.05$），且回归模型 $Y=77221.751+0.648\times$软件业务收入$+0.802\times$域名数$+0.292\times$网站个数$+0.025\times IPV4$ 数量$-0.754\times$互联网宽带接入量，能够解释 99.8%的因变量的变异，说明模型拟合度很好。

由表 5-5 可知，软件业务收入、域名数、*IPV4* 数量以及互联网宽带接入量能够显著预测就业人员的数量（$p<0.05$），且回归模型 $Y=74276.390+1.359\times$软件业务收入$+0.864\times$域名数$+0.200\times$网站个数$+0.170\times IPV4$ 数量$-1.559\times$互联网宽带接入量，能够解释 99.6%的因变量的变异，说明模型拟合度很好。

表 5-4　数字经济对劳动力总量的回归检验

	R	R^2	F	B	SE	Beta	t	Sig.
（常量）	0.999	0.998	281.584***	77221.751	540.021		142.998	0.000
软件业务收入（万元）				0.000	0.000	0.648	3.219	0.049
域名数（万个）				0.544	0.099	0.802	5.517	0.012
网站个数（万个）				2.074	2.024	0.292	1.025	0.381
IPV4 数量				0.012	0.020	0.025	0.599	0.591
互联网宽带接入量（万人）				−0.028	0.008	−0.754	−3.339	0.044

注：*** 表示显著性水平为 1%。

资料来源：根据本章计算结果整理得到。

表 5-5　数字经济对就业人员变动的回归检验

	R	R^2	F	B	SE	Beta	t	Sig.
(常量)	0.998	0.996	161.521**	74276.390	441.626		168.189	0.000
软件业务收入(万元)				0.000	0.000	1.359	5.117	0.014
域名数（万个）				0.363	0.081	0.864	4.504	0.020
网站个数（万个）				0.880	1.655	0.200	0.532	0.632
IPV4 数量				0.050	0.016	0.170	3.055	0.055
互联网宽带接入量（万人）				0.035	0.007	-1.559	-5.236	0.014

注：** 表示显著性水平为 5%。
资料来源：根据本章计算结果整理得到。

第一，对第一产业就业水平的回归。由表 5-6 可知，软件业务收入与域名数以及互联网宽带接入量能够显著预测第一产业的就业水平（$p<0.05$），且回归模型 $Y=33010.911+1.612\times$软件业务收入$+0.549\times$域名数$+0.038\times$网站个数$-0.079\times$*IPV4* 数量$+1.185\times$互联网宽带接入量，能够解释 99.7%的因变量的变异，说明模型拟合度很好。

第二，对第二产业就业水平的回归。由表 5-7 可知，各个变量对因变量的回归均不显著（$p>0.05$），且整个模型 $Y=2778.016+1.684\times$软件业务收入$+1.681\times$域名数$-0.779\times$网站个数$+0.752\times$*IPV4* 数量$-3.513\times$互联网宽带接入量的预测效果也不显著（$F=5.070$，$p>0.05$），说明自变量对因变量的预测作用不明显。

第三，对第三产业就业水平的回归。由表 5-8 可知，只有软件业务收入对第三产业就业的回归是显著的（$p<0.05$），说明软件业务收入能够显著预测第三产业就业水平，且模型 $Y=25699.484+1.144\times$软件业务收入$+0.245\times$域名数$+0.150\times$网站个数$-0.054\times$*IPV4* 数量$-0.501\times$互联网宽带接入量，能够解释 99.4%的因变量的变异，说明回归模型拟合效果很好。

表 5-6　数字经济发展对第一产业就业水平的回归检验

	R	R^2	F	B	SE	Beta	t	Sig.
(常量)	0.998	0.997	192.194**	33010.911	1946.260		16.961	0.000
软件业务收入（万元）				0.000	0.000	1.612	6.620	0.007
域名数（万个）				1.109	0.355	0.549	3.120	0.052
网站个数（万个）				0.802	7.293	0.038	0.110	0.919
IPV4 数量				-0.111	0.072	-0.079	-1.554	0.218
互联网宽带接入量（万人）				0.130	0.030	1.185	4.339	0.023

注：** 表示显著性水平为 5%。
资料来源：根据本章计算结果整理得到。

表 5-7　数字经济发展对第二产业就业水平的回归检验

	R	R^2	F	B	SE	Beta	t	Sig.
(常量)	0.946	0.894	5.070	15565.995	2778.016		5.603	0.011
软件业务收入（万元）				0.000	0.000	1.684	1.186	0.321
域名数（万个）				0.832	0.507	1.681	1.639	0.200
网站个数（万个）				-4.033	10.410	-0.779	-0.387	0.724
IPV4 数量				0.259	0.102	0.752	2.529	0.085
互联网宽带接入量（万人）				-0.094	0.043	-3.513	-2.206	0.115

注：资料来源：根据本章计算结果整理得到。

表 5-8　数字经济发展对第三产业就业水平的回归检验

	R	R^2	F	B	SE	Beta	t	Sig.
(常量)	0.997	0.994	92.685**	25699.484	3625.883		7.088	0.006
软件业务收入(万元)				0.000	0.000	1.144	3.268	0.047
域名数（万个）				0.641	0.662	0.245	0.968	0.405
网站个数（万个）				4.111	13.587	0.150	0.303	0.782
IPV4 数量				-0.098	0.133	-0.054	-0.732	0.517
互联网宽带接入量（万人）				-0.071	0.056	-0.501	-1.276	0.292

注：** 表示显著性水平为 5%。
资料来源：根据本章计算结果整理得到。

五、今后一个时期就业结构的变化趋势

数字经济发展对我国就业结构产生了深远影响。进入高质量发展阶段，准确预测我国就业结构变化对提升数字经济发展质量，促进数字经济新业态与就业结构协调具有重要意义。结合实证分析结果和我国数字经济发展对就业结构所产生的实际影响，本部分就未来我国就业结构可能的变化趋势进行分析。同时，随着数字经济的发展，我国就业形势还面临着诸多的问题和不足。

（一）就业结构变化的趋势预测

一是传统产业就业比重将持续下降。随着产业数字化的发展，传统行业的就业结构将发生显著改变。一方面，传统农业、制造业的就业形态、就业模式、就业渠道将发生巨大变化。一般而言，传统农业是所有主要行业中数字化水平最低的，但随着物联网、大数据、人工智能等新技术的发展，数字化在农业发展中的显示度逐步增强，应用也越来越广泛。由此便导致传统小农经济形态发生转变，传统注重劳动力投入的农业生产方式发生变化。另

方面，就制造业而言，由于机器替代人的加速和人—机协同水平的提升，传统制造业中的劳动力投入也将降低。同时，受新冠肺炎疫情等因素影响，当前就业形势较为严峻，传统行业尤其是服务业、中小工厂企业、外贸企业等受到较大冲击，部分从业者处于待业、失业状态。

二是数字产业化就业比重将加速上升。数字经济发展所激发的新产业将促进就业上升。通过实证分析也发现，数字经济发展对第三产业就业具有较强的影响，因而可以预见，随着数字经济的发展，第三产业中的相关领域将会更加细化，对新型产业就业而言则意味着更大的机遇。另外，随着在线协同办公、远程教育等数字化就业形态的发展，云价值得到凸显，制造业发展困境将进一步倒逼制造业生产运营方式由线下转向线上线下融合发展，这意味着用人单位对劳动者岗位技能的要求将发生变化。同时，疫情防控期间线上办公、共享员工、灵活就业等工作模式的兴起一定程度上影响了人才的就业观念，加速推动了新兴工作模式的发展。

三是数字经济就业模式将更趋于弹性化。与传统就业模式相比，数字经济发展所推动的就业模式将更加弹性化。一方面，就业人群将逐步摆脱传统意义上的固定岗位就业，而更多走向多元化就业的方向，从而拓展了个人就业的空间。另一方面，对于低端劳动力而言，由于受经济周期波动影响较大，极易引发就业结构风险，即造成周期性失业。而数字经济的发展将降低用工成本、缩短就业周期，从而预防和缓解就业结构风险。而对于中高端劳动者来说，其就业模式将更加注重追求个性化、兴趣化就业。

四是数字经济发展将助推弱势群体就业。一方面，数字基础设施的不断完善将降低弱势群体的学习成本，降低就业门槛，提高其数字技能，进而提升弱势群体的就业能力。另一方面，对于残疾人、贫困人口、大学生群体来说，数字经济的发展通过拓宽就业渠道，打破传统就业办公限制等，不断拓展这类群体的就业空间。

（二）就业结构变化的问题分析

一是数字经济发展加速就业两极分化。随着产业数字化和数字产业化水平的不断提升，数字经济将加速就业结构的两极分化。一方面，由于我国处于产业转型的关键阶段，在转型过程中，大量劳动密集型产业仍需要大量低技能劳动者供给。但在经济下行压力加大和外部环境不断复杂化的背景下，国内外市场需求不足，使得大量的低技能劳动者重回劳动力市场，从而加剧了低端劳动力市场的竞争，不利于整体就业环境的改善。另一方面，数字化产业的发展需要大量的高技能知识密集型和技术密集型劳动力，但受我国高等教育体制不完善、专业设置不合理等因素影响，中高端劳动力供给相对不足。

二是数字经济发展加剧区域就业发展差距。由于数字经济发展中的基础设施、产业结构、产业空间布局等存在较大差距，我国的数字经济发展将加剧区域就业发展差距。东部地区具有完善的数字基础设施、相对充沛的财政支撑、丰富的数字技能人才，因而将对中西部地区的就业产生挤出效应。根据中国信息通信研究院的研究报告显示，东、中、西部地区对数字人才的招聘占比分别为40.3%、27.7%和31.9%。

三是数字经济发展强化了就业收入分配不均衡。数字经济的发展在一定程度上弱化了低端劳动力的议价能力，强化了高端劳动力的议价能力，从而不利于实现就业收入分配的相对公平。随着传统行业的数字化改造不断推进，这一部分的劳动力将逐步被数字化设备所取代，而在其技能没有得到相应提高的条件下，低技能劳动力极易被就业市场所淘汰，造成低端劳动力供给过剩，因而其议价能力相对有限。而高端劳动力由于相对稀缺，因而其议价能力较强。结合两点可以发现，数字经济的发展会导致收入分配差距的拉大。

六、充分激发和利用好数字经济的红利

（一）持续推进产业数字化转型，发展壮大数字相关产业

一是推动数字产业化发展壮大，拓展就业新空间。抓住数字经济发展机遇，深入推进创新驱动发展战略，加快数字基础设施建设，着力发展壮大互

联网、物联网、大数据、云计算、人工智能等信息技术产业，做大做强平台企业，在带动经济转型提质过程中创造更多更高质量的新兴就业创业增长点。鼓励数据资源高效利用、开放共享，进一步扩大和升级信息消费，促进电子商务、共享经济等新业态蓬勃发展，培育更多新就业形态，吸纳更多就业。

二是促进传统产业数字化转型，带动更多劳动者转岗提质就业。推动互联网、大数据、人工智能和实体经济深度融合，培育新增长点，形成新动能。深入推进数字技术与制造业融通发展，建立健全工业互联网基础设施体系，大力发展核心工业软件，推动传统制造业加快数字化转型，在提升国际竞争力、拓展产业链条中带动更多劳动力转岗就业。加速传统服务业数字化、网络化转型，提升精准服务、高效服务、智能服务能力，带动更多数字经济领域就业创业。充分应用物联网、大数据等新一代信息技术，促进农业生产、经营、管理、服务数字化，大力发展智慧农业，推进农业全产业链延伸和升级，促进农村第一、二、三产业融合发展，加快乡村振兴步伐，切实提升新农民新主体数字技能。

三是激发数字经济创新创业活力，厚植就业增长沃土。加大融资政策支持力度，切实落实《关于支持新产业新业态发展促进大众创业万众创新用地的意见》，支持互联网龙头企业、各类开发区建设开放平台，建设一批数字产业化承接能力强的返乡创业示范基地，营造富有活力的数字经济创新创业环境。进一步深化新三板改革，稳步扩大创新创业公司债试点规模，支持私募股权和创业投资基金投资数字经济领域，增强资本市场支持数字经济创新创业能力。积极引进掌握先进数字技术知识的外国高层次人才，培育推动数字经济创新发展的国际化专家团队。

（二）健全数字经济就业机制，提升应对就业风险能力

一是加强失业风险预警，建立就业监测平台。建立完善失业监测预警机制，及时掌握企业人员变动情况及趋势，适时发布预警信息。监测追踪就业市场供需双方动态，加强生产运营数据可视化管理和分析。充分发挥行业组

织作用，建立专业设置、学生就业与重点产业人才需求相衔接的预测预警机制。强化对重点就业群体的监测力度，加强对创办企业、所在行业、增加岗位、创业人员及数量、吸纳就业人数、收入变化等信息的分析。

二是优化技能培训，推广远程就业新模式。建立健全以企业、职业院校和各类培训机构为依托，以就业技能培训、岗位技能提升培训和创业培训为主要形式，覆盖全体、贯穿终身的培训体系。全面提升数字技能和人才分布的区域均衡性。加强偏远地区信息基础设施建设，倡导远程就业新模式，减少人才吸纳的时空限制。

三是提升人才数字化管理能力，完善数字化人才管理体系。加快新兴学科布局，引进一批与数字经济相关的高水平研究型科学家和具备产业经验的高层次科技领军人才，优化人才评价激励制度。

四是完善就业相关法律和社会保障制度。全面实施全民参保计划，依托互联网平台，将灵活就业人员纳入社会保障覆盖范围。发挥失业保险保生活、防失业、促就业的功能作用，拓宽失业保险覆盖范围。创新社会保险经办服务管理模式，推进“网上社保”，建立全国统一的社会保险公共服务平台。

（三）推动就业创业服务数字化转型，加强数字经济就业平台建设

一是发展数字化人力资源服务机构。放宽市场准入条件，大力发展“互联网+”人力资源服务业和基于数字技术的人力资源服务新机构、新业态，加快线下业务向线上转移，线上业务向精准匹配、智能服务转型。引导和鼓励人力资源服务企业加强数字化管理服务系统研发，提升数字化服务水平。

二是建设数字经济创新创业服务孵化平台。支持建设一批数字经济创新创业孵化机构。完善以众创空间、孵化器为核心，创业企业、科研机构、金融机构、中介服务机构、资本市场和其他创业资源有机结合的创新创业服务网络。积极推进供应链创新与应用，支持构建以企业为主导，产、学、研、用合作的供应链创新网络，建设跨界交叉领域的创新服务平台。

三是强化产教融合一体化建设。鼓励高校、科研机构发挥技术优势，建

设数字经济创新创业服务平台，盘活优质技术资源，服务数字经济创业企业的发展。

（执笔：侯胜东）

参考资料：

1. 关于支持新业态新模式健康发展激活消费市场带动扩大就业的意见［J］. 财经界（学术版），2020（18）：1-2.

2. 陈明真. 人工智能对就业的影响研究进展［J］. 中国经贸导刊（中），2020（6）：181-184.

3. 何宗樾，宋旭光. 数字经济促进就业的机理与启示——疫情发生之后的思考［J］. 经济学家，2020（5）：58-68.

4. 王文. 数字经济时代下工业智能化促进了高质量就业吗［J］. 经济学家，2020（4）：89-98.

5. 王伟玲，吴志刚. 新冠肺炎疫情影响下数字经济发展研究［J］. 经济纵横，2020（3）：16-22.

6. 邱玥，何勤. 人工智能对就业影响的研究进展与中国情景下的理论分析框架［J］. 中国人力资源开发，2020（2）：90-103.

7. 童锋，张革. 中国发展数字经济的内涵特征、独特优势及路径依赖［J］. 科技管理研究，2020（2）：262-266.

8. 宫瑜. 数字经济对我国就业总量的影响［J］. 中共青岛市委党校·青岛行政学院学报，2019（6）：78-84.

9. 薛新龙. 数字经济时代我国职业教育的发展与转型［J］. 信息通信技术与政策，2019（9）：42-44.

10. 王征. 论数字经济时代新技术形态的助业效应［J］. 山东人力资源和社会保障，2019（8）：26-29.

11. 李婕，刘美辰. 数字经济领域将成为吸纳就业的重要渠道［J］. 劳动保障世界，2019（4）：60-61.

12. 刘湘丽. 第四次工业革命的机遇与挑战［J］. 新疆师范大学学报（哲学社会

科学版)，2019（1）：123-130.

13. 王阳，李爽，张本波，顾严．第四次工业革命对就业的挑战与建议［J］．经济纵横，2017（11）：64-71.

14. 张车伟，王博雅，高文书．创新经济对就业的冲击与应对研究［J］．中国人口科学，2017（5）：2-11+126.

15. 尹丽波．数字经济发展报告（2018--2019）［M］．北京：社会科学文献出版社，2019.

16. 中国信息通信研究院政策与经济研究所．中国数字经济就业发展报告：新形态、新模式［J］．新趋势，2020（7）：3-9.

| 第六章 |

着力稳定制造业就业

一、制造业转型与就业质量提升

（一）制造业智能化的发展趋势

制造业在工业体系中占据着主导地位，也是国民经济的支柱。继“工业4.0”概念提出，在人工智能等高新技术迅速发展的势头带领下，制造业必将掀起席卷世界的新一轮产业革命。制造业将从产品、设备、生产方式、管理以及服务等多方面实现智能化的产业改造升级，实现管理决策、运营模式、生产模式和商业模式的全方位创新。智能制造是制造业发展的未来方向，智能化转型升级对于推进制造业供给侧结构性改革，培育经济增长新动能，促进制造业向中高端迈进，推动经济高质量发展具有战略意义。我国已把智能制造作为《中国制造2025》的主攻方向，明确提出“智能制造是新一轮科技革命的核心，也是制造业数字化、网络化、智能化的主攻方向”。

改革开放以来，我国制造业依靠廉价的劳动力，通过引进生产线和技术、共同生产等方式，参与到全球制造业价值链中。尽管我国制造业在国际分工体系和国际贸易中所占比重越来越大，但行业增加值率和利润率却始终偏低，主要原因是在制造业国际分工体系中，我国制造业企业主要从事加工、制造与组装等中低端环节，依赖“两头在外”的发展模式，导致长期处于“微笑曲线”的中低端。这些环节以劳动投入为主，技术含量低，获得的产品附加值也低。而外商从事研发、设计、营销、售后等高端环节，这些环节利润空间大、附加值高。经济合作与发展组织和世界贸易组织（OECD-WTO）在2015年发布的《增加值贸易：中国》（*Trade in Value Added：China*）报告中指出，中国在全球价值链中的地位呈上升趋势，但中国在许多行业中所处地位仍然相对较低。许多学者通过测算发现，我国制造业整体处于全球价值链的中低端，在国际分工中地位较低（周升起等，2014；刘琳，

2015）。还有学者通过对制造业细分行业的测度来研究中国制造业在全球价值链中的地位，结果表明，我国22个制造业门类中，处于全球价值链低端的行业达12个，而处于全球价值链中高端的行业仅有3个（张慧明、蔡银寅，2015）。这表明当前我国制造业整体上仍处于全球价值链的中低端，产业关键设备和核心技术对外依存度高是我国制造业长期处于全球价值链中低端的重要原因。

随着我国人口红利正逐步消失，劳动力成本的增长，传统制造业依靠大规模人力的发展道路已经越来越窄。与此同时，随着市场竞争越发激烈，企业对市场的响应速度和敏捷性要求提高，人力可实现的范围已经不再能满足市场需求。同时，制造业生产的价值取决于效率，从产品和服务的概念阶段到交付阶段都要尽量减少人工失误带来的影响。制造业智能化在帮助企业提高整体运作效率的同时，也在产品的研发设计与生产制造等环节影响就业。我国《新一代人工智能发展规划》指出，人工智能可能改变就业结构，对政府管理、经济安全和社会稳定乃至全球治理产生深远影响。可见，国家对制造业智能化及其可能产生的就业风险非常重视。

（二）制造业就业与工资研究

凭借绝对的劳动力数量和成本优势，我国制造业得到了迅猛的发展，使我国成为制造业第一大国，成为名副其实的“世界工厂”。但随着人口红利的逐步消失和劳动力成本的不断上升，制造业的就业和工资以及与此相关的劳动生产率问题应引起重视。

当前我国在这一领域的研究重点主要集中在以下两个方面：

一是围绕制造业就业问题展开相关研究，但研究结论存在一定差异。有些学者认为，我国的制造业同时经历了大规模的就业创造与就业消失，平均就业净增长为正（马弘等，2013；屈小博等，2016）。还有一些学者认为，中国制造业已经出现了“民工荒”现象，尤其是在高技术行业和新兴技术产业（章铮、谭琴，2005；袁富华、李义学，2009）。

围绕影响制造业就业的因素分析，我国制造业对外直接投资显著扩大了国内制造业就业规模，并且这一贡献作用主要来自垂直型对外直接投资（刘海云、廖庆梅，2017）。《劳动合同法》的实施会显著抑制贸易开放对劳动者权益产生的不利影响（张志明等，2017）。金强、陈勇明（2017）采用面板数据模型和半参数估计模型实证检验，发现产业技术进步具有吸纳与替代的双重就业效应：短期内技术进步将对制造业就业总量产生替代效应，并且这种替代效应随着技术水平的不断提高而逐渐增强；而长期则会产生就业吸纳效应。制造业外包水平的提高显著增大了劳动力自身需求弹性和交叉需求弹性，且接包的提升作用更明显；制造发包和服务发包对两类弹性的影响并不相同；劳动力自身调节可减缓全球化带来的冲击，劳动密集型企业、加工贸易企业所受冲击更为明显（史青、张莉，2017）。利率对就业的负向影响最显著，其次是人民币汇率，经营活动的性质是造成制造业行业间就业水平差异的决定性因素，平均受教育水平、专业技术水平、经济性垄断程度和所有制垄断程度能对行业间工资回报差异产生显著影响（徐伟呈、范爱军，2017）。

二是围绕制造业工资问题展开相关研究，这些研究主要是考察制造业工资的影响因素，主要包括市场分割（都阳、蔡昉，2004）、企业规模（陆云航、刘文忻，2010）、垂直专业化（戴魁早，2011）、资本特征（张杰等，2012）、人力资本（严兵等，2014；徐伟呈、范爱军，2017），并且这些因素对制造业工资的影响还呈现出行业异质性。

此外，产业互动和市场规模的扩大对劳动收入占比有着积极的促进作用；推进市场化和提高开放程度均不利于劳动收入占比的提高，且减弱产业互动与劳动收入占比之间的正相关关系，市场规模的扩大则加强这种正向作用（唐志芳、顾乃华，2017）。周琢等（2017）发现，我国制造业出口对出口企业劳动收入占比具有显著的提升作用，出口企业劳动收入占比的提升是分工深化效应下生产结构转变的结果。佟家栋、洪倩霖（2017）认为，国有企业改制可以降低企业人均工资、增加员工数量。吴群锋（2017）发现，进口竞争显著缓解了制造业性别工资歧视。

二、当前我国就业的基本形势

（一）整体趋势性变化

当前我国就业形势总体稳定。2022 年 1—5 月，全国城镇新增就业 529 万人，我国完成全年目标任务的 48.1%。5 月，全国城镇调查失业率为 5.4%，比 4 月下降 0.2 个百分点；其中 25～59 岁人口调查失业率为 5.1%，比 4 月下降 0.2 个百分点。31 个大城市城镇调查失业率为 6.9%，比 4 月上升 0.2 个百分点。

（二）不同产业就业情况对比

三次产业就业总量和比重都呈现“一、二产减少，三产增加”的趋势。2021 年，全国就业人员数 74652 万人，其中，第一产业就业人数为 17095 万人，占比 22.9%；第二产业就业人数为 21724 万人，占比 29.1%。2021 年，第一、二产业就业人数分别比 2012 年减少 8440 万人和 1502 万人，比重分别下降 10.6 个百分点和 1.3 个百分点。2021 年，第三产业就业人数达 35833 万人，占比 48.0%，比 2012 年的就业人数增加 8340 万人，就业占比提高 11.9 个百分点。

（三）亟待解决的突出问题

一是就业总量压力依然较大。2020 年 10 月，我国城镇调查失业率比上年同期提高 0.2 个百分点，重点群体的失业率均高于上年同期。特别是高校毕业生失业率较往年明显居高，2020 年 9 月，20～24 岁大专及以上人员失业率同比提高 4.0 个百分点。2022 年 5 月，全国 16～24 岁人口城镇调查失业率为 18.4%，比 2021 年同期高出 4.6%，青年群体就业形势严峻。

二是就业领域结构性矛盾突出。典型表现是“有人无岗，有岗无人”的现象突出。随着产业加速向中高端迈进，生产性服务业、互联网经济等领域中的一些新岗位（客服、物流等）成为吸纳低技能劳动力的主力，与处于产业链中低端、传统制造业、服务业等的劳动密集型企业形成了“普工竞争”。

三是各类人才紧缺问题。劳动力技能水平不适应现代产业发展要求，城市基本公共服务不满足各类人才安家立业的要求，不适应亿万农民向市民的转变，加剧了“人来了、留不下”的问题。

三、制造业就业的主要特征

（一）近年来制造业的就业人数

近年来，制造业就业总量和比重都有所下降。2020 年，制造业城镇非私营单位就业人员年末达到 4178.3 万人，占城镇非私营单位就业人员年末人数的 24.21%。2020 年，制造业城镇非私营单位就业人员年末人数为 3805.5 万人，比 2018 年末减少 372.8 万人，比重下降至 22.3%；比 2012 年末减少 456.7 万人，比重下降至 5.7%。

（二）从业人员的结构变化

制造业就业人员的受教育程度以初中、高中为主。如图 6-1 所示，2020 年制造业就业人员当中初中学历者占比最高，达到 49.8%，高于全国总体水平的 41.7%。其次是制造业就业人员当中高中学历者，占比 20.9%，高于全国总体水平的 17.5%。制造业就业人员当中大专及以上学历者相对较少，占比合计为 17.1%，低于全国总体水平的 22.2%。

制造业就业人员的年龄构成以 25~49 岁为主。如图 6-2 所示，2018 年，城镇制造业就业人员 25~49 岁年龄段占比 74.0%，高于城镇总体水平的 69.3%；其中，30~34 岁年龄者占比最高，为 18.8%，高于城镇总体水平的 16.7%。其次是 35~39 岁年龄者，占比为 14.8%，高于城镇总体水平的 13.4%。

制造业就业人员工作时间较长，普遍存在加班情况。如图 6-3 所示，2020 年，城镇制造业就业人员工作时间在 41~48 小时的占比为 25.4%，工作时间在 48 小时以上的占比为 39.8%，分别高于城镇总体水平的 21.0% 和 32.8%。城镇制造业就业人员工作时间在 40 小时的仅占 31.0%，而城镇总体水平是 38.8%。笔者在调研中了解到，2020 年制造业企业普遍实行每周“上六天、休一天”的工作时间制度，每天工作 10 个小时，包括八小时正常工时和两小时加班，每周合计工时达到 60 个小时。

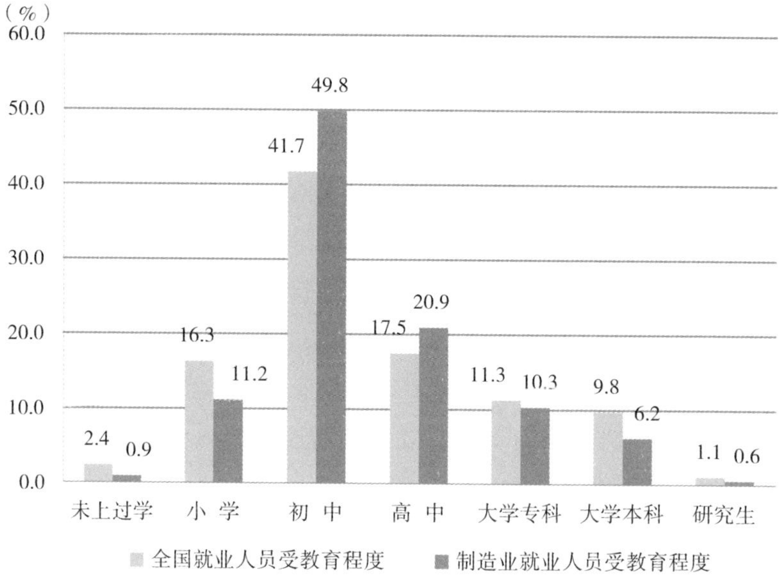

图 6-1　2020 年全国就业人员与制造业就业人员受教育程度分布比较

资料来源：《中国人口和就业统计年鉴》（2021）。

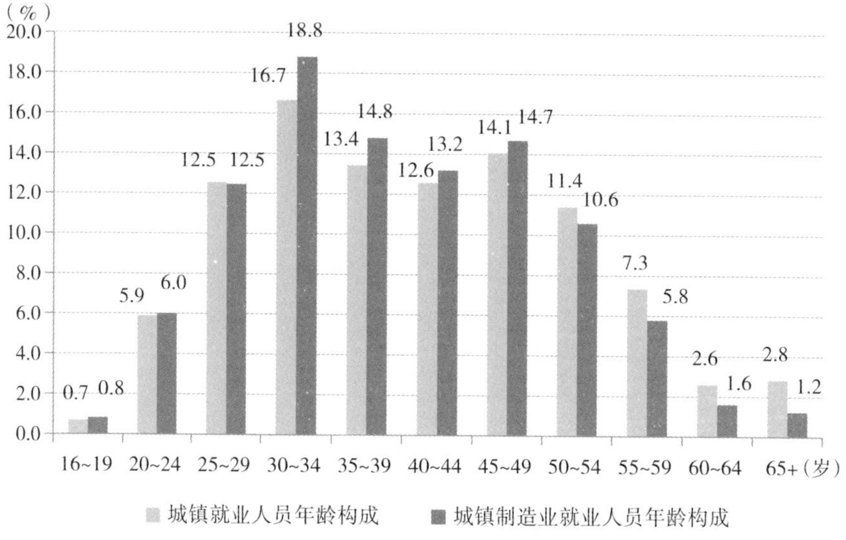

图 6-2　2020 年城镇就业人员与城镇制造业就业人员年龄构成比较

资料来源：《中国人口和就业统计年鉴》（2021）。

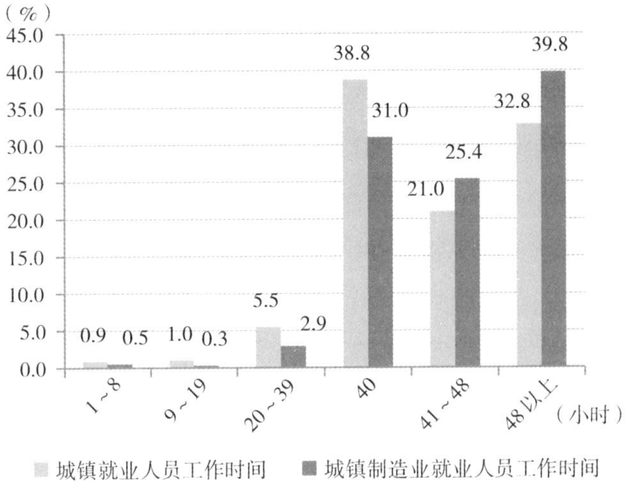

图 6-3　2020 年城镇就业人员与制造业就业人员工作时间分布比较

资料来源：《中国人口和就业统计年鉴》（2021）。

四、制造业就业规模变化的原因

（一）工资待遇偏低

工作时间长，工作强度大，但这种劳动付出并没有与更高的收入水平或更快的工资增长率相关联。2021 年，全国城镇非私营单位就业人员年平均工资为 106837 元，比上年增加 9458 元，名义增长 9.7%。2021 年，全国城镇非私营单位制造业就业人员年平均工资 92459 元，比上年增加 9676 元，名义增长 11.7%。相比之下，2021 年，全国城镇非私营单位年平均工资最高的三个行业分别是信息传输、软件和信息技术服务业的 201506 元，科学研究和技术服务业的 151776 元，金融业的 150843 元，分别为全国平均水平的 1.89 倍、1.42 倍和 1.41 倍。从增长速度看，2021 年，全国城镇非私营单位年平均工资增速最高的三个行业依次为信息传输、软件和信息技术服务业，金融业以及采矿业，分别增长 13.5%、13.1%和 12.2%。

（二）劳动年龄人口负增长

当前，全球人口发展都在经历深刻的调整，人口增长总体趋缓，全球生育水平普遍下降，发展中国家的降幅更为明显。按照国家统计局统计数据，2021年末，我国劳动年龄（16~59岁）人口为88222万人，与2018年末相比减少1500万人，比重下降1.8个百分点。此外，自2012年起，我国劳动年龄人口的数量和比重连续出现双降，2021年劳动年龄人口数量比2013年减少了3800万人。受劳动年龄人口持续减少的影响，劳动力供给总量下降，2018年末全国就业人员总量也首次出现下降。市场上，新增劳动力数量减少导致制造业可用之人减少。

五、转型升级对制造业就业的影响

（一）总量增加和结构分化并存

制造业就业结构分化表现为，对技术技能、专业知识和综合素质有要求的岗位需求增加，对从事一般性、重复性和简单机械性劳动的岗位需求下降。从总量上看，制造业转型升级意味着新技术在制造业的广泛应用，以及产业链、创新链和价值链的融合发展，将创造更多的就业岗位。尤其是与人工智能等技术相关的中高端人才，以及研发类、管理类、市场类和销售类的中高端人才市场需求增加。调研中，有超过80%的制造业企业反映“技能/技术岗位”和“工程师/技术研发岗位”的人员需求量增大。一些企业的岗位需求中，技工需求量达到50%甚至更高。此外，产品线和业务线扩展，线下和线上融合，催生了更多新的就业岗位。比如，服装制造业企业增加定制产品线和电子商务服务，进而需要培养或者招聘主播、美术、音响、造型、客服等人员。

（二）就业质量有所提高

就业质量提高表现为就业机会增加、工资待遇提高和劳动条件改善。自动化设备的引入增加了产出，降低了单位产品的成本，提高了劳动生产率。珠海市一家电线电缆制造业企业，用工量最大的时候达到800人，通过对生产线进行自动化改造，已经减员到700人。同时，企业通过实行“三四五”方针（三个人，干五个人的活，给四个人的钱），调动员工积极性，稳定人员队伍。从长期趋势看，新技术、新机器把工人从繁重、危险的体力劳动中解放出来，创造了更多更高质量的就业岗位。世界银行2016年的研究显示，1995年以来，世界各国的高技能就业占比不断提高，就业质量持续改善。

（三）部分地区和行业失业风险加剧

制造业转型升级短期内将会造成摩擦性失业和结构性失业规模扩大，调查失业率和登记失业率攀升。制造业企业利用工业机器人、自动化控制设备或自动化生产线对企业进行智能化技术改造，出现“机器替代人工岗位”现象，导致岗位转换乃至失业。在制造业集中的地区，可能造成区域性的失业叠加，如果长时间（超过3个月）找不到工作，会给社会稳定带来风险。松下在我国的某公司建设智能工厂，减少人工，提高了效率。2017年，企业用工量高达3200人，目前完成自动化、机械化改造后，使用机器取代人力，2020年企业用工量已经缩减到2700人。珠海市某公司是一家劳动密集型制造业企业，制造刹车片，劳动强度大。企业通过技术改造和引入自动化生产线，从原来用工量700人减少到300人。珠海市某新能源科技有限公司已经实施了2条生产线的自动化改造，从每条生产线用工28~30人缩减到每条生产线3人。

六、制造业就业的三个突出问题

针对制造业就业面临的困难和问题，本部分结合北京市企业案例做具体分析如下。

（一）普工和人才紧缺，招人难

北京市某国有印刷机械制造商长期从事书刊印刷、报纸印刷、纸包装印刷、塑料包装印刷设备的制造。近年来，企业从传统制造向智能制造转型，发展成为一家提供智能化、数字化、绿色环保解决方案的制造供应商，主要为客户提供智能化的设备和咨询服务。企业在国内拥有100多家客户，其中包括新华印刷集团等行业领先者。笔者在调研中了解到，印刷企业之所以购买智能化、自动化的设备，主要是基于招工难的考虑。印刷行业属于劳动密集型行业，劳动强度大，工作时间长，许多职工每天工作时间在10小时以上，不少工人的工资属于日结制，“90后”的年轻人很少有人愿意进入这个行业。相关企业普遍存在招不到人的问题，不得已委托企业提供智能化设备方案，或者直接向企业购置数字化、自动化设备。

（二）人工成本高，劳动生产率低

北京某汽车有限公司是一家集研发、发动机与整车生产、销售和售后服务于一体的中德合资的汽车制造企业。从建立之初，企业就将“技术领先、质量立企”作为企业发展的信条，一直以来，公司生产车间的自动化程度都很高，虽然当初并未明确提出“智能制造”的概念，但公司一直在朝这个方向努力。公司在整车生产的冲压、装焊、涂装、总装四大环节不断实现智能化系统的改造升级，装焊车间广泛采用机器人作业技术，2008年，公司装焊工艺已实现85%的自动化率。目前，公司除总装之外的其他三个车间基本实现了全自动化生产。2017年，该公司被北京市评为“智能制造标杆企业”。从公司发展历程来看，精益化生产、技术领先一直是公司所致力追求的目标。通过技术升级提升效率、获得行业竞争优势是公司生产自动化、智能化的重要原因。

（三）劳动强度大，职业风险高

北京某啤酒集团公司是世界知名、国内最大的啤酒企业集团之一。公司从2006年开始就陆续进行了规模化的生产线升级，从2014年开始，公司在车间上箱、入库、验酒等环节实现了高度自动化，逐步用机械手、验酒机替代了人工。公司“机器换人”的最主要动因是降低洗瓶、灌装、码箱等工作的劳动强度，提高职工的工作质量，2014年验酒机的应用也是为了保护验酒师的眼睛，降低职业伤害。笔者在调研中观察到，灌装、贴上标签后的啤酒需要经过验酒师对密封、瓶子有无破损、贴签等问题进行检测后方能下线，而这一环节要求验酒师对生产线上快速通过的酒瓶进行检验，要求眼睛集中度非常高。验酒机的上线大大降低了职工患眼疾的风险，改善了劳动条件。

七、多措并举支持制造业聚才引智

（一）提升制造业综合竞争力，从需求端增加岗位吸引力

根据制造业产业链形态布局各个环节的创新工作，吸引外资建立并实施一批关键领域的技术攻关项目，加快突破制造业发展的技术瓶颈，提高科学技术在生产实践中的利用率，使科技成果更快被运用到生产过程中，被运用到关键技术的攻坚克难过程中。将改革创新的重点放在集成电路、智能制造装备、生物医药与高端医疗器械等重点领域。支持家电电器产业稳定发展，优化完善家电首购等消费鼓励政策。聚焦产值达千亿元级别产业集群，研究出台支持集成电路、生物医药等产业的发展政策，以及新材料、新能源汽车、高端打印产业的扶持政策。

积极改造提升诸如汽车、钢铁、化工、船舶等具有优势的传统产业，补齐产业配套设施短板，提升城市新区交通、文娱、住餐等服务功能。提高行业薪酬标准和水平，优化薪酬结构。建立企业间用工余缺调剂机制，支持企业一线员工开展集成创新、二次创新。实施包容审慎监管，支持新业态孕育成长。全面落实就业扶持政策，促进灵活就业增量提质。鼓励劳动者创办小规模经济实体和特色小店。

（二）加强创新研发载体建设，打造紧缺人才集聚高地

推动企业与高校、科研院所在技术服务、高新技术项目创业孵化等方面纵深合作。围绕产业结构调整和社会事业发展，建立“高、精、尖”紧缺人才信息库。鼓励用人单位围绕重点工程、技术改造项目、重点学科及实验室建设和紧缺专业、技术领域，面向更大范围招聘专家和技术骨干。改革制造业紧缺国际人才的引进政策。鼓励海外留学人才回国发展，为他们提供创新创业的优质平台。

制定引进和共建高端新型科研院所的政策。吸引国内外知名大学、科研机构设立分校、分院、分中心等机构，重点培养与本地产业关联度大的机械制造、生物医药、工业互联网等学科人才。加大本地高校对口专业招生力度，培养创新产业的基础科研人才、应用技术型人才和实用型科技人才。鼓

励外资研发机构和技术中心把地区总部放在中国，提高技术研发能力。调整制造业结构，促进新型产业园区和创新小镇建设。

（三）深入推进产教融合，促进人才供需双方优势对接

充分发挥企业规模创新优势，强化高校教育、职业教育与企业优势的对接。以高校、职业院校发展为纽带，加强校企产教融合示范平台建设。深度开展校企协同育人改革，推进职业院校人才培养与企业联盟、与行业联合、同园区联结，在技术类专业全面推行现代学徒制和企业新型学徒制。

健全并完善技能人才评价机制，加强高级工、技师、高级技师等高层次技能人才的培养和认定。发挥政府、用人单位、社会组织等的作用，建立健全以职业资格评价、职业技能等级认定和专项职业能力考核等为主要内容的技能人才评价制度。构建以实用型技能人才为基础，初中级技能人才为骨干，高级技能人才为核心的金字塔形技能人才队伍。鼓励和支持中小企业引人用人，改变传统“学历+职称”的人才认定和统计标准，按学历、职位、薪酬建立人才知识、能力、业绩等多元统计标准，把一些没有学历和职称的高级技工、民营企业家、私营企业主和个体户也纳入人才行列。

（四）强化政策到位和服务精准，营造良好的体制环境

推进“互联网+”与劳动就业创业服务业务深度融合，改善服务供给方式。围绕就业创业服务、职业培训等项目，提升基层服务能力。加快发展人力资源服务业，尤其是支持线上服务。对第三方服务机构加大扶持力度，加大跨区域就业平台建设的力度。

挖掘住房、户籍等优惠待遇，探索紧缺人才补贴制度。降低落户门槛，拓宽引才渠道。改进人才服务流程，提供全程“保姆式”服务。着眼提升城市品质和竞争力，提供充足、高质量的公共服务，改善营商环境和人居环境。发挥基本公共服务对人口和人才分布的导向作用，在产业集聚区兴建学校、医院、公共交通、文体休闲、餐饮娱乐及商贸等优质生活服务资源。

（执笔：王阳）

参考资料：

1. 周升起，兰珍先，付华．中国制造业在全球价值链国际分工地位再考察——基于 Koopman 等的“GVC 地位指数”［J］．国际贸易问题，2014（2）：3-12.

2. 刘琳．中国参与全球价值链的测度与分析——基于附加值贸易的考察［J］．世界经济研究，2015（6）：71-83.

3. 张慧明，蔡银寅．中国制造业如何走出“低端锁定”——基于面板数据的实证研究［J］．国际经贸探索，2015（1）：52-65.

4. 马弘，乔雪，徐嫄．中国制造业的就业创造与就业消失［J］．经济研究，2013（12）：68-80.

5. 屈小博，高凌云，贾朋．中国制造业就业动态研究［J］．中国工业经济，2016（2）：83-97.

6. 章铮，谭琴．论劳动密集型制造业的就业效应——兼论“民工荒”［J］．中国工业经济，2005（7）：5-11.

7. 袁富华，李义学．中国制造业资本深化和就业调整——基于利润最大化假设的分析［J］．经济学（季刊），2009（1）：197-210.

8. 刘海云，廖庆梅．中国对外直接投资对国内制造业就业的贡献［J］．世界经济研究，2017（3）：56-67+135.

9. 张志明，崔日明，代鹏．贸易开放、《劳动合同法》实施与中国制造业用工行为——基于增加值贸易视角［J］．国际贸易问题，2017（4）：153-165.

10. 金强，陈勇明．制造业升级的就业效应与财税政策探析——基于制造业面板数据的实证检验［J］．税务研究，2017（10）：24-30.

11. 史青，张莉．中国制造业外包对劳动力需求弹性及就业的影响［J］．数量经济技术经济研究，2017（9）：128-144.

12. 徐伟呈，范爱军．人民币汇率对中美制造业就业和工资影响的比较研究——来自细分行业的经验数据［J］．世界经济研究，2017（6）：77-90.

13. 都阳，蔡昉．中国制造业工资的地区趋同性与劳动力市场一体化［J］．世界经济，2004（8）：42-49.

14. 陆云航，刘文忻．民营制造业中的企业规模—工资效应［J］．经济理论与经济管理，2010（6）：73-79.

15. 戴魁早．垂直专业化的工资增长效应——理论与中国高技术产业的经验分析［J］．中国工业经济，2011（3）：36–46.

16. 张杰，卜茂亮，陈志远．中国制造业部门劳动报酬比重的下降及其动因分析［J］．中国工业经济，2012（5）：57–69.

17. 严兵，冼国明，韩剑．制造业行业收入不平等变动趋势及成因分解［J］．世界经济，2014（12）：27–46.

18. 徐伟呈，范爱军．中国制造业就业和工资的影响因素研究——来自细分行业的经验证据［J］．南开经济研究，2017（4）：105–124.

19. 唐志芳，顾乃华．产业互动、区域异质性与制造业劳动收入占比——基于三水平多层模型的实证研究［J］．国际经贸探索，2017（6）：4–17.

20. 周琢，权衡，陈陶然．制造业出口、分工深化效应与企业的劳动收入占比［J］．国际贸易问题，2017（2）：16–26.

21. 佟家栋，洪倩霖．国有企业改制对制造业企业工资与雇佣的动态影响［J］．产业经济研究，2017（2）：102–113.

22. 吴群锋．进口竞争缓解了制造业性别工资歧视吗［J］．国际贸易问题，2017（4）：49–61.

| 第七章 |

有效扩大服务业就业

结构决定功能。就业结构不断优化是经济社会高质量发展的应有之义，也是更充分更高质量就业的实现途径。习近平总书记 2014 年 4 月 29 日在新疆考察时指出，发展第二、三产业，建设重点工程，无论谁投资都要注重增加当地群众就业，促进群众增收。党的十九届四中全会通过的《中共中央关于坚持和完善中国特色社会主义制度推进国家治理体系和治理能力现代化若干重大问题的决定》提出，“实施更大范围、更宽领域、更深层次的全面开放，推动制造业、服务业、农业扩大开放”。

党的十八大以来，党和政府高度重视就业结构的优化调节，在稳增长的同时，推动发展从主要依靠要素投入向更多依靠创新驱动转变，从主要依靠传统比较优势向更多发挥综合竞争优势转换，从国际产业分工中低端向中高端提升，从城乡、区域不平衡向均衡协调迈进。这为创造更多高质量的就业岗位提供了广阔空间。要通过对产业就业结构、城乡结构、区域结构的调整，推动战略性新兴产业、先进制造业发展，培育新的就业增长点，着力发展科技含量高、吸纳就业能力强的智力密集型、技术密集型产业，大力发展现代信息技术产业，加快传统产业转型升级，推动服务业特别是现代服务业发展壮大，缩小城乡和区域就业机会差距，使就业结构更好地契合我国高质量发展要求，满足广大人民群众对美好生活的向往。

一、积极推动服务业就业规模扩大

（一）支持服务业就业的政策简述

大力发展服务业是产业结构升级的要求，同时也是培育新动能的必然选择。服务业的发展必然带来用工需求的扩大，表现为大量第一、二产业的劳动力向服务业转移就业，从而实现就业结构升级。

目前，我国已出台了多项举措大力发展服务业就业。例如，2020 年 5 月

22日，人力资源和社会保障部办公厅、国务院扶贫办综合司出台《“数字平台经济促就业助脱贫行动”方案》，依托数字平台经济，努力减轻新冠肺炎疫情影响，为建档立卡贫困劳动力和贫困地区农民工提供多渠道、多形式的灵活就业、居家就业、自主创业机会，带动贫困地区发展特色产业，推动县域生活性服务业加快恢复，为打赢脱贫攻坚战作出贡献。《关于大力发展实体经济积极稳定和促进就业的指导意见》强调要发展壮大新动能，创造更多高质量就业岗位，促进传统产业转型升级，引导劳动者转岗提质就业，深入推进创新创业，催生吸纳就业新市场主体，提高监测预警能力，强化失业风险应对等，并提出相关实施意见。具体而言，重点聚焦推进传统产业升级和职工技能提升、岗位转换，围绕传统制造业向智能化、绿色化、高端化、服务化发展的人才需求，引导和支持企业完善职工技能培训制度。适应制造业智能化、服务化发展趋势，鼓励制造企业积极发展服务型制造，加快生产方式、组织形式、管理方式和商业模式创新变革，支持发展产品研发设计、系统总承包、整体解决方案设计等高端服务和远程维护、质量诊断等在线增值服务，不断延伸产业链条，开发更多研发、维保、控制等服务型就业机会，引导职工有序转换就业岗位。《关于开展家庭服务业规范化职业化建设的通知》《关于开展家庭服务职业培训示范基地建设工作的通知》等一系列政策则旨在着力发展家庭服务业。

（二）就业结构与产业结构变化

劳动力就业结构服务业化符合产业发展一般规律。随着人均国民收入不断提高，工资水平差异将促使劳动力依次由农业向工业继而向服务业转移，这是产业结构演变的一般规律（“配第—克拉克”定律）。2011年以后，服务业已成为中国吸纳就业最多的产业。2012年到2021年，服务业增加值占国内生产总值的比重从45.3%提高到53.3%，服务业就业吸纳能力得到增强。2021年，服务业在国内生产总值中的比重已达到54.9%，拉动国内生产总值增长4.5%，成为国民经济发展的“稳定器”和“助推器”。与第二产业相比，服务业劳动密集程度高，吸纳就业能力更强，从而使经济增长拉动就业的能力不断增强。这意味着吸纳同样数量的就业，不再需要过去那样的高增速，发展的质量和效益变得更为重要 。

表 7-1 和图 7-1 分别显示了我国第一产业、第二产业和第三产业就业人数和占比变化趋势。从中可以明显看出，无论是从业人数还是所占比例，第三产业（服务业）就业皆高于第一、二产业。2012—2021 年第三产业就业人数从约 2. 8 亿人增加到 3. 6 亿人左右，第三产业就业人数比重从 36. 1%快速提高到 48%。结构转变能够显著增强经济发展对就业的拉动能力，目前每个百分点的国内生产总值创造就业岗位接近 200 万个。

表 7-1　我国第一产业、第二产业和第三产业就业人数变化趋势：2012—2021 年

（单位：万人）

年份	第一产业就业人数	第二产业就业人数	第三产业就业人数
2012	25773	23241	27690
2013	24171	23170	29636
2014	22790	23099	31364
2015	21919	22693	32839
2016	21496	22350	33757
2017	20944	21824	34872
2018	20257	21391	35938
2019	19445	21305	36721
2020	17715	21543	35806
2021	17095	21724	35833

资料来源：国家统计局，Wind 数据库。

适应消费结构和产业结构升级的服务业包括生产性服务业和生活性服务业。前者包括研发、设计、金融、物流、信息服务、商务服务、人力资本服务等，为制造业转型升级提供服务；后者包括医疗、教育、文化、娱乐、养老、托育等服务型消费行业。

2021 年全国就业人数 7. 47 亿人，较 2020 年减少 412 万人。通过对一些

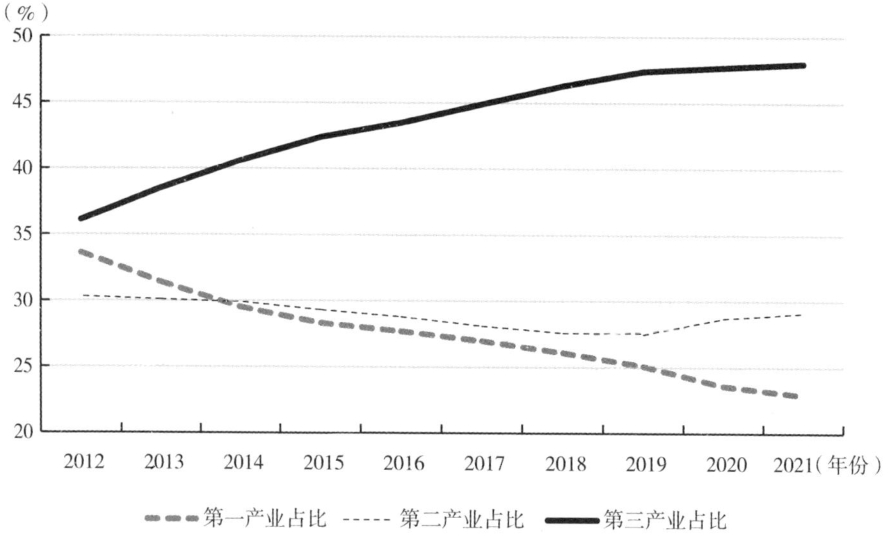

图 7-1　第一产业、第二产业和第三产业就业人数占比

资料来源：2012—2021 年《人力资源和社会保障事业发展统计公报》。

重点生产性服务业就业人数分析发现，信息传输、软件和信息技术服务业、租赁和商务服务业等生产性服务业集聚了大量就业。国家统计局数据显示，2021 年我国软件业从业人数为 809 万人。根据城镇失业率和往年年度分行业就业数据测算，生活性服务业就业人数合计 2 亿人左右，是吸纳就业的主力行业。根据刘世锦 2019 年的研究，教育行业、公共管理和社会组织行业的吸纳作用尤为突出，2018 年相应的就业人数分别为 7719.76 万人和 7936.78 万人，占比分别为 9.93%和 10.21%；卫生、社会保障和社会福利业的就业人数为 4145.65 万人，也高于其他行业，占比为 5.34%。2018 年，生活性服务业名义增加值每增长 1 个百分点，就业人数增加 52.80 万人。①

① 刘世锦．中国经济增长十年展望（2019—2028）：建设高标准市场经济［M］．北京：中信出版社，2019.

二、服务业就业与产值结构的实证分析

（一）研究方法

本章意在描述就业结构与产业结构的协调发展现状，学界通常运用就业结构与产业结构的协调系数展示两大结构的协调程度。产业结构偏离度（也称产业结构偏离系数）是衡量产业结构与就业结构是否对称、协调的一种经济指标，产业结构偏离度绝对值越大，表明两个结构不对称程度越高，协调度越低。具体公式如下：

$$\frac{S_i}{S}=\frac{Y_i/Y}{L_i/L}-1$$

其中，Si/S 是某一产业的结构偏离度，i 代表产业序号，$i=1$，2，3；其中 Y_i/Y 与 L_i/L 分别表示国内生产总值的产业构成百分比与就业人员数的产业构成百分比。当一个产业结构偏离度等于 0，意味着产业产值结构与就业结构高度一致，劳动力实现顺畅转移与合理配置，三次产业比较劳动生产率达到动态平衡；越接近于 0，表示该产业应吸纳更多劳动力以使产业发展与吸纳就业的能力保持一致；小于 0，表示该产业存在隐性失业，需要采取措施促使劳动力有效转移。

（二）主要结果

本章就改革开放以来 1978—2019 年三次产业相关数据（产业产值与就业）进行产业结构偏离度计算，针对产业结构与就业结构适配程度的历史趋势与现状进行剖析（如表 7-2 所示）。

表 7-2　中国就业结构偏离度变化趋势：1978—2019 年

年份	第一产业	第二产业	第三产业
1978	-0.600	1.767	0.962
1979	-0.552	1.676	0.717
1980	-0.561	1.650	0.649
1981	-0.532	1.520	0.618

续表

年份	第一产业	第二产业	第三产业
1982	−0. 510	1. 433	0. 618
1983	−0. 506	1. 373	0. 580
1984	−0. 498	1. 165	0. 539
1985	−0. 544	1. 062	0. 707
1986	−0. 554	0. 997	0. 694
1987	−0. 553	0. 962	0. 665
1988	−0. 567	0. 955	0. 667
1989	−0. 582	0. 983	0. 752
1990	−0. 549	0. 932	0. 705
1991	−0. 589	0. 953	0. 782
1992	−0. 628	1. 003	0. 755
1993	−0. 651	1. 079	0. 591
1994	−0. 634	1. 052	0. 460
1995	−0. 618	1. 051	0. 325
1996	−0. 610	1. 023	0. 260
1997	−0. 634	1. 006	0. 294
1998	−0. 647	0. 966	0. 357
1999	−0. 671	0. 989	0. 404
2000	−0. 699	1. 041	0. 419
2001	−0. 712	1. 025	0. 460
2002	−0. 725	1. 093	0. 450
2003	−0. 739	1. 128	0. 407
2004	−0. 714	1. 054	0. 320
2005	−0. 729	0. 990	0. 290
2006	−0. 739	0. 903	0. 271
2007	−0. 736	0. 766	0. 293
2008	−0. 729	0. 744	0. 260
2009	−0. 729	0. 663	0. 273
2010	−0. 725	0. 626	0. 250

续表

年份	第一产业	第二产业	第三产业
2011	−0.712	0.579	0.215
2012	−0.700	0.496	0.235
2013	−0.681	0.458	0.197
2014	−0.688	0.428	0.185
2015	−0.682	0.382	0.191
2016	−0.690	0.382	0.186
2017	−0.707	0.441	0.149
2018	−0.724	0.475	0.127
2019	−0.717	0.418	0.137

资料来源：根据本章计算结果整理得到。

通过产业结构偏离度指标的变化趋势发现，相较于第一产业和第二产业，第三产业偏离度总体上保持平稳下降趋势且维持在相对稳定的低水平，说明服务业的产业结构与就业结构的协调基础较好。由于服务业中资本技术密集型行业与劳动密集型行业并存，对各层次劳动力的兼收并蓄能力较强。当然，也有学者指出，服务业就业结构的调整不应盲从西方发达国家套路，一味提升服务业就业比重，应从与就业结构匹配并增大就业蓄水池容量角度出发，进行统筹考虑。①

三、结构性失衡影响服务业就业规模

虽然近年来我国服务业带动就业趋势越发明显，但对比发达国家，无论是从体量还是就业密度来看，我国服务业发展存在明显差距。2019 年，美国第三产业增加值高达 17.35 万亿美元，占 GDP 的 80.6%。世界银行数据显示，该年服务业就业人员占服务人员总数的 79%，而中国第三产业增加值为

① 张樨樨，周振，李聪聪．我国就业结构失衡及其矫正［J］．经济与管理评论，2016（3）：34-40.

7.74 万亿美元，只解决了 47.4%的就业。我国服务业就业面临的问题具体表现为发展的不充分和不平衡。

（一）服务业就业发展不充分

1. 服务业发展不成熟制约服务业就业增长

从我国服务业发展本身来看，存在服务业整体竞争力相对较低不利于扩大就业的现象。对于生产性服务业而言，生产性服务业水平总体不高，尚未形成对产业结构优化升级的有力支撑。从成熟度来看，生产性服务业还处于成长期。以交通运输与物流行业为例，尽管我国交通运输、物流市场规模居世界第一，但多数市场主体“小散弱”，市场秩序也不够规范，公路货运存在过度竞争等问题，铁路运输则呈现出竞争不足等现象，国际快递、农产品物流、医药物流、航空物流、逆向物流等尚属薄弱环节 。对于生活性服务业而言，虽然近年来提出大力发展养老、家政等生活性服务业，但从发展业态来看，仍然存在业态单一、服务标准有待明确和提升、社会力量参与生活性服务业积极性有待提高等问题。此外，我国服务业服务贸易长期逆差，服务贸易国际竞争力较弱，服务业人才不足，服务水平有待进一步提升。

2. 劳动密集型服务业就业增长可持续性堪忧

有学者指出，服务业已接替制造业成为我国新的“就业海绵”，但从细分行业来看，其可持续性不容乐观。在 2013—2017 年新增服务业就业中，劳动密集型服务业占 61.2%，公共服务业占 9.1%，高端服务业和单列的金融房地产业各占 19.7%和 10%。公共服务业就业在 2008 年金融危机后有较大幅度提高，但近年来增速趋缓，并不具备较大扩容空间。随着扩张速度放慢，金融和房地产的就业增量近年已略有下降。高端服务业已是服务业中第二大就业来源，但年均新增就业不到劳动密集型服务业的 1/3，且不具备吸纳大量中低端劳动力的能力。①

① 刘世锦．中国经济增长十年展望（2019—2028）：建设高标准市场经济［M］．北京：中信出版社，2019.

（二）服务业就业发展不平衡

1. 行业之间异质性较大

由于服务业行业间跨度较大，不同行业就业人数、职业发展及收入等存在较大异质性。上述分析表明，商务服务业，信息传输、软件和信息技术服务业等行业就业人数相对较多。工资收入可以在一定程度上综合反映劳动力市场供求关系、行业发展情况等。以部分服务业的平均工资收入为例，如表 7-3 所示，通过对比服务业部分行业的平均工资可以发现，总体而言，近年来服务业就业人员收入呈上升趋势，但各行业之间的工资收入差距较大。例如，信息传输、软件和信息技术服务业的平均工资为居民服务、修理和其他服务业平均工资的 3 倍多，2019 年信息传输、软件和信息技术服务业的年平均工资为 16 万元，而居民服务、修理和其他服务业人员的平均工资为 5.2 万元。

表 7-3　部分服务业行业平均工资（单位：元）

年份	商业、服务业人员（总体）	信息传输、软件和信息技术服务业	租赁和商务服务业	科学研究和技术服务业	居民服务、修理和其他服务业
2013	39322	93044	62683	86059	35868
2014	40669	101802	64919	90392	38361
2015	44277	112119	69848	95145	40813
2016	46742	120864	72855	99599	41815
2017	49502	130366	73864	107909	43298
2018	54945	141962	76196	122040	46727
2019	60015	160170	79900	135412	52049

资料来源：Wind 数据库。

不同服务业行业之间的异质性在一定程度上造成服务业就业结构的内部差异和劳动力市场的供需不平衡。例如，受行业发展前景、工资收入待遇、职业社会地位等多种因素的影响，信息传输、软件和信息技术服务业以及科学研究和技术服务业等服务业往往存在岗位供给少于需求的现象，劳动力多向相关行业流入。随着人民群众对美好生活的向往不断提高，对多层次、多样化、个性化的生活服务需求增加，但对于生活性服务业而言，养老服务业、家政服务业等存在岗位供给较多，无法吸引大量人才的现象，不利于劳动力市场的供需平衡。

2. 地区之间发展不平衡性

总体而言，由于东部发达地区服务业发展较快，东部地区服务业就业人数较多。但近年来，随着我国区域发展战略的实施，不少大学生在就业时重点关注“一带一路”“长江经济带”等，选择到相关地区和行业建功立业。在2019年地方的政府工作报告中，许多中西部地区省份也对人才引进做出明确要求。随着积极推进西部大开发、振兴东北老工业基地、促进中部地区崛起等区域发展战略的实施，东、中、西部区域发展的差距开始缩小。

改革开放以来，我国服务业劳动力流动的主要方向是由中西部地区乡村向东部城镇集中，东部城镇就业持续高速增长。而近年来，伴随着产业梯度转移，中西部地区后发优势显现，西部地区城镇就业增速开始出现反超。2012—2016年，西部地区城镇就业人数累计增长16.8%，东部地区增长10.9%，中部地区和东北地区分别增长10.4%和6.5%。2016年中西部地区城镇就业占全国城镇就业的比重，比2012年提高了0.7个百分点，而东部地区的占比则下降了0.3个百分点。2012—2016年，中西部地区城镇就业增长对全国的贡献率达到50.9%，比东部地区高出6.8个百分点。

虽然从目前公开数据中无法完全分离出不同地区服务业就业人数的变化趋势，但是农民工群体进城务工的行业多集中于服务业，通过对农民工就业去向的分析可以大致体现服务业就业的区域差异。如表7-4所示，国家统计局发布的《农民工监测调查报告》提供了2015—2019年农民工的就业去向，分析发现，东部地区依旧是农民工流入地规模最大的区域，但是近年来农民工流向东部地区的数量呈现下降趋势，而流向中西部地区的数量则呈现明显的上升趋势。

表 7-4　输入地农民工区域分布（单位：万人）

区域	2015 年	2016 年	2017 年	2018 年	2019 年
东部地区	16008	15960	15993	15808	15700
中部地区	5599	5746	5912	6051	6223
西部地区	5209	5484	5754	5993	6173
东北地区	859	904	914	905	895
其他地区	72	77	79	79	86

资料来源：国家统计局网站。

（三）服务业就业制约要素分析

1. 供给侧：市县发展动力不足

相对于制造业就业而言，由于服务业产生税收少、营商环境有待提升、政策倾斜力度不强（水电费高等）、设施建设不足等因素，造成县域经济更有意愿发展制造业，服务业特别是生活性服务业在市县发展存在动力不足问题，在一定程度上影响服务业就业，进而成为就业结构短板。

以生活性服务业中的养老服务业为例，随着人口老龄化程度持续加深，近年来中央和地方政府出台一系列政策，全面放开养老服务市场，大力发展养老服务业。但无论是从老龄事业还是老龄产业发展格局来看，目前养老服务业发展较为完善的依旧为北京、上海、深圳、广州等一线城市，对于三四线城市和县而言，养老服务业发展相对滞后。究其原因，一是养老服务业属于微利行业且营利周期较长，目前尚未探索出有效可持续的商业模式，且对于地方政府税收贡献有限，很多时候反而需要财政支持。县域财政收入有限，投入养老服务带来的利润相对较低，使得养老服务业发展滞后，从而造成养老服务岗位需求有限。二是养老服务市场营商环境和政策支持力度仍有待进一步完善。从目前养老服务业发展来看，社会力量参与养老服务不足，且由于公办和民办养老服务机构存在显著的政策倾斜差异，很多民办机构无法享受到公办养老服务机构的水电气暖补贴及税收优惠，造成社会力量往往采取“观望态度”，不利于养老服务业发展，从而在一定程度上制约了养老服务人才的市场发展。

2. 需求侧：个体就业意愿不强

受制于中国传统观念，很多服务业特别是生活性服务业的社会认可度、收入待遇等相对较低，严重影响个体就业意愿。以养老服务和家政服务为例。虽然近年来我国大力发展养老服务和家政服务，《政府工作报告》中也提出要大力发展社区服务业，通过建立标准、培养人才、提高服务专业性来提高服务效率、增加服务岗位、提高社会认可度，但传统观念的改变并非一朝一夕，很多人依旧认为老年照料服务及家政服务等本质是“保姆”，做着“伺候人”的工作。社会认可度较低，在很大程度上影响了个体的就业意愿。所以，在相关生活性服务业人才体系建设过程中，需要进一步在提高工资待遇、明确职业前景和上升渠道的基础上，合理引导社会预期，逐步转变传统就业观念。

3. 新业态、新模式亟待就业转型升级

对于生产性服务业而言，随着信息时代的到来，高新技术带来服务业转型升级，不仅促进技术密集型服务业生产方式转变，对于劳动密集型、资本密集型等生产性服务业也带来前所未有的影响。互联网、物联网、5G 等信息技术渗透到生产性服务业各领域、各环节，也对就业结构、就业人员等提出新要求。一方面，对相关服务业就业人员的技术能力要求更高，需要就业人员及时更新知识，与时俱进；另一方面，信息技术使得很多生产性服务业用工规模缩减，很多劳动者面临失业风险，如何在信息革命中及时转型，与市场需求紧密结合，成为服务业就业的一大挑战。

对于生活性服务业而言，以平台经济、共享经济为代表的数字经济蓬勃发展，深刻影响着我国经济社会生活的各个方面，由此开始形成新的服务和消费模式。近年来，线上渠道的拓展改变了传统线下经营主要依靠区位的价值判断体系，创造出更加丰富的消费场景，既为消费者提供了便利，也为广大商家实现了引流和创收。万物皆可到家，消费者足不出户即可享受到美食、购物、娱乐等各种生活服务。美团外卖数据显示，北京市 2019 年夏季夜晚的外卖订单量较上年增长 60%。2020 年 5 月至 7 月全国主要城市从晚上 6 点到次日清晨 6 点的夜间外卖订单量上涨幅度超过六成，占全天订单量的比重达到四成以上。晚上 9 点到 12 点是夜间外卖订单的高峰期，目前全国约六成餐饮外卖商家晚上 10 点后仍在营业，约四成商家深夜 12 点之后依然提供外卖服务。外卖品类也正在从餐饮向非餐饮拓展，生活超市、生鲜果蔬、医疗健康等非餐品的订单占比日益提升。

然而，新业态、新模式给服务业就业带来了新的挑战。以网约配送员（也就是送外卖订单的快递员）为例，目前配送平台对于配送速度的严苛要求使得网约配送员早已成为“高危职业”，出现交通事故的配送员不在少数。同时，大多数配送员尚未与公司签订正式劳动合同，劳动权益无法得到充分保障。网约配送员作为“新兴职业”，其职业发展路径、工资待遇、权益保障等仍处于探索阶段，需要进一步优化职业结构，合理配置相关资源。

四、促进服务业就业质量提高

虽然现阶段我国服务业已经成为吸纳就业最多的产业，但服务业就业结构内部仍然面临着就业发展不充分、不平衡问题，制约服务业扩大就业规模。在供给侧层面，政府在推进服务业相关政策改革和制度创新的基础上充分发挥市场在资源配置过程中的决定性作用，使服务业就业与岗位需求精准对接，同时促进服务业高质量发展带动服务业就业扩大。在需求侧层面，要进一步更新就业观念，做实服务业人才培养培训并进一步保障服务业就业创业人员合法权益，提高服务业就业意愿。

（一）推进政策改革和制度创新

一是要进一步深化落实户籍管理制度改革。2019 年 12 月，中共中央办公厅、国务院办公厅印发《关于促进劳动力和人才社会性流动体制机制改革的意见》，全面取消城区常住人口 300 万人以下的城市落户限制，全面放宽城区常住人口 300 万人至 500 万人的大城市落户条件，完善城区常住人口

500 万人以上的超大特大城市积分落户政策，精简积分项目，给服务业就业带来重大利好。各级政府在落实户籍管理制度改革政策的基础上，需要进一步完善配套政策，鼓励新兴服务业就业创业人员在中小城市落户。

二是营造良好营商环境。打破行业垄断，健全以市场为导向的服务业就业机制，以市场化和培育有效竞争为目标导向，继续推进和深化垄断性行业改革，促进不同所有制性质的服务商享受平等的优惠政策。同时，加强监督和管理，杜绝各种欺诈行为，制定和完善人力资源市场管理条例及其配套政策，使人力资源市场的管理和运作有法可依、有章可循。此外，服务业具有无形性、多样性和信息不对称特点，良好的信用环境是服务业就业发展的重要基础支撑。通过健全社会信用体系、加强服务业信用管理、尊重和保护知识产权、制定和实施服务业标准，降低服务产品和服务行为的交易成本、提高交易效率，实现服务业就业健康有序发展。

三是充分运用现代科技手段提升服务业就业服务水平。充分利用互联网、物联网等信息化手段提高服务业就业服务效率，打通各相关部门信息壁垒，搭建“国家—省—市—县（区）”互联互通的服务业就业信息化平台，提高就业服务质量和水平。

四是转变服务业就业国际逆差。虽然我国服务贸易进出口规模在不断扩大，但服务贸易长期处于逆差状态，而且服务出口增速近年来一直低于服务进口增速，导致逆差程度仍在进一步扩大。我国服务贸易的基础比较薄弱，国内服务产品的供给相对不足，一些高端服务产品以国外进口为主，进而导致服务进出口出现逆差现象。服务贸易逆差一方面说明国内居民收入水平提高，国民对服务产品的消费能力增强，而国内服务产品供给相对不足；另一方面说明我国服务产品对外出口能力不强，国际竞争力不足 。因此，需要进一步提高我国服务产品供给质量水平，特别是加快知识资本密集型现代服务业的发展。

（二）促进服务业高质量发展

一是进一步完善服务业行业管理体制。深入推进投资管理制度创新，用好负面清单的管理制度，进一步简政放权，大幅放宽市场准入，减少行政审批项目，使各类市场主体可依法依规平等进入负面清单之外的领域。对外资全面实行准入前国民待遇加负面清单的管理制度，建立健全与负面清单管理制度相适应的外商投资安全审查制度。

二是积极探索服务业对外开放。根据我国服务业发展水平和国际竞争力的不同，制定有针对性的差异化开放政策，重点推进金融、教育、文化、医疗等服务业领域有序开放，放开育幼养老、建筑设计、会计审计、商贸物流、电子商务等服务业领域外资准入限制，平衡好保护和开放的关系，切实提高开放水平。同时，随着“一带一路”倡议等的实施，需加快与“一带一路”沿线国家、相邻国家和重点市场合作伙伴签订自由贸易协定、投资协定以及各种形式的优惠贸易安排，推动服务业在更高水平上的双向开放。

三是切实加强服务业行业标准和行业规范建设。深入开展国家级服务业标准化试点，充分发挥政府部门、行业协会、行业内领军企业的作用，分类推进服务业重点领域标准研制工作，逐步建立与国际接轨的服务业标准体系。开展面向新兴服务业态的服务模式、服务技术与服务市场等标准的探索研究等。①

（三）更新新型就业观念

一是加强宣传引导。特别是对传统的生活性服务业而言，从事养老服务、家政服务、社区服务等并不意味着“低人一等”，生活性服务业同生产性服务业一样，具有就业准入门槛和服务标准。近年来，随着政府和社会对社区服务等生活性服务业的日益重视，服务标准日益提高，在就业领域中呈现一片“蓝海”，需要培养和引进一批专业性人才。人社等相关部门需要与街道、社区一道，加强对新兴就业岗位和就业领域的宣传力度，逐步转变社会大众对服务业从业人员的刻板印象。

二是推动新型就业观念入校园、入课堂。目前，大多数高校均有开设职

① 来有为．推动服务业高质量发展，需解决几个关键问题［EB/OL］．人民网，http：//opinion. people. com. cn/n1/2018/0712/c1003-30144166. html，2018-07-12.

业生涯规划和培训课程，指导高校毕业生理性选择适合自身的职业。对于高校而言，需要进一步将新的就业形势，特别是新的就业理念传递到课程中，减少学生在职业选择时的盲目性和依从性。

（四）做实服务业人才培养培训

人才是促进服务业发展的关键，需要改革传统的人才培养方法，重点发展特色职业教育，支持各类高等教育、职业教育和培训机构开展复合型、技能型人才的学习与培训，重点加强服务业紧缺人才的培养培训。

一是完善相关学科布局，加快发展现代职业教育，促进服务业人才培养。调整优化学科专业目录，及时增设相关领域的本科及专科专业。对于社区居民的家政服务、养老服务、中医药健康服务、托育托幼等紧缺领域，积极对接管理、经营、服务、供应链等岗位需求，合理确定中职、高职、本科、研究生等不同类型、不同层次学历教育相关专业和职业培训的人才培养目标，扩大中高职贯通培养的招生专业和规模。

二是加强产教融合，广泛开展职业培训。推动职业院校联合相关企业，支持职业院校发挥资源优势，重点为困难企业转岗职工等就业重点人群从事生产和生活性服务产业提供职业培训。同时，针对养老服务机构、家政服务机构等定期开展老年服务与管理、智能养老服务、健康管理、中医养生保健、医养结合、安宁疗护、心理慰藉、家政服务等职业技能培训，提高服务人员专业性；针对信息技术等从业人员加强人工智能技术、虚拟现实技术等现代科学技术及相关应用常识的普及。

（五）加强就业创业保障力度

一是积极做好失业保险、职工安置、就业援助等工作，有效化解失业风险。通常而言，服务业就业受国际关系、经济社会发展环境等多重因素影响，特别是2020年初的新冠肺炎疫情暴发以来，对我国生产和生活性服务业造成较大冲击。需要进一步把更多的政策、资源、资金等提供给中小微企业、中小投资者，同时落实失业保险待遇，多渠道提供就业创业服务，落实就业扶持政策、重点群体创业就业税收优惠政策。

二是加大知识产权保护力度。针对一些知识密集型服务业就业，需要进一步加大知识产权保护力度，加快专利审查、商标注册智能化系统建设，综合运用审查授权、行政执法、司法保护、仲裁调解，形成知识产权保护的合力。加快建设一批知识产权的保护中心，为社会公众提供更加便捷、高效、低成本的维权渠道。同时，对于国内企业和国外企业的知识产权，要一视同仁、同等保护。[①]

（执笔：纪竞垚）

参考资料：

1. 蔡昉．十八大以来就业优先战略的丰富发展［N］．人民日报，2017-03-21.

2. 程永宏．服务业就业比重与失业率的关系研究［J］．中国软科学，2005（2）：46-56.

3. 贾辉．中国生产性服务业就业与影响因素研究［M］．北京：首都经济贸易大学出版社，2015.

4. 孔令锋．上海市生产性服务业就业吸纳能力实证研究［J］．人口与经济，2011（2）：33-38.

5. 来有为．推动服务业高质量发展，需解决几个关键问题［N］．经济日报，2018-07-12.

6. 刘世锦．中国经济增长十年展望（2019—2028）：建设高标准市场经济［M］．北京：中信出版社，2019.

7. 王俊．服务业就业增长之谜：对鲍穆尔—富克斯假说的再检验［J］．人口与经济，2008（6）：46-50+73.

8. 王晓风，徐摘．促进中国服务业扩大就业的对策［J］．经济研究参考，2006（95）：11.

9. 魏作磊．发达国家服务业就业结构变迁对我国的启示［J］．经济管理，2007

① 国家知识产权局：四项措施加强知识产权保护［EB/OL］．人民网，http：//ip. people. com. cn/n1/2018/0413/c179663-29924491. html，2018-04-13.

(1)：72-79.

10. 夏杰长，李芳芳．经济新常态背景下中国服务业就业特征与趋势研究［J］．学习与探索，2015（7）：83-89.

11. 尹蔚民．全面建成多层次社会保障体系［N］．人民日报，2018-01-09.

12. 张车伟．新经济新就业激活居民增收动力［N］．经济日报，2016-12-22.

13. 张樨樨，周振，李聪聪．我国就业结构失衡及其矫正［J］．经济与管理评论，2016（3）：34-40.

14. 中共中央宣传部．习近平总书记系列重要讲话读本［M］．北京：学习出版社，人民出版社，2016.

第八章

高校毕业生就业结构性失衡

高校毕业生是国家宝贵的人力资源，是我国社会主义建设中重要的建设队伍之一。高校毕业生也是具有高度人力资本，极有创造力的群体之一。促进高校毕业生就业，一直是国家就业政策和行动中的重中之重。但近年来，高校毕业生就业的结构性失衡问题已经成为公认的大学生就业难的重要原因，“就业难”与“招贤难”并存的局面已经僵持多年。高校毕业生就业结构性失衡问题既会影响其就业规模的扩大，也会影响其就业质量的提升，还会制约经济社会持续健康发展，必须高度重视，努力化解。

一、高校毕业生就业形势保持稳定

（一）总体形势平稳

自 21 世纪初起，高校毕业生逐年快速增加，2009 年以前呈大幅上升趋势，2009 年之后增幅有所放缓。解决高校毕业生就业问题成为我国就业工作的重要任务。

1. 总体规模持续扩大，学历层次逐年提高

21 世纪初，我国高校毕业生的数量为 100 多万人，2009 年突破 600 万人，2011 年达到 651.1 万人。党的十八大以来，高校毕业生人数从 2012 年的 673.4 万人增加至 2020 年的 870.1 万人。分学历层次看，如表 8-1 所示，研究生毕业生从 2012 年的 48.6 万人增加至 2020 年的 72.9 万人，普通本专科毕业生从 2012 年的 624.7 万人增加至 2020 年的 797.2 万人，增幅达到 29.2%。根据教育部公布的数据，2022 年，应届高校毕业生规模达到 1076 万人，与 2012 年的 673.4 万人相比，增幅达到 59.8%。高校毕业生数量连创历史新高，持续在高位运行，总量压力加大。当前，应届高校毕业生已经成为我国每年新成长劳动力的主体，毕业生规模占到新成长劳动力的半数以上。

表 8-1　2010 年至 2020 年分学历层次的高校毕业生情况（单位：人）

学历层次	2010 年	2011 年	2012 年	2013 年	2014 年	2015 年	2016 年	2017 年	2018 年	2019 年	2020 年
1. 研究生	383600	429994	486455	513626	535863	551522	563938	578045	604368	639666	728627
其中：博士	48987	50289	51713	53139	53653	53778	55011	58032	60724	62578	66176
硕士	334613	379705	434742	460487	482210	497744	508927	520013	543644	577088	662451
2. 普通本专科	5754245	6081565	6247338	6387210	6593671	6808866	7041800	7358287	7533087	7585298	7971991
其中：本科	2590535	2796229	3038473	3199716	3413787	3585940	3743680	3841839	3868358	3947157	4205097
专科	3163710	3285336	3208865	3187494	3179884	3222926	3298120	3516448	3664729	3638141	3766894
3. 合计	6137845	6511559	6733793	6900836	7129534	7360388	7605738	7936332	8137455	8224964	8700618

资料来源：根据历年《中国教育统计年鉴》的数据整理得到。

从生源地来看，高职教育为贫困地区农村生源提供了更多的机会，高职院校 2017—2019 届毕业生中，贫困地区农村生源的占比合计为 9.9%，高于地方本科院校的 9.5%和“双一流”院校的 6.1%。

2. 就业形势总体平稳，未出现就业率显著波动和规模性失业

在党和政府的高度关注下，在高质量发展的坚实经济基础下，在就业创业政策出台和全方位公共就业服务的落实下，我国高校毕业生的就业局势基本稳定。如图 8-1 所示，近几年各地方各高校毕业生离校就业率基本持平，没有出现就业率的显著波动和规模性失业问题。据北京地区 93 所普通高校毕业生就业信息库的数据显示，截至 2019 年 10 月 31 日，2019 届北京地区高校（含科研院所）毕业生的总体就业率为 95.90%。普通高校毕业生就业率为 96.01%，其中，已就业 164455 人，占 71.20%；深造 57313 人，占 24.81%。

从毕业半年后高校毕业生就业率变化情况来看，本科生和高职生近五年来均稳定在 90%以上，其中高职生稳定在 92%左右，本科生稳定在 91%以上。而就不同类别的本科院校而言，“双一流”院校的稳定率较高，在 93%以上，地方本科院校的稳定率在 90%以上；“双高”职业院校的就业率较高，近五年来稳定在 94%左右，其他高职院校在 92%左右。

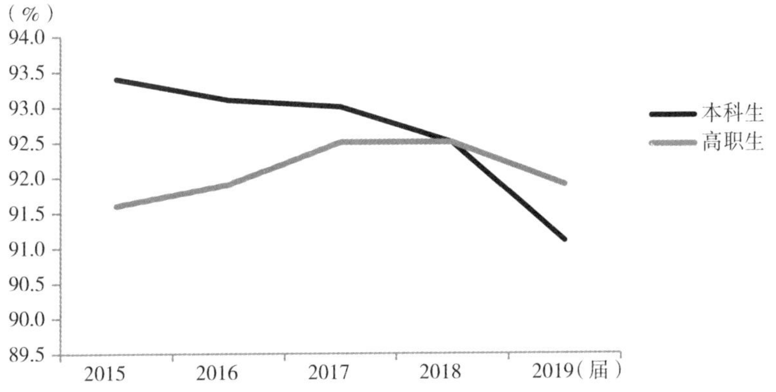

图 8-1　2015—2019 届本科生和高职生毕业半年后的就业率变化

资料来源：根据《2020 年中国本科生就业报告》《2020 年中国高职生就业报告》的数据整理得到。

3. 本科毕业生考研热继续升温，高职生以直接就业为主

从就业去向看，均有超七成的 2019 届本科毕业生和高职毕业生直接就业。具体比较而言，高职生直接就业（包括受雇工作和自主创业）的比例要高于本科生。本科生考研热持续升温，毕业后在国内外读研和准备考研的比例均有所上升。如表 8-2 所示，在国内外读研的比例由 2015 届的 15.6%上升至 2019 届的 17.4%，上升了 1.8 个百分点；准备考研的比例由 2015 届的 2.1%上升至 2019 届的 4.5%，上升了 2.4 个百分点。高职生读本科和入伍的比例均有所上升，如表 8-3 所示，分别由 2015 届的 4.7%和 0.5%上升至 2019 届的 7.6%和 0.6%，分别上升了 2.9 个百分点和 0.1 个百分点。

表 8-2　2015 届和 2019 届本科生毕业去向比较（单位：%）

本科生毕业去向	2019 届	2015 届	2019 届-2015 届
受雇工作	71.9	75.2	-3.3
自主创业	1.6	2.1	-0.5
入伍	0.2	0.5	-0.3
国内外读研	17.4	15.6	1.8
准备考研	4.5	2.1	2.4
待就业	4.4	4.5	-0.1

资料来源：根据《2020 年中国本科生就业报告》的数据整理得到。

表 8-3　2015 届和 2019 届高职生毕业去向比较（单位：%）

高职生毕业去向	2019 届	2015 届	2019 届-2015 届
受雇工作	80.3	82.5	-2.2
自主创业	3.4	3.9	-0.5
入伍	0.6	0.5	0.1
读本科	7.6	4.7	2.9
待就业	8.1	8.4	-0.3

资料来源：根据《2020 年中国高职生就业报告》的数据整理得到。

4. 收入逐年递增，本科生收入年均增长率超过高职生

收入水平是衡量就业质量的一个重要指标。在我国经济持续稳定增长的大环境下，高校毕业生就业后的工资收入水平也不断增长，实现了我国社会经济和劳动者收入水平的“共享式”发展。从高校毕业生的收入看，均呈现逐年递增的趋势，其中本科生的年均增长率要高于高职生。具体而言，如图 8-2 所示，2018 届本科生毕业半年后的月收入突破 5000 元，2019 届进一步提升为 5440 元，五年内收入增长 23.6%，且明显高于 2019 年城镇居民月均可支配收入 3530 元。高职生的月收入要稍低于本科生，2018 届突破 4000 元，2019 届达到 4295 元，五年内增长 15.7%。将两者收入的年均增长率相比较，本科生为 6.12%，比高职生高出 1.39 个百分点。

就不同类别的院校而言，“双高”职业院校毕业生半年后月收入为 4436 元，比其他高职院校高出 166 元；而“双一流”院校毕业生半年后收入达到 6560 元，比一般本科院校高出 1344 元。这主要是因为“双一流”院校毕业生在一线城市就业的比例较高，随着经济发展，这些大城市的薪资水平增速会更快。

就生源地而言，贫困地区农村家庭毕业生毕业后，实现了“一人读书，全家脱贫”。数据显示，2019 年贫困地区农村家庭本科和高职应届毕业生月收入分别为 5062 元和 4125 元，分别是当年贫困地区农村居民月均收入的 5.3 倍和 4.3 倍，分别是全国农民工月均收入的 1.3 倍和 1.04 倍。这说明我国高校和高职教育助力脱贫效果显著。

5. 就业满意度保持在 60%以上，本科生的就业满意度高于高职生

就五年内的就业满意度而言，高校毕业生均呈现稳定上升的态势。如图 8-3 所示，本科生就业满意度由 2015 届的 63%上升至 2019 届的 68%，高职生就业满意度由 2015 届的 61%上升至 2019 届的 66%。本科生的就业满意度均要高于高职生。

就不同院校而言，“双一流”院校和地方本科院校毕业生的就业满意度变化趋势基本一致，2019 届“双一流”院校毕业生就业满意度上升至 70%，

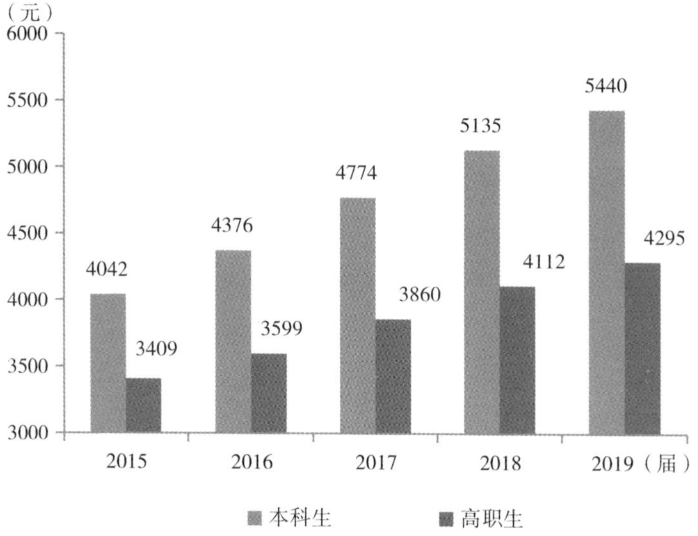

图 8-2　2015—2019 届本科生和高职生毕业半年后的月收入变化

资料来源：根据《2020 年中国本科生就业报告》《2020 年中国高职生就业报告》的数据整理得到。

比地方院校高出 2 个百分点。“双高”职业院校和地方院校的差距逐渐缩小，由 2015 届的 4 个百分点缩小至 2019 届的 2 个百分点。

就生源地而言，贫困地区农村生源对所受本科教育的满意度持续走高，从 2015 届的 92%上升至 2019 届的 95%，整体高于其他生源毕业生（90%~94%）。另外，贫困地区农村生源对所受高职教育的满意度也持续走高，从 2015 届的 89%上升至 2019 届的 92%，整体高于其他生源毕业生，后者的满意度仅为 87%~91%。

另据北京地区 93 所普通高校毕业生就业信息库的数据显示，在所从事工作满意度、学用匹配（专业与工作相关度）和社会保障的获得情况 3 个维度上，已就业的毕业生对所从事工作满意度评分为 83. 34 分，对学用匹配评分为 79. 13 分，88. 95%的毕业生获得了相关社会保障（有保险，有公积金）。2019 届毕业生对所从事工作满意度、学用匹配和社会保障的获得情况均高于上年，比上年各项评分分别高出 4. 64 分、1. 53 分和 3. 39 分。这说明，高校毕业生的就业质量稳步提高。

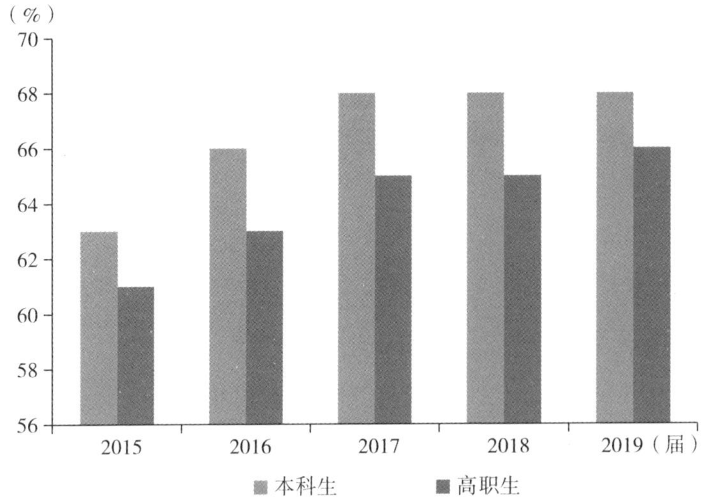

图 8-3　2015—2019 届本科生和高职生毕业半年后的就业满意度

资料来源：根据《2020 年中国本科生就业报告》《2020 年中国高职生就业报告》的数据整理得到。

6. 自主创业比例均不高，高职生要高于本科生

就自主创业而言，高职生创业比例要高于本科生。具体而言，2019 届本科生自主创业比例仅为 1.6%，其中“双一流”院校 0.9%，地方本科院校 1.7%。高职生创业比例为 3.4%，其中“双高”职业院校创业比例为 3.3%，比其他职业院校低 0.1 个百分点。但随着毕业时间的延长，本科生和高职生自主创业的比例会持续上升。如对 2014 届毕业生的调查发现，毕业半年后创业的比例为 2.0%，三年后为 4.1%，五年后为 4.8%。教育行业是本科生自主创业的主要领域，零售业是高职生毕业后自主创业的主要领域。

7. 高校毕业生就业准备的方式多样

在人才竞争激烈的当下，高校毕业生们如何为就业做准备已经是在校期间很重要的一项课题，“不打无准备之仗”已经成为大部分高校毕业生的共识。据中国劳动和社会保障科学研究院调研数据显示，如图 8-4 所示，上就业指导方面的课程、向老师和师兄师姐们咨询请教、收集阅读网上有关政策

和经验文章已经成为高校毕业生进行就业准备的前三种途径，其占比分别为59.26%、45.97%和40.57%。近三成的大学生也选择参加求职就业方面的讲座、看有关求职就业方面的书、考与职业相关的技能证书，占比分别为37.88%、37.32%和30.47%。甚至还有一成多的大学生做过专门的职业规划、在入学时就有明确的就业目标，占比分别为17.46%、16.16%。但也有9.16%的大学生没有考虑过这一问题。

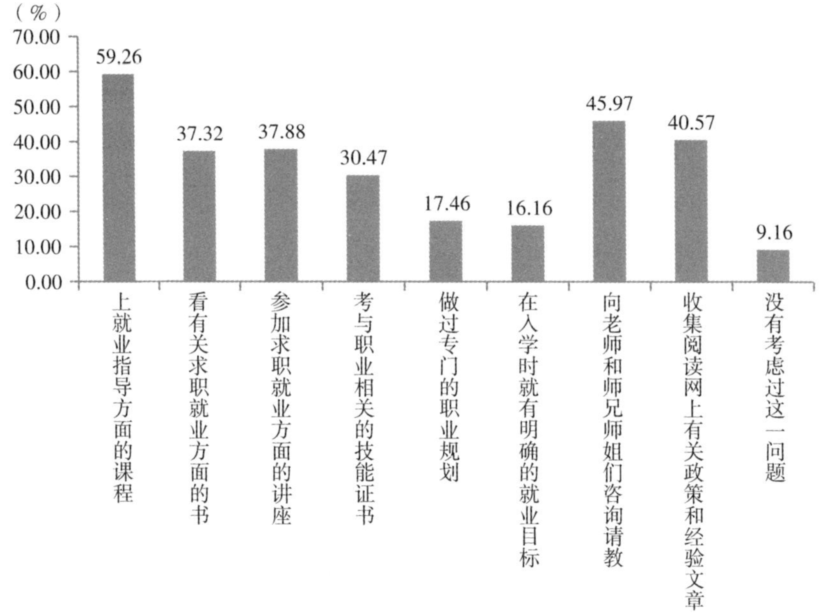

图 8-4　样本大学生在校期间的就业准备选择

资料来源：根据中国劳动和社会保障科学研究院 2019 年高校毕业生就业调查的数据整理得到。

8. 高校毕业生求职渠道多元化

高校毕业生获取招聘信息的主要渠道有招聘网站、招聘会、亲朋好友介绍和老师学长推荐等。调查显示，高校毕业生获取招聘信息的渠道多样，但比较常用的招聘渠道主要包括招聘网站、招聘会、亲朋好友介绍和老师学长推荐，其占比分别为60.6%、57.5%和43.7%，也有41.2%的毕业生通过手机App、微信等渠道获取招聘信息。而传统的报纸杂志等纸质媒体使用比例很低（如表 8-4 所示）。

表 8-4　高校毕业生获取空缺岗位信息的渠道

获取招聘信息的渠道	占比（%）
招聘会	57.5
招聘网站	60.6
学校就业网	37.0
手机 App、微信等	41.2
亲朋好友介绍和老师学长推荐	43.7
报纸杂志	8.4
其他	3.5

资料来源：根据中国劳动和社会保障科学研究院 2019 年高校毕业生就业调查的数据整理得到。

9. 高校毕业生就业形式更为灵活

随着我国新经济、新业态、新产业不断涌现，劳动力市场的灵活性不断增强，各种新就业形态层出不穷，劳动力就业形式更加丰富多样。高校毕业生比较青睐的毕业去向有机关事业单位、国有企业、其他企业、国家基层项目和自由职业等。近年来，随着国家大力推动“互联网+”“双创”等战略，高校毕业生灵活就业、从事新就业形态的比重明显增加，这体现了高校毕业生理性就业的就业理念。以灵活就业形式实现就业，也在一定程度上反映出大学生积极转变就业观念，谋求实现就业的努力。

（二）主要有利因素

从统计数据和调研情况看，目前高校毕业生就业局势基本稳定，各地方各高校毕业生离校就业率与往年基本持平，没有出现就业率的显著波动和规模性的失业问题。在毕业生规模不断扩大的背景下，高校毕业生就业保持总体稳定，其主要因素有以下几点。

1. 党和政府高度关注，把就业工作放在重要位置

党和政府高度重视高校毕业生就业工作，始终把毕业生就业作为就业工

作的重中之重，放在就业工作的首位，每年召开专门会议高位推动、周密部署。

2. 新业态助推新产业，为高校毕业生就业打下坚实的经济基础

我国经济发展稳中向好，高质量发展推动产业转型升级和结构调整，大量新技术、新业态、新模式推动的新兴产业发展，为毕业生就业打下了坚实的经济基础，拓展了就业空间，提供了大量适合毕业生就业的岗位。

3. 就业创业政策和服务为高校毕业生就业提供助力和保障

促进高校毕业生就业的政策和服务为其顺利就业提供助力和保障。人社部定期召开“高校毕业生就业服务月活动”“金秋招聘月活动”，实施“青年就业启航计划”，针对离校未就业高校毕业生持续开展技能就业行动，将高校毕业生作为重点群体，开展就业政策落实服务及落地专项行动，努力做好高校毕业生就业创业服务工作。

4. 毕业生就业观念转变，积极发挥主观能动性

近几年毕业的高校大学生，多为“95 后”“00 后”，他们的就业观念、能力和方式发生转变，更强调发挥主观能动性，积极就业，在就业过程中呈现毕业去向分散化、工作类型多元化、求职渠道多样化、择业意向稳定化、就业满意度显著提高等特点。

二、高校毕业生就业的主要矛盾

虽然目前高校毕业生就业形势总体平稳，但在总量就业压力依旧的情况下，用人单位“招聘难”和高校毕业生“就业难”并存的结构性失衡成为影响高校毕业生就业的主要矛盾。

（一）主要的表现

1. 市场需求结构与供给结构不匹配

随着我国经济进入新常态，我国经济已由高速增长阶段向高质量发展阶段转变。产业结构转型，增长动能转换，新业态的蓬勃发展，促进新的岗位大量增加，如人工智能技术、机器人运营维护、新型装备制造和数字化升级

的岗位等。但同时，一些领域对高校毕业生就业的市场需求下降，如金融、计算机与互联网、汽车等。

2. 专业结构与市场需求不匹配

目前，高等教育的专业设置和教学培养对经济形势、产业结构变化和就业市场变化的反应较为滞后，与社会需求之间存在结构性矛盾。人工智能技术、机器人运营维护、新型装备制造和数字化升级的新兴岗位，没有足够符合专业和技能要求的毕业生。据麦可思公司研究发现，高校毕业生工作与专业相关度约为66%。当前新产业、新业态、新模式发展迅猛，对高校毕业生知识结构、技能结构、素质水平等的要求不断提高，高校人才培养和经济产业发展不匹配的矛盾更加凸显。

3. 大城市对学历过度消费的结构性矛盾突出

20世纪90年代末，我国高校扩招以来，高校教育逐渐进入大众化阶段，但是不少高校毕业生及其家庭仍然固守精英教育和就业的观念。在就业取向上仍然追求“大”，即大城市、大企业、大机关，而大企业、大机关往往集中在大城市，这就在一定程度上造成了大城市对高学历人才的过度消费。即大城市、大企业、大机关存在偏离实际需求的人才资源过度消费现象，有的用人单位片面追求高学历、名校效应，有的甚至任意拔高学历门槛要求。很多岗位仅需本科生甚至专科生即可胜任，社会或机构却偏要硕士、博士“亲自出马”，不能才尽其用，大材小用盛行，让中国教育在整体水平不足的情况下出现了局部“过度教育”，即所受教育水平大于从事工作所需教育水平。

4. 公共就业服务供给与毕业生需求之间不匹配

虽然我国高校毕业生就业服务体系在逐步完善，但是各类公共就业服务机构在责任和义务上的划分上却不够清晰，服务机构的服务范围比较小，关于服务对象的精准性不强。由此造成高校和政府部门提供的就业服务与高校毕业生的需求之间不匹配，导致公共就业服务方面的结构性失衡。

从服务范围看，可能大多数服务机构只是简单地进行职业介绍，很少进行相应的职业培训开发、自主创业指导以及职业转换引导。虽然职业介绍服务也具有一定的指导意义，但是对于高校毕业生这一刚走出大学校园、社会阅历尚浅的群体而言，既缺乏针对性，也不利于其长远发展，很难使毕业生适应当前多元化发展的劳动力市场。

从服务精准性看，高校毕业生这一群体内部也可划分为不同的群体，如需要特殊服务计划的长期失业高校毕业生、零就业家庭高校毕业生及农村贫困户高校毕业生、城乡低保家庭高校毕业生、残疾高校毕业生等，针对这些特殊对象，各职能部门之间、地方之间尚未形成统一的数据库，在为拥有不同就业诉求的高校毕业生提供服务时无法形成合力，精准服务不到位。

5. 主观就业目标和职业发展不清晰

部分高校毕业生就业目标和职业发展规划不清晰，就业择业过程中比较茫然；部分高校毕业生就业意愿不强，慢就业、缓就业现象突出；部分高校毕业生个人能力不足，造成择业机会少；部分高校毕业生存在求职时间长、投入成本大等问题。另外，慢就业群体也应该受到足够的重视。慢就业不同于不就业，一般是指一些大学生毕业后既不马上就业也不继续深造，而是暂时选择游学、支教、在家陪父母或者创业考察等多种形式，慢慢观察、思考、决定自己今后的职业和人生道路的现象。慢就业作为一种客观现象，既有经济社会发展的大环境原因，也是青年一代择业观改变的主动选择。一些高校毕业生基于职业发展长远考虑，有计划地选择慢就业，对于搜寻更好工作、提高就业质量有一定积极作用。但同时，政府更应密切关注的是一些人由于长期找不到工作，丧失了就业信心，成为长期失业青年，甚至退出劳动力市场，降低了劳动参与率。这类毕业生数量的增加，无疑会给劳动力市场释放负面信号。而一旦年轻人在家待岗时间过长，就会出现难以走入职场、不适应职场生活的恶性循环，演变成社会上的“啃老族”。

6. 女大学生求职难的性别结构性矛盾突出

随着传统“重男轻女”思想的解放，女性能够通过读书改变自身命运。数据显示，从性别比例来看，2018 届高校毕业生中，女生占比 52%，男生占比 48%，女生占比比男生占比高出 4 个百分点。据中国高校新媒体联盟发布的全国高校男女比例排行榜中，719所高校中有367所高校的女生比例超过50%。然而，用人市场中性别歧视依旧存在，导致女大学生往往面临更多就业困难。招聘中的性别歧视将会产生消极的社会示范效应，打击父母对女性教育投入的积极性，进一步加重性别歧视；使女大学生的人力资本价值大打折扣，在短期内对其造成心理伤害，长期看也会影响经济社会的可持续发展。

7. 招聘时间安排与就业黄金期之间不匹配

高校毕业生招聘时间的安排主要由各用人单位根据自身的用人需求状况进行设定，体制外用人单位在时间的灵活性方面主动性较大，但体制内用人单位的招聘有其固定的流程安排，需要在上一年度进行申报、编制审批，下一年度集中考试、面试，诸如公务员、事业单位在编人员、入编教师等均是“凡进必考”。这些用人单位受到用人编制审批等影响，招考的时间一般不是安排在高校毕业生就业的黄金时期。参加考试的高校毕业生经过相对冗长的招考程序，获悉考录结果往往已经到了毕业时间，甚至是毕业后的七八月份，使得找工作的焦虑情绪一直弥漫在整个毕业季，甚至影响到毕业生的学业安排。

时间结构上的失衡，在师范类、医学类毕业生招考方面表现得尤为明显。一部分不愿长时间等待的毕业生往往会选择转至其他行业以实现就业；另一部分毕业生因为既“名落孙山”，又错失了选择其他就业机会的最佳良机，只能选择参加下一年度的招考，将就业压力转移到下一年度。

（二）深层的原因

高校毕业生就业结构性失衡最直接的原因是高校毕业生供给与需求在结构上的错位，但就业结构是嵌入在宏观经济社会系统结构中的一部分，劳动力供给与需求都受到经济产业、人口变动、城乡关系、区域发展、收入分配、技术进步、社会观念、政策制度等众多宏观经济社会结构性因素的影响。因此，它也是经济社会发展不协调不平衡的结构性问题在高校毕业生就业领域的反映。高校毕业生就业结构性失衡的成因主要包括以下几个方面。

1. 高校毕业生短期快速增加与市场相应岗位供给不足

近年来，高校毕业生就业规模不断扩大，应届毕业生人数从 2012 年的 673 万人增加到 2022 年的 1076 万人，增幅达 59.9%，远高于同期经济增长速度。近几年，应届高校毕业生人数为 800 万人左右，占城镇新增劳动力近一半。我国产业多处于全球价值链的中低端，相应的劳动力市场岗位大多为低端岗位，产业转型升级创造高端岗位的速度远低于高校毕业生的增速，适合高校毕业生的就业岗位不足。根据《中国劳动统计年鉴 2021》数据分析，建筑业、制造业、批发和零售业等一些重点用工行业中具有大专以上文化程度的就业人员比例不高，其吸纳高校毕业生就业的能力有限。

2. 全产业转型升级是就业领域结构性失衡的根本动因

从经济发展的内生需求来看，产业结构变化是就业结构变化的根本动因，正是产业结构的大调整导致劳动力结构必须相应进行调整。当前，中国特色社会主义进入新时代，我国正处于工业化快速推进、产业结构加速调整的时期，正在构建以国内大循环为主体、国内国际双循环相互促进的新发展格局。伴随新兴产业的发展，新技术、新模式和新业态不断涌现。在传统制造业向机械化、自动化转型的同时，信息化、数字化、智能化发展加速推进，技术应用更新升级。互联网等原来的新兴产业在经历 20 多年发展之后，也进入新的战略调整期，一些互联网企业进行发展战略规划调整，业务和组织架构重组。传统的服务业也在新技术、新模式应用中加速转型升级，从机械化、自动化解放劳动者体力劳动，向智能化、数字化进一步解放劳动者智力劳动转变，对劳动者的素质要求从技能提升向整体知识素质能力提升转变。

但是，不同经济部门的同时转型升级，使得就业领域结构性矛盾将更加突出。根据人力资源和社会保障部 2020 年第三季度相关监测数据显示，在面对高校毕业生的用人需求中，很大部分比例为一线生产岗位和销售岗位，与毕业生的择业期望存在很大差距，难以形成有效需求。中小企业和非公有制企业需要大量毕业生，但是由于工资待遇相对较低、发展空间小，加之部分企业用工不规范，对毕业生吸引力不足。基层教育、医疗、农技等事业急需人才，但出于编制限制、个人职业发展受限、整体工作生活环境不佳等原因，吸纳毕业生的能力也有限，这些因素都导致近年来高校毕业生就业问题突出。

3. 区域间发展不平衡、不充分导致部分岗位吸引力不够

我国幅员辽阔，但区域之间发展不平衡、不充分，主要表现为有着优良自然资源和区位优势的东部地区经济较发达，能够提供给高校毕业生高质量的就业岗位较多，而中西部地区在经济发展方面要慢于东部地区。虽然在中部崛起、西部大开发等国家战略的引导下，中西部地区经济有一定起色，到中西部地区就业的高校毕业生也越来越多，但要消除区域间发展的不平衡、不充分，仍需要时间。由于区域间发展不平衡，导致中西部地区在岗位条件、待遇等方面难以满足高校毕业生的需求，由此造成高校毕业生就业的区域性结构矛盾。

4. 专业设置的刚性与专业转换成本较高的矛盾

长期以来，我国高校专业的设置受到苏联专业设置模式的影响，表现为设置口径和设置方向的刚性较强。从设置口径看，分专业时规定的主干学科或主要学科的基础及业务范围覆盖面较窄；从设置方向看，相当多的专业在其专业本已狭窄的口径之内又继续分化专业方向。

首先，这种模式在新中国成立初期相当长的时间内保障了工业建设和社会发展对人才的需求。但是在市场经济条件下，这种专业设置刚性存在的专业面窄、职业适应性差、可替代性差等问题就显露无遗。其次，高校在进行专业设置时，对社会需求呈现一定程度的盲目和短视，缺乏对市场弊端的“隔离”功能。针对市场需求的瞬息万变，高教系统内部缺乏必要的敏锐性和迅捷的应对。最后，高校进行专业转换成本较高。如果把教育过程看作一个生产过程，那么学校办学存在明显的收益递增性质，即生产过程的平均成本逐渐下降，收益呈递增趋势。而专业转换需要将已进行资本投入和已产生收益的“产品”做“下架”处理，成本较高。而一些专业虽是社会急需，但

由于人力物力的限制，加上申请专业转换的程序烦琐，收益不可预期，所以导致新专业设置困难。

5. 公共就业服务供应链缺乏连贯性和系统性

高校毕业生就业服务的内容和过程设计缺乏连贯性和系统性，是造成公共就业服务方面结构性失衡的主要原因。在政策层面，高校毕业生就业服务内容从就业教育到职业规划和技能培训，基本形成了覆盖高校毕业生从就业观念到求职就业，再到就业后的服务链条，但是在实际服务过程中，没有形成有效的服务供给链。

针对高校毕业生不同就业阶段的服务需求，没有建立相应的服务供给机制，明确相应的服务机构、服务内容、服务方式、服务标准和效果评估等。在高校毕业生择业就业过程中，从离校前的就业教育、职业指导、生涯规划、求职辅导、政策咨询，到离校后的信息衔接、就业服务需求调查、政策宣传和信息供给、就业援助和职业培训、人事代理和权益保障等，很多环节和需求出现了断链和断供。一方面，高校毕业生对相关服务的了解和关注缺乏主动性，不能全面认识公共就业服务机构所能提供的就业服务，也难以提出明确的服务需求。调研中，一些大学生甚至不清楚什么时候到什么地方去获得相应的服务帮助。另一方面，就业服务部门和机构也缺乏工作和服务的主动性，甚至本身就不具备提供就业服务的条件和能力。在整个高校毕业生服务工作中，基本上处于一种被动作为，服务的随意性很大，经常“东一榔头，西一棒槌”。这也导致高校毕业生就业服务的实际覆盖面不宽，就业服务的效果不显著，高校毕业生对就业政策和服务的知晓度、获得度和满意度都不太高。

6. 高校毕业生追求自主独立但心理素质偏弱

当今高校毕业生多为“95 后”“00 后”，群体特征明显，优劣势并存。具体而言，主要有以下表现：一是拥有自主意识，但独立能力缺乏。追求个性，强调自主，思维独立，不愿意接受被别人强加的观点和想法，喜欢新鲜事物，但坚持能力不足。二是思想方面积极向上，勇于担当，但吃苦能力欠缺。关注社会政治时事，具有高度社会责任感，对国家和民族的未来前途与命运充满归属感和认同感。但不可否认的是，不少人真实生活体验缺失，导致吃苦精神缺乏，心理承受能力偏低。三是竞争意识较强，但耐挫能力较弱。大学生们在校期间更加注重自身能力的培养，积极参与学校组织的活动，但是缺乏相应的承受能力、适应能力和分辨能力，特别是遇到挫折后，心理素质偏弱，并且情绪的稳定性偏低。在高校毕业生个性、自主、独立、竞争意识强但难坚持、欠吃苦、耐挫能力弱、心理素质弱的群体特征与市场经济大变革、产业转型升级、就业形势严峻碰撞之后，难免发生就业方面主观愿望和客观条件之间不匹配的矛盾，在就业过程中易出现遭遇碰壁不愿就业、自身能力不足等问题。据 2019 年 9 月下旬人力资源和社会保障部就业司与中国劳动和社会保障科学研究院联合开展的问卷调查显示，89.33%的高校毕业生就业意愿强烈，积极主动就业，仅有 0.83%的人选择宅在家里不想工作。但是，超五成高校毕业生会遇到自身能力不足的问题，与专业不对口是影响就业的主要原因。

7. 传统思想观念根深蒂固导致的期望过高

由于传统观念的影响，“学而优则仕”是许多大学生的求学心态，“从众”“不为人先，不耻人后”的庸俗处事经验使一些大学生在求学和就业过程中缺乏主体性。“追名逐利”“没有钱万万不能”的经济崇拜形成了一些大学生“物质至上，皆为利往”的价值观。传统观念正潜移默化地影响着当今中国众多大学生的思想以及社会舆论，并“合乎逻辑”地将普通工人岗位排除在大学毕业生就业主渠道之外，导致高校毕业生就业期望过高，为大学生就业难提供了“理由”。此外，传统观念也影响着大学生的父母及其社会上的大众，在考上大学即跳出农门的传统思想影响下，有一些父母宁愿让毕业好几年的孩子在家“啃老”也不愿意其到一般的岗位就业，由此造成近几年慢就业现象突出。

三、高校毕业生就业的趋势和挑战

纵观我国高校毕业生就业形势发展，总体上看，保持就业局势的稳定局面仍具有诸多有利条件：宏观经济基本面保持稳定态势不会改变，经济规模还将进一步扩大，经济增速仍有望保持在中高速合理区间，经济结构将进一步优化；创新驱动的新技术、新经济、新业态加速发展，持续扩大开放和深化改革将拓展更多空间；科技创新能力提升，绿色发展加快，城乡、区域协调发展加速推进，将提供新的增长空间并增强抗压韧性；教育改革和大规模职业培训提升高校毕业生就业能力，就业优先政策进一步完善，国家加大提供强有力的政策保障；等等。这些积极因素的共同作用，将为未来高校毕业生就业局势的稳定发展提供全方面的强力支撑和保障。

同时，高校毕业生就业面临的外部环境可能更加复杂，不确定性和挑战更多，国内经济下行压力不减、发展方式转变、优化经济结构、转换增长动力进入换挡关键时期、新技术变革广泛推进带来冲击等因素也将对劳动力市场产生深远影响。保持高校毕业生就业局势稳定和促进实现更充分更高质量就业目标仍将面临诸多挑战，高校毕业生就业结构性矛盾也将长期存在并常态化。

（一）就业变化不确定性增大

就业局势的未来走势与宏观经济走势密切相关。从部分国际机构所作的经济预测情况看，未来世界经济充满不确定性。据国际货币基金组织（IMF）2021 年 10 月的预测，预计 2022 年全球经济增长 4.9%，但由于新冠变异病毒毒株的扩散，该组织总裁表示考虑下调全球增长预期。而经济合作与发展组织（OECD）发布的《世界经济展望》报告预测，2022 年全球经济增进略有放缓，约为 4.5%，低于 IMF 的预测。① 全球宏观经济增长速度放缓，对就业的影响将进一步显现，增加就业局势的不确定性。

（二）就业压力呈现常态化

高校毕业生作为我国就业工作的重点群体之一，其未来就业压力仍将加大。近年来，高校毕业生规模呈持续扩大态势，2022 年高校应届毕业生达到

① 根据 OECD，IMF 和 World Bank 等机构发布的经济发展报告整理。

1076万人的历史新高，同比增加167万人。加之2021年及以前积累的历届离校未就业毕业生，人力资源市场上高校毕业生供给人数大幅增加。

照此趋势看，今后几年高校毕业生的规模会持续扩大。据中国劳动和社会保障科学研究院的预测，2021—2025年，我国高校毕业生将以年均950万人左右的规模进入劳动力市场。从需求侧看，往年吸纳高校毕业生较多的金融、计算机、房地产、汽车等相关行业发展不容乐观，其用人需求难以有效扩大。再加上2020年新冠肺炎疫情的暴发，受疫情影响，局部地区和行业市场主体复工延期、部分制造业企业停工减产，房地产、基建投资短期内基本停滞，将导致高校毕业生就业压力高于以往。

（三）就业多重结构矛盾交织

与外部经济环境和经济下行压力并行，我国经济发展已进入转型升级和结构调整的关键时期，新技术、新模式和新业态不断涌现。

不同经济部门的同时转型升级，使得就业领域的结构性矛盾将更加突出。据中国劳动和社会保障科学研究院的测算，到2025年，智能化、自动化的使用将直接替代的岗位超过1500万个，受到间接影响的上下游相关岗位将会更多；而此时制造业十大重点领域的人才缺口接近3000万人。从高校专业与培养的结构性矛盾看，需要教育部门科学合理设置专业，改变当前单一的以学科分类为依托的专业设置方法，及时调减就业率持续过低专业的招生计划。但是，新的专业设置和招生计划的调整应当在科学调研、研究预判、高校试点等情况下才能成形，需要一定时间，不是一蹴而就的。从主客观差距的结构性矛盾看，既需要注重对高校毕业生价值观的培养，引导其形成对就业和自身认知的正确判断，也要创造良好的经济社会环境和文化氛围。当国内外经济下行压力加大，就业形势不确定性增加的情况下，大学生就业焦虑情绪蔓延，可能进一步加剧高校毕业生就业的结构性矛盾。

（四）就业服务供需矛盾趋缓

针对日益突出的高校毕业生就业结构性失衡问题，我国政府始终把促进高校毕业生就业作为政府部门的重要职责，坚持把高校毕业生作为就业工作的重中之重。立足这一群体的需求和难点，通过完善积极的就业政策，积极拓展就业领域，鼓励自主创业，健全公共就业和人才服务体系，保障高校毕业生总体顺利实现就业。

在公共就业服务方面，以各级人社部门、教育部门等为主体，同时以国务院就业领导工作小组成员单位为协同，形成了供给主体多元化结构。高校毕业生就业服务的内容也逐步扩展，呈现出多样化特点。比如人社部门提供的服务包括：(1) 地方各级人社部门所属公共就业人才服务机构和基层公共就业服务平台要面向所有离校未就业高校毕业生（包括户籍不在本地的高校毕业生）开放，办理求职登记或失业登记手续，发放《就业创业证》，摸清就业服务需求。(2) 对实名登记的所有未就业高校毕业生提供更具针对性的职业指导。(3) 对有求职意愿的高校毕业生要及时提供就业信息。(4) 对有创业意愿的高校毕业生，各地要纳入当地创业服务体系，提供政策咨询、项目开发、创业培训、融资服务、跟踪扶持等“一条龙”创业服务。及时提供就业信息。(5) 将零就业家庭、经济困难家庭、残疾等就业困难的未就业高校毕业生列为重点工作对象，提供“一对一”个性化就业帮扶，确保实现就业。(6) 对有就业见习意愿的高校毕业生，各地要及时纳入就业见习工作对象范围，确保能够随时参加。(7) 对有培训意愿的离校未就业高校毕业生，各地要结合其专业特点，组织参加职业培训和技能鉴定，按规定落实相关补贴政策。(8) 地方各级公共就业人才服务机构要为离校未就业高校毕业生免费提供档案托管、人事代理、社会保险办理和接续等一系列服务，简化服务流程，提高服务效率；有条件的地方可对到小微企业就业的高校毕业生提供免费的人事劳动保障代理服务。(9) 加大人力资源市场监管力度，严厉打击招聘过程中的欺诈行为，及时纠正性别歧视和其他各类就业歧视。加大劳动用工、缴纳社会保险费等方面的劳动保障监察力度，切实维护高校毕业生就业后的合法权益。随着我国就业政策和服务体系的不断完善，以及专门针对高校毕业生的就业政策的不断完善和深化，高校毕业生就业服务的内容也在不断扩展。相信在各部门的努力下，高校毕业生公共就业服务方面的结构性矛盾将逐步得到缓解。

在解决性别结构性矛盾方面，主要针对性别歧视的问题。《劳动法》等劳动法律中明确提出应当保障女性就业者的权益。随着平等就业思想的广泛宣传，高校毕业生个人也会逐渐学会用法律制度来保障自身权益，企业在岗位设置上也会考虑到性别歧视的违法成本，未来性别结构性矛盾会有所缓解。

在促进区域流动方面，国家大力促进"京津冀""长三角""珠三角"等一体化发展，大力推动长江经济带建设、成渝地区双城经济圈建设、国家中心城市建设等，同时下发了《中共中央、国务院关于建立健全城乡融合发展体制机制和政策体系的意见》和《中共中央、国务院关于构建更加完善的要素市场化配置体制机制的意见》，促进城乡生产要素自由流动。武汉、成都、西安等城市也取消或放松落户限制，大力吸引高校毕业生。在国家和地方的多措并举下，高校毕业生就业的区域性结构矛盾将有所缓解。

四、政府促进高校毕业生就业的工作

近年来，尽管高校毕业生就业规模不断扩大，结构性失衡问题凸显，但是由于国家和地方均采取了积极有效的政策措施，确保了高校毕业生就业形势的总体稳定，形成了我国在解决高校毕业生就业结构性失衡方面的宝贵经验。

（一）坚持把高校毕业生就业作为就业工作重点

针对日益突出的高校毕业生就业结构性失衡问题，我国政府始终把促进高校毕业生就业作为政府部门的重要职责，摆在了就业工作的突出位置，立足这一群体的需求和难点，通过完善积极的就业政策，积极拓展就业领域，鼓励自主创业，健全公共就业和人才服务体系，保障高校毕业生总体顺利实现就业。在国家出台的多项政策文件中，都明确提出继续把高校毕业生就业摆在就业工作首位。

（二）多部门统筹协调，日益健全就业工作机制

中央政府不断加强对高校毕业生就业创业工作的组织领导，依托国务院

就业工作领导小组协调机制，组织和动员发改、教育、人社、共青团等有关部门，充分发挥部门职能，加强统筹协调，综合施策，形成促进高校毕业生就业创业工作的合力。同时加强对地方高校毕业生就业工作的督促检查，层层分解落实责任，建立定期调度、通报等工作推进机制，对任务重、压力大的地方采取重点督促指导，协同各方共同做好高校毕业生就业创业工作，缓解高校毕业生就业结构性失衡问题。

（三）丰富政策功能和手段，缓解服务供需矛盾

我国高校毕业生就业政策体系的建立始于21世纪初，当时政策出台的思路也是问题导向，主要是为了解决1999年高校扩招带来的就业压力问题。主要做法是通过就业指导和就业服务，加强引导和帮助，使高校毕业生尽快找到工作岗位，功能和手段都比较单一。2008年金融危机对当年高校毕业生就业带来很大挑战，政府在一年之内颁布了十余部促进高校毕业生就业的政策文件，形成一揽子的政策措施，促进高校毕业生就业的政策体系基本形成。党的十八大以来，我国针对高校毕业生的就业政策的范围、内容、功能等都不断丰富完善。高校毕业生就业服务的内容也逐步扩展，包括针对未就业高校毕业生的职业指导、就业信息；对有创业意愿高校毕业生，开展政策咨询、项目开发、创业培训、融资服务、跟踪扶持等“一条龙”创业服务；对有就业见习意愿的高校毕业生，及时纳入就业见习工作对象范围；对有培训意愿的离校未就业高校毕业生，各地要结合其专业特点，组织参加职业培训和技能鉴定，按规定落实相关补贴政策等。就业政策的丰富完善，公共就业服务体系范围和内容的不断扩展，有效缓解了高校毕业生对公共就业服务的需求与政府部门供给之间的不均衡矛盾。

（四）特殊时期的政策有效缓解结构性失衡

新冠肺炎疫情暴发，是对就业领域应对突发事件风险承受能力的一次大考。疫情防控期间，国务院办公厅下发《关于应对新冠肺炎疫情影响强化稳就业举措的实施意见》，其中第三章专门针对高校毕业生就业，内容涉及扩大企业吸纳规模、扩大基层就业规模、扩大招生入伍规模、扩大就业见习规

模、适当延迟录用接收等，在拓宽高校毕业生就业渠道方面指明了方向。另外，政策明确了应当优先投资有利于高校毕业生就业的产业，优化自主创业环境，优先免费向高校毕业生提供孵化基地等创业载体，支持高校毕业生灵活就业，同时在高校毕业生参加职业技能培训等方面均有明确规定。政策内容涉及面广，有利于在指导就业工作中更好实施就业优先政策，提升投资和产业带动就业能力，优化自主创业环境，拓宽就业渠道，完善职业培训和就业服务。

为了助力更多毕业生顺利实现就业，多部门联合发起多项行动，如“春暖花开 国聘行动”吸引了6000多家中央企业、大型国企、知名民企和社会机构参加，为应届毕业生等重点群体提供超过70万个就业岗位；又如教育部、人力资源和社会保障部、工业和信息化部、国务院国有资产监督管理委员会、中央广播电视总台、共青团中央六部门共同实施“百日冲刺”行动，从2020年5月到8月中旬，重点组织开展十大专项行动，主要包括：升学扩招吸纳行动，充实基层专项计划行动，扩大毕业生参军入伍行动，大力开拓科研、社区、医疗等基层岗位行动，推进企业稳岗扩就业行动，持续开展网上就业服务行动，推进创业带动就业行动，开展重点帮扶支持湖北行动，助力脱贫攻坚行动，狠抓责任落实行动。

(五) 鼓励毕业生到基层工作有效缓解了区域性结构性就业矛盾

中共十八大以来，国务院出台的几个相关政策文件中都对高校毕业生就业进行了关注，特别是2017年国务院办公厅印发《关于进一步引导和鼓励高校毕业生到基层工作的意见》，明确了以培育和践行社会主义核心价值观为引领，以服务基层发展为目标，以更好发挥高校毕业生作用为核心，进一步创新体制机制，完善政策措施，健全服务体系，加快构建引导和鼓励高校毕业生到基层工作长效机制，确保下得去、留得住、干得好、流得动。

首先，鼓励和引导高校毕业生到基层就业的政策，符合党中央、国务院对于青年人的教导，习近平总书记强调当代大学生要志存高远、脚踏实地，转变择业观念，坚持从实际出发，勇于到基层一线和艰苦的地方去。其次，该项政策满足了高校毕业生对于就业的迫切需求，基层给高校毕业生提供了大量的就业机会，并且这些就业机会也可以满足其专业对口的需求。最后，到基层就业可以最大化高校毕业生群体的优势。基层工作有利于高校毕业生创新思维的发展与实践运用，充分发挥其勇于担当的精神，让个体的发展与国家民族的未来融为一体，贡献自己的力量。同时，基层的锻炼也能磨炼青年的意志，培养其独立能力、耐挫能力与吃苦能力，是有效缓解高校毕业生区域性结构性就业矛盾的重要途径。

（六）职业培训与就业见习政策缓解了供求错位

职业培训政策与就业见习政策的出台，有利于提高高校毕业生的就业能力和职业技能，帮助其掌握满足市场和企业实际需求的实用技能，缓解市场需求与专业供给之间的矛盾。

职业培训方面的政策，主要有以下五个方面：一是实施毕业证书和职业资格证书“双证书”制度，如2009年颁布的《关于加强普通高等学校毕业生就业工作的通知》；二是实施特别职业培训计划，如人社部2010年发布的《关于进一步实施特别职业培训计划的通知》；三是开展高校毕业生技能就业专项活动，对离校未就业的高校毕业生重点开展以定向培训为主的就业技能培训，对企业拟录用的高校毕业生重点开展以定岗培训为主的上岗前培训，如人社部2013年发布的《关于实施离校未就业高校毕业生技能就业专项活动的通知》，2016年发布的《关于实施高校毕业生就业创业促进计划的通知》；四是打造适应高校毕业生特点的职业技能公共实训基地，如国务院发布的《关于做好2014年全国普通高等学校毕业生就业创业工作的通知》；五是制定培训补贴和职业技能鉴定补贴政策，提高高校毕业生参与技能培训的积极性。

就业见习政策方面，主要针对就业见习基地建设，见习期限，见习期间的基本生活补助、人事代理服务，见习组织管理等若干方面颁布了一些具体规定。就业见习政策的出台，为部分高校毕业生提供了在实际岗位上锻炼学习的机会，便于高校毕业生积累工作经验以及阅历，帮助高校毕业生顺利进入社会，提升了高校毕业生的就业能力。

五、着力化解高校毕业生就业结构性失衡

（一）协同推进产业转型，拓展高校毕业生就业领域

为适应经济增长、产业转型升级的市场需求，适度调整高校毕业生的供给，拓展就业领域，达到产业转型升级与促进高校毕业生就业的良性互动，是缓解高校毕业生就业结构性失衡的根本。具体而言，有以下几点建议：

一是构建产业转型升级与促进大学生就业联动机制。在全面推进供给侧结构性改革、加快转变产业结构和构建现代化产业体系中，要加快实施有利于高校毕业生比较优势的产业升级战略，将发展民营经济、支持中小微企业发展与鼓励高校毕业生创业和促进就业政策结合起来。给予民营经济和中小微企业就业的毕业生与到机关、国企、事业单位就业的毕业生同等待遇，特别是在落户、职称评定等方面实施更加公平的政策。

二是加大力度研究各行业如何扩大用人规模，促进经济领域吸纳高校毕业生就业。针对高校毕业生就业的十大行业领域，根据目前用人情况和未来行业发展趋势，加大研究力度，综合研判，制订行业吸纳毕业生计划。针对金融、房地产、汽车等行业，研究用人需求下降的原因，提出针对性措施。

三是促进社会领域吸纳高校毕业生就业。发展基层公共服务专业组织，加大基层社会治理、技术、医药、教育、环保、文卫等公共服务建设，加快基层事业单位改革，破除体制身份、编制等障碍，鼓励高校毕业生到基层就业。

（二）健全完善市场导向的高校专业设置机制

一是建立高校专业人才需求预警机制。科学设置高校学科及其专业，有效满足产业转型升级发展需求。建立高校专业人才需求预警机制，科学预测未来产业发展对人才需求的总量要求和结构性变化，根据预测适当调整高校专业招生规模，更加注重对未来人才需求量大的专业设置，更好满足经济升级、产业调整和人才发展需求。

二是优化教学内容，改革方式方法。根据经济产业特别是新兴行业发展的需求，引导高校进行专业结构、课程设计、教学内容、教学方法等改革，进一步使高校毕业生的知识、能力、素质与社会真实需求匹配。

（三）充分做好职业技能培训和就业见习工作

打铁还需自身硬。部分高校毕业生特别是本科、研究生的理论素养很强，但动手操作能力较弱。为缓解高校毕业生就业中主观意愿和客观需求之间的矛盾，需要大力发展职业技能培训和就业见习。具体建议如下：

一是建立大学生职业训练中心，专门提供大学生就业服务。由人社部门牵头，发挥各地自身资源优势，建立大学生职业训练中心，承担大学生和离校未就业高校毕业生的职业素养和技能培训工作，每年提供一定学时的免费培训。训练的课程力求贴近新时代新发展阶段的新特征，适应产业发展、市场需求和企业诉求。

二是根据高校毕业生未来职业发展诉求，分类分层进行精准培训。对高校毕业生就业情况进行调查，有针对性地按照职业基本技能、求职技巧、职业技术、职场素养等进行课程设计，满足大众化和专业化的不同需求。

三是适当扩大就业见习的覆盖对象范围，增加见习岗位规模。根据当地就业资金情况和高校毕业生就业情况，放宽就业见习政策对象的资格条件。增加就业见习基地数量，动员机关和企事业单位、政府重大投资项目、重大科研项目设立见习岗位，相应延长见习单位补贴期限，对见习期未满与高校毕业生签订劳动合同的见习单位，给予剩余期限见习补贴。

（四）加快推进毕业生就业服务专业化、高效化

一是建立并充分利用未就业高校毕业生信息数据库和定期跟踪反馈机制，实现服务精准化和及时性。树立“精准服务”理念，为大学生提供符合其自身特点和需求的公共就业服务。公共就业服务部门要联合各高校对在校大学生进行就业摸底调查，记录每一名大学生的就业愿望、就业需求、就业能力等数据，形成全国和地方性高校毕业生就业信息数据库。充分使用未就业高校毕业生信息数据库进行服务需求分析，明确高校毕业生毕业未就业原

因、今后工作规划等情况，通过分类分级，为不同情况的未就业高校毕业生提供精准就业服务。此外，要建立定期跟踪反馈机制，发挥就业援助等公共就业服务的资源优势，精准联络未就业毕业生，及时反映就业需求，提供不间断就业服务。

二是创新高校毕业生公共就业服务模式，推进效能化建设。充分利用“互联网+”优势，创新公共就业服务模式，树立专业化管理理念，加大专业化培训力度，把专业化作为提升服务水平和服务质量的有效抓手，把专业化服务融入高校毕业生公共就业服务的全过程，逐步建立起“一站式”公共就业服务模式。首先，加强公共就业服务能力建设，建立对工作人员的有效监管机制、绩效评估机制和群众满意度反馈机制。其次，探索精细化专门职业指导服务。根据高校毕业生不同的就业需求和实际困难，制订符合其特点和条件的职业指导计划，设计专门的帮助路径、援助措施和解决方案。最后，提供与创业培训指导相联结的服务，实现创业全生命周期的指导和帮扶。及时提供政策信息，帮助落实创业政策，优化创业环境、氛围，通过与创业孵化载体和平台联通，帮助创业者分析创业条件，了解创业项目，整合创业资源，制订创业计划。

（五）对基层就业的高校毕业生加大支持力度

一是在客观方面，缩小东、中、西及东北等区域的经济社会发展差距。依托国家战略，发展中西部和二三线城市，营造良好的就业创业环境，促进各地区之间的公平就业。加大力度促进高校毕业生到基层就业，出台系列优惠政策。例如，推动编制资源向基层和一线倾斜，降低基层机关、事业单位录用门槛，简化招聘程序；支持高校毕业生到农村建功立业，享受就业培训、继续教育、项目申报、成果审定等优惠政策。

二是在主观方面，高校毕业生应当磨炼意志，转变观念。引导高校毕业生树立正确的世界观、人生观、价值观，理性科学地进行职业生涯规划，把实现个人价值和报效祖国、人民结合起来。认真分析自身优势与就业形势，扬长避短，调整心态，认识到实现自身价值不一定要到大城市、大企业、大机关，中小城市、小微企业、广大基层同样也是建功立业的广阔天地，同样能实现自身价值。

（六）营造健康的社会氛围，引导树立科学的择业观

一是营造积极乐观的社会氛围。积极乐观的社会氛围对就业有积极的作用，反之则亦然。加强对大学生社会心理健康指导责任重大，社会、学校、家庭都要主动作为，承担责任。要积极为大学生进行职业心理测评，使其正确认识自己，了解相关职业，为择业奠定基础。高校辅导员应经常与学生沟通，疏导毕业生焦虑急躁等悲观情绪，同时引导高校毕业生树立正确的择业观，设立准确合理的就业期望值。

二是树立科学的就业择业观。对待慢就业现象，公众不必过度恐慌，要客观公正地去认识、引导。政府要掌握离校未就业大学生的精准信息，区分主动或被动的慢就业，引导慢就业大学生制订合理的职业规划，帮助其在“待机”的这段时间里学习技能，精准做好就业服务。街道社区也要做好慢就业毕业生家庭的思想工作，共同促进高校毕业生就业。

（七）营造公平就业环境，严惩就业歧视行为

一是切实执行法律制度有关规定，确保就业机会均等。《劳动法》中就禁止就业歧视作出了明确规定，《就业促进法》也确立了平等就业的原则。然而，在高校毕业生实际求职过程中，不乏就业歧视的案例出现。因此，全社会应当树立法律意识和守法用法的观念，维护法律尊严。政府也应当在更多的场合强调消除就业歧视，通过更多的政策手段来强化公平就业理念，重申就业公平原则，宣传就业歧视的违法成本。对积极支持消除就业歧视的用人单位，应当加大社会宣传，提供一定的优惠政策。

二是用人单位应当避免就业歧视行为发生。用人单位是高校毕业生就业市场的强势一方，应当深入了解《劳动法》等相关法律规定，不得在招聘条件中对高校毕业生的毕业学校、学历、民族、性别、身高、体重、婚姻状况等进行限制，主动营造公平的就业环境。

（执笔：曹佳）

参考资料：

1. 岳昌君，周丽萍．中国高校毕业生就业趋势分析：2003—2017 年［J］．北京大学教育评论，2017（10）：87-106.

2. 孟续铎．当前高校毕业生就业形势和主要问题［J］．中国劳动，2018（5）：4-13.

3. 莫荣，丁赛尔，王伯庆，等．高校毕业生就业研究——产业转型升级下的机遇与挑战［M］．北京：社会科学文献出版社，2018.

4. 鲍春雷．高校毕业生就业政策十年回顾与展望［J］．中国人力资源社会保障，2018（8）：24-27.

5. 刘培．高校毕业生就业矛盾与解决策略［J］．南通大学学报，2014（11）：111-115.

6. 赵祯祺．就业优先：科学破解就业结构性矛盾［J］．中国人大，2019（3）：39-40.

7. 刘野．市场经济条件下高校毕业生就业问题研究［D］．吉林大学博士学位论文，2011.

8. 李婵娟．不可忽视的结构性矛盾：专业与就业——20 世纪 90 年代以来我国关于普通高校专业设置与就业研究的文献综述［J］．大学・研究与评价，2006（12）：78-85.

| 第九章 |

完善重点群体就业支持体系

党和国家高度重视就业工作，2012 年，党的十八大提出就业优先战略，以积极的就业政策落实就业优先战略。2019 年，《政府工作报告》首次将就业优先政策置于宏观政策层面，强化重视就业、支持就业的导向。2020 年，新冠肺炎疫情暴发，国际国内形势复杂多变，农民工、大学生、退伍军人、就业困难人员等重点群体的就业问题凸显，稳就业保民生成为党和国家在当前阶段的重点工作。当前，我国有农民工 2.9 亿人，高校毕业生 874 万人，退役军人累计 5700 余万人。2021 届高校毕业生总规模将达 909 万人，同比增加 35 万人，就业压力巨大。

本章在分析农民工、大学生、退役军人、就业困难人员等重点群体就业支持体系的内涵和结构的基础上，探究重点群体实现更充分更高质量就业面临的主要问题，剖析背后的深层原因，继而提出完善就业支持体系，促进农民工、大学生、退役军人、困难群体等重点群体就业的对策建议。

一、国家支持重点群体就业的体系

（一）重点群体就业支持制度体系的形成

1. 农民工就业支持制度体系

一是支持农民就业的顶层制度。为进一步做好新形势下为农民工服务的工作，切实解决农民工面临的突出问题，有序推进农民工市民化，2014 年 9 月 30 日，国务院印发了《国务院关于进一步做好为农民工服务工作的意见》，围绕稳定和扩大农民工就业创业，维护农民工的劳动保障权益，推动农民工逐步实现平等享受城镇基本公共服务和在城镇落户，促进农民工社会融合，加强对农民工工作的领导等方面进行了顶层制度设计，为新形势下农民工就业工作提供了新方向。2015 年 6 月 21 日，国务院办公厅印发《国务院办公厅关于支持农民工等人员返乡创业的意见》，着重就支持农民工返乡创业工作进行部署，农民工返乡创业的政策环境更加优化。

二是支持农民工就业的工作制度。为促进各级政府大力推进农民工就业工作，国务院建立了协调机制和考核机制。在协调机制方面，2018 年 8 月 9 日，国务院办公厅印发《国务院办公厅关于调整国务院农民工工作领导小组组成人员的通知》，根据机构设置、人员变动情况和工作需要，对国务院农民工工作领导小组组成人员进行调整，以适应农民工工作的新形势。在考核机制方面，为落实保障农民工工资支付工作的属地监管责任，有效预防和解决拖欠农民工工资问题，切实保障农民工劳动报酬权益，国务院办公厅于 2017 年 12 月 6 日印发了《国务院办公厅关于印发保障农民工工资支付工作考核办法的通知》，以考核督促地方落实农民工有关工作。

三是稳定农民工就业的法律制度。为规范农民工工资支付行为，保障农民工按时足额获得工资，2019 年 12 月 30 日 ，李克强总理签署国务院第 724 号令，颁发《保障农民工工资支付条例》，以条例的形式规范农民工工资支付行为，切实维护农民工利益，稳定农民工就业。

2. 大学生就业支持制度体系

为深入推进高校毕业生就业工作，国务院办公厅于 2013 年 5 月 17 日印发了《国务院办公厅关于做好 2013 年全国普通高等学校毕业生就业工作的通知》，围绕落实就业政策、拓宽就业渠道、加强就业服务、开展就业帮扶和援助、促进就业公平、推动教育体制改革及加强就业工作组织领导等方面进行部署，为深入做好高校毕业生就业工作搭建了重要的制度框架。

2014 年 5 月 13 日，国务院办公厅又印发《国务院办公厅关于做好 2014 年全国普通高等学校毕业生就业创业工作的通知》，进一步完善支持高校毕业生就业的制度体系，相较于前一年的文件，本文件更系统更完善，对高校毕业生就业、自主创业及相关服务的规定更加详细和明确。此外，本文件还把离校未就业高校毕业生就业促进工作列入重点工作任务中，要求对该群体实施就业促进计划。

3. 退役军人就业支持制度体系

一是军转干部安置制度。2016 年，中共中央、国务院、中央军委印发了

《中共中央、国务院、中央军委关于做好深化国防和军队改革期间军队转业干部安置工作的通知》，对军队转业干部的安置条件予以放宽，即放宽军队转业干部的安置地区，放宽师级军队干部转业的年龄条件，放宽军队转业干部选择自主择业的军龄和职级条件，放宽在艰苦边远地区和特殊岗位服役的军队转业干部到地级城市安置的条件，进一步完善了军队转业干部安置工作的制度。该通知与2001年印发的《中共中央、国务院、中央军委关于印发〈军队转业干部安置暂行办法〉的通知》及2007年印发的《中共中央、国务院、中央军委印发〈关于进一步做好军队转业干部安置工作的意见〉的通知》一道，共同构成了我国军队转业干部安置的制度框架，进一步完善了军队干部退役安置制度体系，为全面做好军队干部转业安置工作奠定了坚实基础。

二是退役士兵安置制度。2013年7月10日，国务院办公厅、中央军委办公厅转发《关于深入贯彻〈退役士兵安置条例〉扎实做好退役士兵安置工作意见的通知》，明确要求各地要采取有力措施，保障符合安排工作条件的退役士兵就业。2013年7月30日，人力资源社会保障部等部门联合下发了《关于退役军人失业保险有关问题的通知》，就军人退出现役后失业保险有关问题进行了明确，切实维护退役军人失业保险权益。2014年6月23日，民政部、财政部和总参谋部联合下发《关于士兵退役移交安置工作若干具体问题的意见》，对退役士兵安置工作的岗位落实、安置待遇、医疗保险等具体问题进行了明确。上述政策文件的出台让退役士兵安置制度更加健全，退役士兵的安置工作既有了宏观制度依据，也有了具体工作规定。

4. 就业困难人员就业支持制度体系

一是就业援助制度。2014年12月23日，新版《就业服务与就业管理规定》公布，要求公共就业服务机构应当制订专门的就业援助计划，对就业援助对象实施优先扶持和重点帮助，援助对象分为就业困难人员和零就业家庭。2015年5月1日，国务院印发的《国务院关于进一步做好新形势下就业创业工作的意见》，进一步要求合理确定就业困难人员范围，规范认定程序，加强实名制动态管理和分类帮扶。2017年4月19日，国务院印发《国务院关于做好当前和今后一段时期就业创业工作的意见》，进一步提出要确保零就业家庭、有劳动能力的成员均处于失业状态的低保家庭至少有一人稳定就业。

二是公益性岗位制度。《就业服务与就业管理规定》规定，通过落实公益性岗位援助，对就业困难人员实施优先扶持和重点帮助，并对在公益性岗位上安置的就业困难人员按照国家规定给予岗位补贴。2015 年 5 月 1 日，国务院印发《国务院关于进一步做好新形势下就业创业工作的意见》，进一步要求规范公益性岗位开发和管理，科学设定公益性岗位总量，适度控制岗位规模，制定岗位申报评估办法，严格按照法律规定安排就业困难人员，不得用于安排非就业困难人员。2019 年 12 月 24 日，国务院印发《国务院关于进一步做好稳就业工作的意见》，进一步要求加大对就业困难人员的服务援助力度，鼓励围绕补齐民生短板拓展公益性岗位。对从事公益性岗位政策期满仍未实现稳定就业的，政策享受期限可延长 1 年，实施期限为 2020 年 1 月 1 日至 12 月 31 日。

三是残疾就业困难人员就业扶持制度。《就业服务与就业管理规定》要求，公共就业服务机构应当建立就业困难人员帮扶制度。2015 年 5 月 1 日，国务院印发《国务院关于进一步做好新形势下就业创业工作的意见》，进一步要求依法大力推进残疾人按比例就业，加大对用人单位安置残疾人的补贴和奖励力度，建立用人单位按比例安排残疾人就业公示制度。加快完善残疾人集中就业单位扶持政策，推进残疾人辅助性就业和灵活就业。

（二）重点群体就业支持政策体系不断完善

1. 农民工就业支持政策体系

一是就地就近就业政策。为贯彻落实中央统筹推进新冠肺炎疫情防控和经济社会发展工作部署，按照国务院关于应对新冠肺炎疫情影响强化稳就业举措的要求，2020 年 3 月 26 日，农业农村部、人力资源和社会保障部联合印发了《扩大返乡留乡农民工就地就近就业规模实施方案》，围绕就业扶持政策、企业扩大岗位、开发新型业态、加强基础设施建设、优化就业创业服务等方面，全面强化农民工就地就近就业政策供给。

二是职业技能培训政策。为加强新生代农民工职业技能培训工作，促进农民工队伍技能素质全面提升，2019 年 1 月 9 日，人力资源社会保障部印发了《新生代农民工职业技能提升计划（2019—2022 年）》，要求围绕就业技能、岗位技能、技能扶贫、创业创新等方面广泛开展培训，切实创新培训内容，扩大培训供给，做好公共就业服务。

三是返乡创业政策。2015 年 5 月 1 日，国务院印发《国务院关于进一步做好新形势下就业创业工作的意见》，首次将农民工返乡创业作为促就业的重要抓手，此后陆续出台多项政策措施，相关服务体系持续完善。2020 年 1 月 19 日，国家发展和改革委员会等部门联合印发《关于推动返乡入乡创业高质量发展的意见》，对完善农民工返乡入乡创业服务体系提出了全新要求，促使农民工返乡入乡创业更加便利。

2. 大学生就业支持政策体系

一是城乡基层就业政策。2013 年 5 月 17 日，国务院办公厅印发《国务院办公厅关于做好 2013 年全国普通高等学校毕业生就业工作的通知》，提出要引导高校毕业生到国有企业、民营企业、非公有制经济组织就业及城乡基层就业，并鼓励高校毕业生自主创业。

二是小微企业就业政策。2014 年，国务院办公厅在《国务院办公厅关于做好 2014 年全国普通高等学校毕业生就业创业工作的通知》中提出，要推动小型、微型企业在转型升级过程中创造更多岗位吸纳高校毕业生就业，就业渠道得到进一步拓展。2015 年，国务院在《国务院关于进一步做好新形势下就业创业工作的意见》中又明确提出，要落实完善见习补贴政策，对见习期满留用率 50%以上的见习单位，适当提高见习补贴标准。

三是国际组织就业政策。2017 年，国务院在《国务院关于做好当前和今后一段时期就业创业工作的意见》中，首次提出支持高校毕业生到国际组织实习任职。

四是招生入伍就业政策。2020 年，《国务院办公厅关于应对新冠肺炎疫情影响强化稳就业举措的实施意见》首次把扩大招生入伍规模作为吸纳就业的渠道，明确要求扩大2020年硕士研究生招生和普通高校专升本招生规模。扩大大学生应征入伍规模，健全参军入伍激励政策，大力提高应届毕业生征集比例。

3. 退役军人就业支持政策体系

一是促进退役军人就业创业政策。2016年，国务院军队转业安置工作小组联合其他部委及相关部门印发《关于加强自主择业军队转业干部管理服务工作的通知》，对自主择业军队转业干部的就业创业管理服务进行了详细规定。2018年7月27日，退役军人事务部联合中共中央组织部等多个部门印发了《关于促进新时代退役军人就业创业工作的意见》，就促进退役军人（自主就业退役士兵、自主择业军转干部、复员干部）就业创业工作提出详细意见，围绕提升就业创业能力、加大就业支持力度、优化创业环境、健全服务体系等方面作出规定，全面地提出了促进新时代退役军人就业创业工作的政策框架。

二是退役军人就业服务政策。2013年7月30日，人力资源社会保障部、财政部、总参谋部、总政治部、总后勤部等联合印发了《关于退役军人失业保险有关问题的通知》，对军人退出现役后的失业保险问题进行了详细规定，维护退役军人失业保险权益。2013年10月8日，工商总局印发了《关于进一步发挥工商行政管理职能作用做好退役士兵安置工作的通知》，要求要发挥工商行政管理职能作用，大力扶持自主就业退役士兵就业创业。2014年4月29日，财政部、国家税务总局、民政部联合印发了《关于调整完善扶持自主就业退役士兵创业就业有关税收政策的通知》，调整完善了针对自主就业退役士兵的创业就业税收政策。2019年2月2日，财政部、税务总局、退役军人事务部联合发布《关于进一步扶持自主就业退役士兵创业就业有关税收政策的通知》，对退役士兵创业就业的税收政策再次进行调整，进一步为退役士兵创业就业提供便利。

三是退役军人教育培训政策。2014年1月16日，民政部、财政部、总参谋部联合印发《关于加强和改进退役士兵教育培训工作的通知》，对退役士兵参加教育培训的方式、教育培训的内容及教育培训的管理等作了详细规定，全面推进退役士兵的教育培训工作。2014 年 1 月 16 日，教育部印发《关于进一步落实好退役士兵就读中等职业学校和高等学校相关政策的通知》，就退役士兵就读中等职业学校和高等学校相关政策进行明确。2019 年 5 月 6 日，教育部等六部门印发《高职扩招专项工作实施方案》，再次明确支持高职院校招收退役士兵。至此，灵活的职业培训与稳定的中高等职业教育成为推进退役士兵教育培训的两大重要抓手，在推进退役军人就业工作中发挥着重要作用。

4. 就业困难人员就业支持政策体系

一是就业补助政策。2015 年 12 月 30 日，财政部、人力资源社会保障部联合印发《就业补助资金管理暂行办法》，全面落实国家普惠性的就业创业政策，重点支持就业困难人员就业，就业困难人员享受社会保险补贴和公益性岗位补贴。

二是就业激励政策。2016 年 11 月 15 日，《国务院关于激发重点群体活力带动城乡居民增收的实施意见》提出，实施针对有劳动能力的就业困难人员的激励计划，鼓励引导低保对象、建档立卡贫困人口以及残疾人等就业困难人员中具备劳动能力和劳动条件者提升人力资本，主动参加生产劳动，通过自身的努力增加收入。

三是就业服务政策。2019 年 7 月 11 日，人力资源社会保障部印发《关于开展就业政策落实服务落地专项行动的通知》，聚焦就业困难人员等重点群体，全面加强公共就业服务，围绕公布政策服务清单，创新政策推介方式，突出重点群体帮扶，加大招聘专项活动力度等方面进行部署，不断完善就业困难人员等重点群体的就业服务。

（三）重点群体就业支持服务体系分类建设

1. 公共就业服务体系

一是全覆盖的就业服务体系。2012 年 12 月 26 日，人力资源社会保障部、财政部联合印发《关于进一步完善公共就业服务体系有关问题的通知》，围绕公共就业服务的基本原则、范围、内容、水平及监督等方面，全面推进公共就业服务体系建设。2015 年 5 月 1 日印发的《国务院关于进一步做好新形势下就业创业工作的意见》要求，强化公共就业创业服务，围绕服务体系的创业服务功能、经费保障机制、服务能力建设和服务供给模式等方面作出部署，至此，服务体系的建设从就业领域延伸至创业领域。2019 年 12 月 24 日，《国务院关于进一步做好稳就业工作的意见》明确要求，推进就业服务全覆盖，劳动年龄内、有劳动能力、有就业要求、处于失业状态的城乡劳动者可在常住地进行失业登记，申请享受基本公共就业服务。同时，要求健全就业信息监测系统，开放线上失业登记入口，实现失业人员基本信息、求职意愿和就业服务跨地区共享，形成全覆盖的就业服务体系。

二是专业化的就业服务体系。2017 年 4 月 19 日，《国务院关于做好当前和今后一段时期就业创业工作的意见》要求，着力推进公共就业创业服务专业化，提出合理布局服务网点、完善服务功能、细化服务标准和流程、增强主动服务精细服务意识的要求，构建了以创新服务理念和模式、加强公共就业创业服务从业人员职业化建设、落实政府购买基本公共就业创业服务制度、加强公共就业创业服务信息化建设为主要内容的公共服务专业化基本框架。2017 年 7 月 25 日，《人力资源社会保障部办公厅关于推进公共就业服务专业化的意见》进一步落实国务院对公共就业创业服务专业化工作的部署要求，围绕拓展职业指导服务功能、对重点群体精准帮扶、完善就业信息服务制度、加快信息技术应用、创新就业服务模式、推进服务便民利民、提升服务队伍能力、健全就业服务工作机制等方面深入推进就业服务专业化工作，更好地服务于新形势下的就业创业工作。

三是信息化的公共就业服务体系。2015 年 5 月 1 日印发的《国务院关于进一步做好新形势下就业创业工作的意见》要求，加快公共就业服务信息化工作，按照统一建设、省级集中、业务协同、资源共享的原则，逐步建成以省级为基础、全国一体化的就业信息化格局；并部署推进建立就业信息资源库、公共就业信息服务平台、公共就业信息开放共享等工作。2014 年 11 月 6 日，《人力资源社会保障部关于加快就业信息全国联网推进公共就业信息服务平台建设工作的通知》围绕加快就业信息全国联网、加强就业信息质量管理、完善就业信息服务功能等重点任务，部署推进全国公共就业信息服务平台建设工作，着力打造面向全民的公共就业信息服务平台。2016 年 10 月 21 日，《人力资源社会保障部办公厅关于加快推进公共就业服务信息化建设和应用工作的指导意见》再次对公共就业服务信息化建设工作进行部署，围绕公共就业服务业务应用系统建设、创业服务平台打造、就业形式分析研判、资金审核监管与服务绩效考核等方面，深入推进公共就业服务信息化建设。

此外，为服务好农村贫困群体，2017 年 1 月 22 日，《人力资源社会保障部办公厅关于做好农村贫困劳动力就业信息平台有关工作的通知》明确提出依托互联网，通过平台建设全国农村贫困劳动力就业信息实名制动态数据库，形成跨部门、跨地区联动维护机制，使各级人力资源社会保障部门明确本地区就业扶贫工作对象，并动态管理农村贫困劳动力就业失业信息，记载提供相关就业服务和享受政策情况，全面体现本地区就业扶贫工作进展和成效。农村贫困劳动力就业信息平台的建设为农村贫困劳动力再就业提供了极大的便利。

2. 人力资源市场体系

一是统一人力资源市场。2013 年，人社部印发《关于加快推进人力资源市场整合的意见》，首次在全国范围内部署建立统一规范的人力资源市场。2014 年 12 月，人社部、国家发展和改革委员会、财政部联合下发《关于加快发展人力资源服务业的意见》，首次对加快发展人力资源服务业进行全面部署。2017 年 1 月，《“十三五”促进就业规划》提出，提高人力资源市场供求匹配能力，规范人力资源市场秩序，提升人力资源市场匹配效率。2017 年 6 月，《服务业创新发展大纲（2017—2025 年）》提出，鼓励发展专业化、国际化人力资源服务机构。2017 年 9 月，《人力资源服务业发展行动计划》要求，对今后一段时期人力资源服务业发展进行谋划和安排。2018 年 6 月，国务院公布《人力资源市场暂行条例》，从立法层面明确了政府提高人力资源服务业发展水平的法定职责。经过多年的努力，规范统一的人力资源市场基本建成。

二是人力资源服务机构。截至 2021 年底，全国共有各类人力资源服务机构5.91万家，从业人员103.15万人，年营业收入2.46万亿元，比2020年分别增长29.08%、22.31%、20.89%。人力资源服务基础设施不断完善，与互联网、大数据等新一代信息技术广泛融合的新兴业态快速发展，网络招聘、网络培训等在线服务充满活力。2021年，全国共建立4.9万个固定招聘场所、2万个招聘网站。人力资源服务产业园体系不断完善，2021年，全国共建成24个国家级人力资源服务产业园，集聚人力资源服务企业4120家，入驻园区企业年营收4063亿元。

三是人力资源服务行业。2021年，全行业为3.04亿人次劳动者提供了各类就业服务，为5099万家次用人单位提供了专业支持。2021年，全国共举办各类招聘会28.6万场，网络招聘发布岗位信息8.45亿条，培训劳动者2662.22万人次，推荐高端人才141.04万人，管理流动人员人事档案9584.02万份。

3. 职业技能培训体系

一是职业技能培训制度。2017年1月26日，《国务院关于印发"十三五"促进就业规划的通知》明确提出，完善职业技能培训制度，建立终身职业技能培训制度，提高劳动者就业创业能力；实行国家基本职业培训包制度，规范管理，提高补贴标准，增强职业培训的针对性和有效性；探索建立重点产业职业技能培训需求指导目录制度，加大对指导目录内培训项目的补贴力度；建立国家职业资格目录清单管理制度，清单之外一律不得许可和认定职业资格，清单之内除准入类职业资格外一律不得与就业创业挂钩。

二是终身职业技能培训。2018年5月，国务院印发《关于推行终身职业技能培训制度的意见》，提出要加快建立并推行覆盖城乡全体劳动者、贯穿劳动者终身、适应就业创业和人才成长需要以及经济社会发展需求的终身职业技能培训制度，实现培训对象普惠化、培训资源市场化、培训载体多元化、培训方式多样化、培训管理规范化，力争2020年后基本满足劳动者培训需求，努力培养规模宏大的高技能人才队伍和数以亿计的高素质劳动者。2018年8月，人力资源社会保障部下发《关于贯彻落实〈国务院关于推行终身职业技能培训制度的意见〉精神的通知》，加快建立终身职业技能培训体系。

三是新型学徒制培训。2018 年 10 月，人力资源和社会保障部、财政部印发实施《关于全面推行企业新型学徒制的意见》，明确提出按照政府引导、企业为主、院校参与的原则，在企业全面推行新型学徒制，进一步发挥企业主体作用，通过企校合作、工学交替的方式，组织企业技能岗位新招用和转岗等人员参加企业新型学徒培训，促进企业技能人才培养，壮大发展产业工人队伍，努力形成政府激励推动、企业加大投入、培训机构积极参与、劳动者踊跃参加的职业技能培训新格局。

（四）重点群体就业支持平台体系日益丰富

1. 众创空间平台

为适应和引领经济发展新常态，顺应网络时代大众创业、万众创新的新趋势，加快发展众创空间等新型创业服务平台，营造良好的创新创业生态环境，激发亿万群众创造活力，打造经济发展新引擎，2015 年 3 月 11 日，国务院办公厅印发了《关于发展众创空间推进大众创新创业的指导意见》，提出了加快构建众创空间、降低创新创业门槛、优化创新创业公共服务、加强财政资金引导及完善创业投融资机制等重要举措。2015 年 9 月 26 日，国务院印发《关于加快构建大众创业万众创新支撑平台的指导意见》，提出要推动众创、众包、众扶、众筹等大众创业万众创新支撑平台快速发展，创业平台从众创延伸至众包、众扶及众筹等多种类型。2018 年 9 月 26 日，国务院印发《关于推动创新创业高质量发展打造“双创”升级版的意见》，进一步提出要促进创新创业平台服务升级，在强调提升众创空间服务水平的同时，应当同步提升孵化机构、大中小企业融通发展平台、工业互联网创新平台多元载体的服务水平，至此，完善的创新创业平台体系基本形成。

2. 孵化器平台

截至 2020 年底，国内孵化器数量达 5525 家，服务的创业团队规模有较大提高，行业增速明显，中国孵化器的运营收入约为 503. 54 亿元，较 2019 年上涨 11. 92%。近几年，孵化器数量有较大幅度增长，现有孵化器可服务于约300万人的创业团队，市场饱和程度较低，提升空间较大。

3. 示范基地平台

为在更大范围、更高层次、更深程度上推进大众创业、万众创新，加快发展新经济，培育发展新动能，打造发展新引擎，国务院决定重点围绕创业创新重点改革领域开展试点示范，建设一批“双创”示范基地，形成可复制、可推广的“双创”模式和典型经验，为广大创新创业者提供经验借鉴。2016年5月12日，国务院办公厅印发《关于建设大众创业万众创新示范基地的实施意见》，围绕市场主体发展空间、知识产权保护、科技成果转化、财税支持、人才流动及协同创新和开发共享等方面，着力推进区域示范基地、高校和科研院所示范基地、企业示范基地建设，初步遴选出首批28个“双创”示范基地，包括17个区域示范基地、4个高校和科研院所示范基地，以及7个企业示范基地。

为进一步推进“双创”示范基地建设，2017年6月21日，国务院办公厅印发了《关于建设第二批大众创业万众创新示范基地的实施意见》，从深化“放管服”改革、优化营商环境、发展创业投融资、支持海外人才创业及推动融合协同共享发展等方面着手，深入推进“双创”示范基地建设。遴选出第二批92个示范基地，包括45个区域示范基地、26个高校和科研院所示范基地，以及21个企业示范基地。2018年9月26日，《国务院关于推动创新创业高质量发展打造“双创”升级版的意见》明确提出，要充分发挥长三角示范基地联盟作用，推动建立京津冀、西部等区域示范基地联盟，促进各类基地融通发展。要求开展“双创”示范基地十强百佳工程，鼓励示范基地在科技成果转化、财政金融、人才培养等方面积极探索。示范基地联盟的建立，标志着示范基地建设进入高质量发展层面，示范基地联盟为广大创新创业者提供更高水平的示范经验，激发了创新创业活力。

二、重点群体就业面临的突出困难

（一）农民工就业信息不对称

党的十八大以来，我国农民工数量持续增长。如图9-1所示，2012年以来，农民工数量保持增长态势，2012 年农民工总量为 26261 万人，2014 年为 27395 万人，2016 年为 28171 万人，2018 年为 28836 万人。2019 年，农民工总量达到 29077 万人，其中，本地农民工 11652 万人，外出农民工 17425 万人。

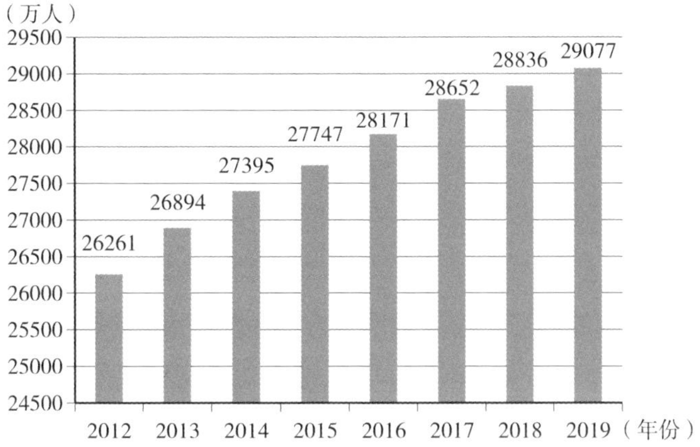

图 9-1　2012 年以来农民工数量的变化趋势

资料来源：根据国家统计局历年的《农民工监测调查报告》的数据整理得到。

国家为了支持农民工就业，在制度、政策、服务、平台等层面做了大量工作，形成了完善的农民工就业支持体系。在制度方面，制定了一系列制度，从顶层设计制度到工作制度和法律制度，制度体系不断健全。在政策方面，出台了一系列政策，包括就地就近就业政策、职业技能培训政策及返乡创业政策等。在服务方面，健全了服务体系，丰富了人力资源市场体系、机构及人力资源服务业本身。在平台方面，推进农民工返乡入乡创业就业示范基地建设，为农民工提供创业就业优质平台。

但是，当前农民工就业面临的问题依然较多，其中信息不对称的情况最为突出，主要表现在以下三个方面：

一是农民工与用人单位之间的信息不对称。企业可能掌握较多的农民工劳动力供给信息，但是农民工却较少掌握企业用工信息。农民工难以通过现代化手段获取相关岗位的需求信息，当前农民工就业信息来源主要是亲戚朋友等熟人，外出务工主要依靠亲戚朋友等熟人介绍入厂，因此农民工就业呈现出一定地域性集聚的特点，即同一村庄的农民工倾向于在同一地方从事相同或类似工作，工作变动也一般由熟人引荐导致，他们难以获得就业市场上较为完整和实时的用人单位的需求信息。

二是农民工与政府之间的信息不对称。政府掌握较多的农民工劳动力供给信息，但是农民工却较少掌握政府相关政策信息。在知识、技术、能力等因素的共同影响下，农民工难以获得政府政策方面的信息，不能很好地利用政府的就业政策、平台来实现更高质量的就业。政府在扶持农民工返乡就近就业及创业等方面已经出台了很多积极的扶持政策，为有意愿返乡入乡创业就业的农民工提供多方面的支持，包括引导资金、金融贷款、技术服务、职业培训等。然而，各种好的政策只有少数消息灵通的乡村经济能人从中受益，而大多数的普通农民工受益有限。

三是农民工与行业之间的信息不对称。行业可能掌握较多的农民工劳动力供给信息，但是农民工却较少掌握相关行业变化的信息。对农民工而言，行业变化信息获取难。农民工难以掌握其就业行业的变化信息，不能灵活地适应瞬息万变的行业变化，极易成为被动失业者，抗失业风险能力弱，再就业难度大。

（二）大学生就业供需匹配难

自高校扩招以来，大学生总量逐步扩大，相应的高校毕业人数也持续增加，党的十八大以来，高校毕业人数快速增长，如图 9-2 所示，从 2012 年的 625 万人增加至 2020 年的 874 万人，高校毕业生就业压力持续加大。

大学生就业面临诸多难题，最为突出的是供需匹配难题，主要表现为以下三个方面：

一是专业设置与社会需求匹配难。1949 年，中国大学引进苏联的专业教育模式，我国高校开始了真正意义的专业教育。20 世纪 90 年代以来，随着市场经济体制的正式确立，我国的高等教育也进行了相应的改革。1999 年，教育部对 1998 年颁布的《普通高等学校本科专业设置规定》做了必要的修订，以适应经济社会的新变化新需求。尽管如此，我国高校的专业设置还存

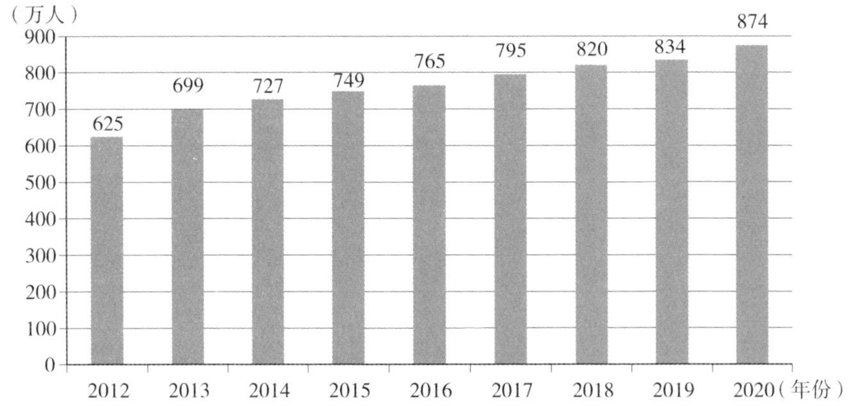

图 9-2　2012—2020 年高校毕业生的总规模变化

资料来源：根据教育部发布的数据整理得到。

在一些问题，包括专业设置存在与经济社会发展脱节，存在滞后性及同质化等，导致我国高等院校的一些专业难以很好地适应社会需求，造成“千人一面”，加剧了高校毕业生“毕业即失业”现象的发生。

二是个人兴趣与岗位需求匹配难。作为高级知识分子，高校毕业生有着自己的人生追求，他们不仅关注物质需求，也注重实现自己的人生理想。然而在现实社会中，整体社会结构形成、工业产业发展、企业岗位设置都是基于经济社会发展的现实需求，需要的是接地气、讲实际的人才，高校毕业生的人生理想、个人兴趣与经济社会的现实需求之间存在一定的差距，加剧了结构性矛盾。

三是点状供给与面状需求匹配难。从全国层面看，高等院校在区域间分布不均衡，北京、天津、上海、江苏、广东、武汉等高等教育重镇拥有大量优质高校，高校毕业生大量集聚在京津冀、长三角、珠三角及长江中游地区，毕业生点状供给现象明显，而用人单位的需求则是全面的，点状供给与面状需求匹配难。从区域层面看，供给与需求匹配难表现为，高等院校在东部、中部、西部及东北地区间的分布不均衡，发达的东部地区集聚了大量高校及毕业生，发达地区高校毕业生不太愿意去中西部及东北地区就业。从省域层面看，点状供给与面状需求的结构性矛盾同样存在，省会等重要城市集聚了大多数高校，高校毕业生优先选择留在省会等主要城市中，前往一般市县就业的意愿相对较低。

（三）退役军人与岗位匹配难

自新中国成立以来，我国退役军人规模累计5700多万人，且每年还在增长。退役军人就业面临诸多问题，最突出的就是人岗不匹配，主要表现在以下方面：

一是文化素质不匹配。我国军队主要从初高中毕业生中招收士兵，两年义务兵服役期之后，条件符合者可继续转志愿兵，以士官身份继续服役。从总体看，在整个服役期，士兵的文化技能水平得到一定程度的提高。在文化方面，纪律意识、服从意识、集体意识得到了提升；在技能方面，掌握驾驶技术，机械操作能力增强。部分士兵或士官通过自学考试等渠道提升了学历水平，但是大部分退役军人的学历水平依然偏低。如图9-3所示，根据兵果果招聘的一份数据显示，大专以下学历的退役军人占51.8%。尽管这些数据不能准确反映退役军人的整体学历水平，但是也可以在一定程度上说明退役军人学历水平不高的基本事实。当前，劳动力市场中的岗位大部分都要求大专及以上学历，一些退役军人的学历水平与用人单位中的岗位要求具有一定差距。

二是信息获取途径较少。军队中缺少专门的就业服务机构，社会中也很少有专门面向军队的招聘平台，军队和社会缺乏有效的联结匹配机制。军队一般实行封闭式管理，不管是军官、士官还是士兵，与外界的接触都很少，因此对经济社会发展情况及形势变化了解较少。同时，部队里对手机、计算机等终端管理较为严格，士兵士官通过互联网了解外界的机会相对较少，这影响其充分获取外界就业信息。

（四）就业困难人员自身就业意愿偏弱

就业困难人员主要指“4050”人员、零就业家庭人员、最低生活保障家庭人员和残疾人等。近年来，我国就业困难人员就业人数经历了一个先下降后上升的过程。如图9-4所示，2012—2016年，我国就业困难人员就业人数

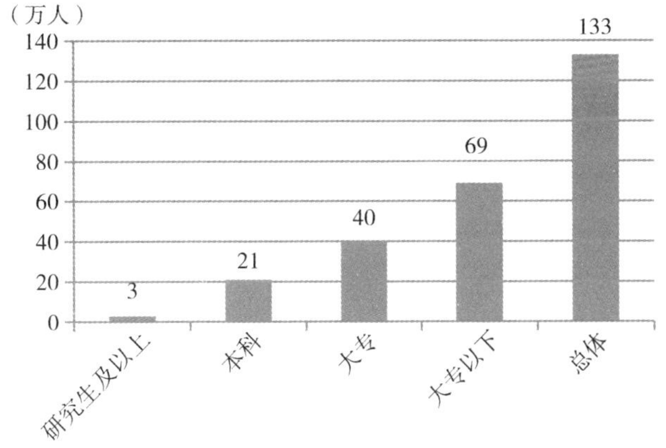

图 9-3 退役军人的学历分布情况

资料来源：根据兵果果招聘发布的《退役军人工作现状调查问卷的数据统计》整理得到。

不断下降，从 2012 年的 182 万人逐年下降至 2016 年的 169 万人。之后人数开始上升，至 2018 年达到 181 万人。2019 年，就业困难人员就业人数略有降低，大致回落至 2017 年水平，为 179 万人。

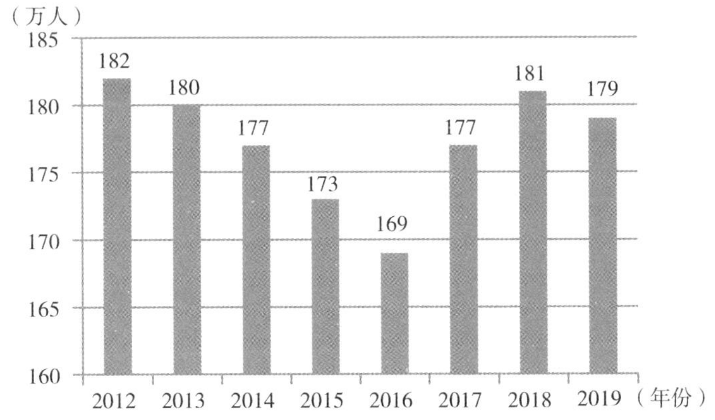

图 9-4 2012—2019 年就业困难人员就业人数变动趋势

资料来源：根据国家统计局发布的数据整理得到。

就业困难人员就业的最大问题在于其就业的内生动力弱，不管是从能力水平还是从态度意愿层面看，就业困难人员都比较欠缺，而处在这种局面下的人员，越困难越不愿做出改变，越难以学习成长。以易地扶贫搬迁为例，尽管政府给建档立卡困难户修房子建扶贫车间，依然有不少困难户拒绝搬迁，仍固守其旧房子和一亩三分地，这固然有乡土情结的原因，但更重要的是其改变生活模式、环境，适应新环境、新工作、新生活的内生动力太弱。在内生动力弱的情况下，即使有相关政策措施加以激励，产生的效果也会受到影响。

三、重点群体就业困难的主要原因

（一）就业信息传输机制不完善

农民工就业意愿强，有工作能力，工作期望一般。就业难的症结在信息获取上。根本原因在于就业信息的传送机制不完善，农民工较难获得相关的用工招聘信息、政府就业政策信息及行业整体变化信息。就业信息传送机制不完善导致了政府、企业及农民工三方彼此隔离，是造成农民工结构性就业失衡的重要原因。

（二）就业供需匹配机制不完善

高校毕业生就业意愿强，工作能力强，工作期望高。就业难的症结在供需匹配上，根本原因在于高校毕业生供给与企业需求间存在区域不匹配、行业不匹配、岗位不匹配等问题。在区域上，高校毕业生优先选择京津冀、长三角、珠三角等发达区域。在行业上，高校毕业生优先选择金融、信息技术等高薪行业，其他行业沦为备选。在岗位上，高校毕业生优先选择脑力型中高端岗位，较少选择体力型中低端岗位。供需匹配机制不完善突出表现在政校供需匹配机制、校企供需匹配机制，以及高校毕业生与企业供需匹配机制三个方面。

（三）就业能力提升渠道较有限

退役军人就业意愿强，工作能力一般，工作期望较高。就业难的症结在于退役军人的文化素质与企业岗位需求具有一定差距，当前部队中缺少专门的就业培训机构。近年来，社会上针对退役军人的职业技能培训较往年有所增加，鼓励退役军人参加中高等教育的文件陆续出台，退役军人就业难的局面有望得到解决。

（四）就业榜样带动效应不强大

就业困难人员就业意愿一般，就业能力低，就业期望低。除了部分“4050”人员以外，零就业家庭人员、最低生活保障家庭人员、残疾人员的就业能力和意向都比较低。就业困难人员就业难的根源是，其就业内生动力不强，外部就业榜样的示范带动效应也未充分释放。要发挥就业困难人员就业脱贫致富的榜样示范作用，带动更多就业困难人员就业甚至创业。

四、积极加强就业支持机制建设

（一）构建就业信息传送机制

一是构建政府信息传送机制。在农民工输出地和输入地之间建立常态化联系机制，形成信息互通长效机制，及时分享农民工供给信息及需求信息。实现政府间在农民工就业信息方面的互联互通，提升农民工就业的人岗匹配效率，切实促进农民工就业。

二是构建政企信息传送机制。在政府和企业之间建立并完善信息传送机制，政府及时分享相关就业政策及农民工供给情况，企业及时分享岗位设置情况及用人需求情况，实现政企间就业信息的互联互通，提高政府对就业形势的掌握程度及企业对就业政策和劳动力供给的了解水平。

三是构建政府与农民工信息传送机制。利用村委会、村综合服务站等平台，构建政府与农民之间的信息传送机制，让农民工掌握政府就业政策信息及企业用工需求信息，让政府部门及时掌握农民工就业、失业、求职等动态信息，更好地推进稳就业工作。

四是畅通农民工就业求助通道。建立健全农民工就业求助机制，畅通农民工就业信息求助通道。可探索建立农民工就业信息发布制度，定期向社会发出公开信，帮助农民工了解并使用其可以享受的基本公共就业服务事项和求助通道。推进“互联网+”就业服务，上线全国统一的求职登记小程序，支持农民工一键享受公共就业服务。

（二）建立就业供需匹配机制

一是建立政校供需匹配机制。在政府和高校之间建立常态化联系机制，在此基础上建立政校供需匹配机制。高校为政府提供毕业生总量、结构、意向等供给信息，政府为高校提供辖区内产业、企业用人需求信息。

二是建立校企供需匹配机制。在高校和各类企业间建立合作机制，在此基础上推进校企供需匹配机制建设，提高高校各院系与社会各行业的供需对接力度，实现校企、院企合作，提升高校毕业生与企业用人需求的匹配效率，促进高校毕业生就业。

三是建立高校毕业生与企业供需匹配机制。强化高校招生就业指导中心建设，鼓励建立高校毕业生与企业供需匹配机制，针对不同就业意向的毕业生，提供不同类型岗位供其选择。同时，强化各地高等院校毕业生就业指导中心建设，在地方和高校就业指导中心间建立无缝衔接机制，提升特定类型毕业生与特定类型用人单位之间的匹配程度，实现高校毕业生更充分就业。

四是建立线上供需匹配机制。实施“互联网+就业招聘计划”，实施线上就业创业服务攻坚季行动，创新开展大规模线上招聘，组织网络招聘春风行动、百日千万网络招聘、民营企业线上招聘月等活动，加大线上发布就业岗位信息力度，促进劳动力市场供需匹配。

（三）拓宽就业能力提升渠道

一是推进技能培训。在军队内部开展面向退役军人的技能培训班，提升退役军人技能水平。建立面向军人的社会职业培训体系，无缝衔接军人服役和学习两个阶段，通过培养提升军人整体技能水平。

二是推进线上就业培训。上线各类职业指导公开课，增强退役军人的求职能力。启动百万军人技能培训行动，拓展新职业培训，以增强退役军人的技术技能。实施退役军人就业见习制度，扩大就业见习规模，以增加退役军人的实践经验，提升退役军人社会化能力。

三是推进国民教育。统筹推进中高等职业教育、高等教育自学考试、成人高等教育等国民教育形式与军队的衔接，建立特色院校，专门招收退役军人、士官或专业干部，形成军队服役、学校学习一条龙安排。

四是推进非国民教育。推进党校与军队衔接，把党校作为培养提升军人整体水平的重要平台。扩大军事院校军人招收规模，让普通士兵及士官有更多机会入读军事院校。

（四）完善典型事例示范体系

一是推进就业困难人员就业脱贫示范。在就业困难人员中，分类遴选各类通过就业实现脱贫的典型案例，做好榜样示范工作，重点推进“4050”人员就业示范、零就业家庭就业示范、最低生活保障人员就业示范以及残疾人就业示范。

二是推进就业困难人员创业致富示范。遴选通过创业脱贫致富的就业困难人员案例，广泛深入宣传，激发就业困难人员就业创业内生动力。

三是推进示范评比工作。通过实施就业脱贫示范、创业致富示范的评比，帮助就业困难人员找出自身短板，发现自身优势，激发竞争精神，提升就业创业脱贫致富内生动力。

（执笔：蔡潇彬）

参考资料：

1. 国家发展和改革委员会宏观经济研究院社会发展研究所．民生：中国全面建设小康社会 40 年［M］．北京：人民出版社，2019.

2. 党的十九大报告学习辅导百问［M］．北京：党建读物出版社，2017.

3. 中共中央宣传部．习近平总书记系列重要讲话读本［M］．北京：学习出版社、人民出版社，2016.

4. 曾湘泉，陈力闻，杨玉梅．城镇化、产业结构与农村劳动力转移吸纳效率［J］．中国人民大学学报，2013（4）：36-46.

5. 都阳．就业政策的阶段特征与调整方向［J］．劳动经济研究，2016（4）：53-72.

6. 付才辉．新结构经济学理论及其在转型升级中的应用［J］．学习与探索，2017

（5）：133-145.

7. 高柏．产业政策与竞争政策：从经济社会学的角度看新结构经济学［J］．上海对外经贸大学学报，2018（3）：5-14.

8. 顾昕．产业政策的是是非非——林毅夫“新结构经济学”评论之三［J］．读书，2013（12）：27-36.

9. 郭新强，胡永刚．中国财政支出与财政支出结构偏向的就业效应［J］．经济研究，2012（S2）：5-17.

10. 郭长林．财政政策扩张、异质性企业与中国城镇就业［J］．经济研究，2018（5）：88-102.

11. 郭长林．财政政策扩张、纵向产业结构与中国产能利用率［J］．管理世界，2016（10）：13-33.

12. 韩晓娜．劳动力供求形势转折之下的就业结构与产业结构调整研究［D］．西南财经大学博士学位论文，2013.

13. 何德旭，姚战琪．中国产业结构调整的效应、优化升级目标和政策措施［J］．中国工业经济，2008（5）：46-56.

| 第十章 |

支持非公有制经济提高就业质量

党的十九大报告指出：必须坚持和完善我国社会主义基本经济制度和分配制度，毫不动摇巩固和发展公有制经济，毫不动摇鼓励、支持、引导非公有制经济发展。党的十九届四中全会进一步提出：健全支持民营经济、外商投资企业发展的法治环境，完善构建亲清政商关系的政策体系，健全支持中小企业发展制度，促进非公有制经济健康发展和非公有制经济人士健康成长。

当前，非公有制经济不仅是我国扩大就业的重要途径，而且对于实现更高质量和更充分的就业具有十分重要的意义。一般而言，就业质量指的是从业者与生产资料结合并获得报酬或收入情况的优劣程度，主要包括从业者的工作收入、工作环境、个人发展前景、对工作的满意度以及用人单位的满意度、家庭的满意度、社会的满意度等。据此，我们可以把非公有制经济的就业质量理解为非公有制经济就业人员与非公有制企业所掌握的生产资料结合并获得报酬或收入情况的优劣程度，主要包括非公有制经济就业人员的工作收入、工作环境、个人发展前景、对工作的满意度以及用人单位的满意度、家庭的满意度和社会的满意度等指标。现阶段，提高非公有制经济的就业质量不仅是适应经济转型升级对就业工作提出的新要求，而且也是解决新时代人民日益增长的美好生活需要和不平衡不充分的发展之间矛盾的重要途径。

一、非公有制经济具有促就业作用

改革开放以来，我国非公有制经济获得了长足发展，逐渐成为我国社会主义市场经济的重要组成部分。从就业方面来看，近年来我国非公有制经济从业人员的就业权益保障体系不断完善，非公有制经济就业的总量和占比均不断扩大，非公有制经济就业的就业结构不断优化，非公有制经济就业人员的工资水平不断提升。

（一）就业制度体系不断完善

进入20世纪90年代以来，随着社会主义市场经济体系不断建立健全，我国的非公有制经济发展迅猛，同时也暴露出人力资本投入不足、员工权益保障欠缺、劳动关系矛盾纠纷较多等问题。对此，我国不断加强就业促进法律法规和劳动保护制度体系建设，非公有制经济就业法律法规和劳动保护制度体系不断完善。

针对我国劳动供求总量矛盾突出、下岗失业人员再就业难较为普遍、新增劳动力和农业转移劳动力就业压力较大、职业教育和职业培训相对滞后等问题，我国从2008年1月1日起实施《就业促进法》。该法规不仅鼓励劳动者自谋职业、自主创业，也鼓励企业吸纳就业，并对就业困难人员再就业进行帮扶，而且给予其免费的就业服务和职业培训补贴。此外，我国不断完善有利于促进就业的产业政策、财政政策、税收政策和金融政策等，并实行有利于灵活就业的劳动和社会保险政策，为广大劳动者在非公有制经济领域就业创造更为良好的政策环境。

改革开放以来，我国相继制定和出台了《劳动法》《劳动合同法》《社会保险法》《劳动争议调解仲裁法》《劳动合同法实施条例》《工伤保险条例》《工资支付暂时条例》等法律法规，对建立和谐劳动关系、缓解非公有制经济经济领域员工劳动权益欠缺等问题发挥了重要作用。

（二）从业人员总量不断扩大

近年来，我国非公有制经济就业人员的数量不断扩大，在全国就业人员总量中所占比重不断上升。根据国家统计局公布的数据，在2009年至2018年的十年间，我国非公有制经济就业人员的数量从16891万人增加到39778万人，增长了1.35倍，年均增长8.92%，在全国就业总人数中的占比也从22.28%上升到51.27%，提高了28.99个百分点。2020年，我国城镇非公有制经济的就业人数达到40437万人，占城镇就业人员总数的87.39%。

从民营经济（包括私营经济和个体经济）方面来看，近年来我国民营经济的就业人数实现了大幅增加。据统计，从2009年至2018年，我国私营企业和个体就业人数从 15192 万人增长到 37413 万人，增长了 1.46 倍，年均增长 9.42%。其中，城镇私营企业和城镇个体的就业人数从 5544 万人和 4245 万人增长到 13952 万人和 10440 万人，分别增长了 1.52 倍和 1.46 倍，年均增长率分别为 9.68%和 9.42%；乡村私营企业和乡村个体的就业人数从 3063 万人和 2341 万人增长到 7424 万人和 5597 万人，分别增长了 1.42 倍和 1.39 倍，年均增长率分别为 9.24%和 9.1%。2020 年，我国城镇民营经济的就业人数达到 29232 万人，比 2018 年增长 4840 万人，占城镇就业人员总数的 63.17%，比 2018 年提高了 6.99%。

（三）就业结构不断优化

从就业结构来看，近年来我国非公有制经济的就业结构不断优化。如表 10-1 所示，从 2009 年到 2018 年，我国按行业分私营企业和个体就业人数都在稳步提高。

从民营经济的情况来看，在第二产业就业的民营经济就业人员所占比重不断下降，而在第三产业就业的民营经济就业人员所占比重则不断上升。在 2009 年至 2018 年的十年间，如图 10-1 所示，在第二产业中就业的私营企业和个体就业人员所占比重从 29.62%下降到 20.16%，而在第三产业中就业的私营企业和个体就业人员所占比重则从 70.38%上升到 79.84%。从第三产业内部的就业结构来看，民营经济中生产性服务业就业人数占比大体呈现不断下降的趋势，而生活性服务业就业人数的占比则不断上升。如图 10-2 所示，在 2009 年至 2018 年的十年间，民营经济中生产性服务业就业人数占比从 72.14%下降到 65.39%，而生活性服务业就业人数的占比则从 27.86%上升到 34.61%。

表 10-1　2009—2018 年按行业分私营企业和个体就业人数（单位：万人）

行业	2009	2010	2011	2012	2013	2014	2015	2016	2017	2018
制造业	3866	4170	4317	4468	4779	5074	5236	5425	5662	5776
建筑业	634	733	773	840	976	1133	1317	1432	1569	1765

续表

行业	2009	2010	2011	2012	2013	2014	2015	2016	2017	2018
批发和零售业	5962	6389	7425	7721	8749	10132	11277	12252	13266	14495
交通运输、仓储和邮政业	513	488	512	838	599	630	650	704	809	964
住宿和餐饮业	916	996	1072	1162	1346	1548	1859	2219	2689	2945
租赁和商务服务业	733	815	970	1120	1273	1599	2087	2329	2723	3038
居民服务、修理和其他服务业	851	956	1083	1149	1217	1400	1556	1762	2037	2200

资料来源：历年的《中国统计年鉴》。

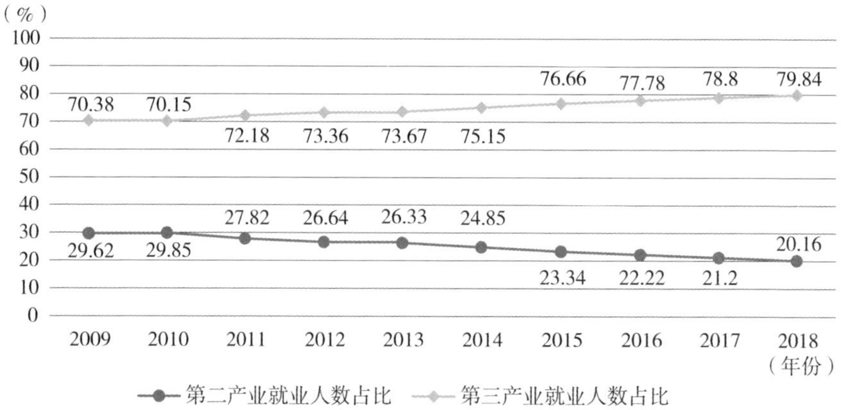

图 10-1　2009—2018 年民营经济就业结构的变化情况

资料来源：根据历年《中国统计年鉴》计算得到。

（四）工资水平不断提升

近年来，我国非公有制经济就业人员的工资水平不断提升，与公有制经济就业人员的工资差距进一步缩小。非公有制经济就业人员的平均工资持续增长，从 2009 年至 2018 年，如表 10-2 和图 10-3 所示，城镇私营企业、港澳台资企业和外资企业就业人员的平均工资均呈现持续增长的态势，十年间平均工资分别增长 1.72 倍、1.92 倍和 1.68 倍，年均增长率分别为 10.52%、

图 10-2　2009—2018 年民营经济中第三产业就业结构的变动情况

资料来源：根据历年《中国统计年鉴》计算得到。

11.31%和 10.36%，明显高于同期国内生产总值的增速。同时，非公有制经济就业人员与公有制经济就业人员在平均工资方面的差距总体上进一步缩小。在 2009 年至 2018 年的十年间，城镇私营单位与城镇公有制单位（即城镇国有单位和城镇集体单位）就业人员在平均工资方面的差距总体上呈现不断缩小的态势，而港澳台资企业和外商投资企业就业人员的平均工资总体上一直高于城镇公有制单位。

表 10-2　2009—2018 年非公有制经济就业人员工资水平的变动情况

年份	2009	2010	2011	2012	2013	2014	2015	2016	2017	2018
城镇私企平均工资（元）	18199	20759	24556	28752	32706	36390	39589	42833	45761	49575
港澳台资企业平均工资（元）	28090	31983	38341	44103	49961	55935	62017	67506	73016	82027
外资企业平均工资（元）	37101	41739	48869	55888	63171	69826	76302	82902	90064	99367

资料来源：历年的《中国统计年鉴》。

图 10-3　2009—2018 年非公有制经济与公有制经济就业人员平均工资比值的变动情况

资料来源：根据历年《中国统计年鉴》计算得到，其中城镇公有制单位的平均工资是城镇国有单位和城镇集体单位平均工资的均值。

二、非公有制经济的就业质量问题

结合我国非公有制经济发展的实际情况，目前我国非公有制经济的就业质量依然有较大的提升空间。

（一）就业人员与岗位需求契合度低

一般而言，就业人员的人力资本水平与企业方人力资源需求之间的契合度是衡量就业质量的重要指标。原因在于企业招用人力资源的目的，就是让其与资本等其他生产要素结合，整体上实现资源最优配置，在既定成本下产生最大效益。从目前的情况来看，虽然近年来非公有制经济就业人员的人力资本水平不断提升，但是与公有制经济领域相比，其就业人员人力资本水平与企业方人力资源需求之间的契合度仍然不高。主要体现在以下方面。

1. 非公有制经济人力资本效率提升面临多重制约

与其他国家相比，我国非公有制经济的构成相对复杂，涵盖高、中、低各个层次，吸纳就业的门槛相对较低，从而造成其从业人员整体人力资本水平不高。如表 10-3 所示，有研究表明，我国私营企业的人力资本效率（即私营企业的人力投入与人力资本产出之间的比率）在 2001 年之前一度高于国有企业，但是在 2001 年之后，国有企业的人力资本效率开始反超私营企业，其主要表现就是私营企业的人力资本效率增长较慢，而国有企业的人力资本效率则迅速提高。①

究其原因，大致可以归结为以下几点：一是政府和相关部门的制度设计不合理，提高了私营企业的用人成本。与国有企业相比，私营企业在行业准入方面仍然面临着“弹簧门”和“玻璃门”，在融资、税收和土地等要素的使用方面仍然面临着诸多歧视。二是国有企业的垄断地位对私营企业人力资本效率的影响。在我国，政府一方面是经济政策和规则的制定者，另一方面也是国有资本的拥有者，导致私营企业在一些领域与国有企业竞争存在一定难度。三是社会就业观念与环境对私营企业人力资本效率的影响。当前，我国一些地区的劳动者还存在重国企、轻私企的就业观念，同时信用制度的缺失也为私营企业的发展留下了隐患，上述社会观念与环境对私营企业人力资本效率均造成不利影响。四是家族式治理模式对私营企业人力资本效率的不利影响。这种治理模式一方面缺乏留住人才的环境，另一方面在心理上和行为上排斥家族以外的优秀人才，从而阻碍私营企业人力资本效率的提高。②

表 10-3　国有企业和私营企业的利润率、人力资本效率、单位资本产出率比较

年份	利润率（%）		人力资本效率（%）		单位资本产出率（%）	
	国有企业	私营企业	国有企业	私营企业	国有企业	私营企业
1998	0.0163	0.2968	0.0896	0.1296	0.4487	1.4008
1999	0.0295	0.2879	0.1047	0.1417	0.4421	1.4175

① 李金荣，姚会元，许峥嵘．中国私营企业人力资本效率变化分析——“国进民退”的一个证据［J］．江汉论坛，2012（3）：69-74.

② 谢琳，李孔岳，周影辉．政治资本、人力资本与行政垄断行业进入——基于中国私营企业调查的实证研究［J］．中国工业经济，2012（9）：122-134.

续表

年份	利润率（%）		人力资本效率（%）		单位资本产出率（%）	
	国有企业	私营企业	国有企业	私营企业	国有企业	私营企业
2000	0.0648	0.2786	0.1355	0.1508	0.4828	1.3477
2001	0.0617	0.2658	0.1586	0.1617	0.4826	1.4845
2002	0.0661	0.2517	0.1865	0.1769	0.5072	1.4786
2003	0.0912	0.2253	0.2471	0.2045	0.5651	1.4443
2004	0.1176	0.2039	0.3558	0.2318	0.6402	1.4813
2005	0.1327	0.1766	0.4469	0.2826	0.7118	1.5756
2006	0.1489	0.1568	0.5485	0.3412	0.7319	1.6595
2007	0.1682	0.1407	0.6868	0.4175	0.7567	1.7638
2008	0.1133	0.1198	0.8025	0.4748	0.7625	1.7969
2009	0.1023	0.3222	0.8135	0.5446	0.6795	1.7773

注：表中利润率=利润总额/固定资产净值；人力资本效率=生产总值/就业人数；单位资本产出率=生产总值/资产总值。利润总额、固定资产净值、生产总值、就业人数、资产总值采用的均是年度数据。

资料来源：李金荣，姚会元，许峥嵘．中国私营企业人力资本效率变化分析——“国进民退”的一个证据［J］．江汉论坛，2012（3）．

2. 非公有制经济的人力资本投资水平总体偏低

我国的非公有制经济尤其是民营经济有相当一部分是由家族式企业起家的，发展模式比较简单粗放，在人才引进和人才培养方面尚未形成较为成熟的规章制度和经验做法，既缺乏吸引人才的环境，也缺乏培养本土人才的人力资本投资机制。在我国部分非公有制企业尤其是私营企业中，“任人唯亲”是一条比较通行的用人原则。这种做法会带来两个不利影响：一是人才选拔上的“近亲繁殖”会使私营企业在人才的选择上越来越窄，优秀人才逐渐减少；二是家族企业过分依赖通过血缘关系建立起来的信任，有意或者无意地对家族以外的员工产生不信任感，从而将一些优秀人才拒之门外。由此可见，我国的部分私营企业仍然缺乏引进人才和留住人才的客观环境，在心理上和行为上排斥人才也导致这些私营企业的人力资源状况难以改善。

此外，营商环境的优劣也会对非公有制经济的人力资本投入水平产生直接影响。有学者以第九次和第十次全国私营企业抽样调查数据为研究样本，实证考察了地区腐败对企业人力资本投资的影响效应，结果发现地区腐败环境显著抑制了企业的人力资本投资。具体而言，在控制了其他因素后，企业所在地区腐败程度越严重，企业的人均培训费用越低，人均培训次数越少。该研究还发现，企业政治关联对腐败环境与人力资本投资之间的关系具有负向调节作用，相较于具有政治关联的企业，地区腐败对无政治关联企业人力资本投资的抑制效应更明显。①

（二）就业人员对体面劳动感知度不高

目前，我国非公有制经济领域就业人员对体面劳动的感知度仍然不高，主要体现在以下方面。

1. 非公有制经济就业人员的就业满意度不高

一般而言，就业满意度是反映就业人员对体面劳动感知程度的重要指标，同时也是就业质量高低的重要衡量指标。从近年来的情况来看，随着非公有制经济的快速发展，以及国家相继出台促进就业高质量发展的相关法律法规和各种规章制度，非公有制经济就业人员的就业满意度不断提升。然而，受到经济增速下行、企业环境有待改善、工资待遇亟须提升等因素的影响，非公有制经济就业人员的就业满意度还不高。北京大学教育学院、教育经济研究所联合发布的《2017年高校毕业生就业状况调查报告》显示，在私营企业（民营、个体）单位就业的高校毕业生的就业满意度低于在党政机关、科研单位、高等学校、国有企业、中小学、三资企业和其他事业单位就业的毕业生。② 上海市人力资源和社会保障局就业促进中心发布《上海市居民就业满意度调查报告（2019）》显示，基本属于非公有制经济领域的租赁和商务服务业的就业满意度最低，比上年度的调查结果相对下降了3.6个百

---

① 涂未宇．地区腐败与企业人力资本投资——基于中国私营企业抽样调查数据的实证检验［J］．当代经济管理，2020（1）：33-39.

② 岳昌君．求职结果与求职花费关系不大——2017年高校毕业生就业状况调查出炉［N］．光明日报，2017-11-25.

分点。从上述两个调查报告可见，在我国当前的国民经济体系中，非公有制经济的地位还不高，这不仅对大众的感知产生影响，而且也对就业人员的就业满意度产生直接的影响。

2. 非公有制经济就业人员对企业的归属感有待提升

员工对企业的归属感也是衡量就业质量的一个重要指标，原因在于员工归属感的强弱对一个企业能否吸引人才、用好人才、留住人才产生直接影响。员工归属感是指员工经过一段时期的工作，在思想上、心理上、感情上对企业产生了认同感、公平感、安全感、价值感、工作使命感和成就感，这些感觉最终内化为员工的归属感。改革开放以来，我国制定和出台了许多促进职工参与企业管理的法律法规。就业人员的主体地位逐渐显现，职工参与的形式愈加多元，职工代表大会、工会、集体协商、职工董事、职工监事、厂务公开等成为非公有制企业职工参与的常见形式。然而，从具体实践来看，在一些劳资关系高度利益化和市场化的非公有制企业中，存在着“参与形式多元但是民主实效不足”的尴尬局面，对职工的归属感产生不利影响：一是职工代表大会的运行逐渐形式化；二是基层工会作用存在局限；三是集体协商作用的“虚化”。

改革开放40多年来，中小型民营企业在我国国民经济中的地位日益凸显，在增加国家税收、提高就业率、维护社会稳定等方面作出了巨大贡献。然而，由于部分中小型民营企业在发展过程中把精力过多投入在企业规模的扩张以及经营利润的增长上，忽视了员工需求的满足、和谐人际关系的构建、健全薪酬体系的建立、企业管理制度的完善等，导致一部分劳动者对企业缺失归属感，出现频繁跳槽的现象，对企业生存和发展造成不利影响。

（三）竞争高效的人力资源市场未形成

竞争有序、灵活高效的人力资源市场有利于实现人力资源的最优匹配，能否形成竞争高效的人力资源市场是衡量国家或地区就业质量的一个重要指标。目前，我国竞争高效的人力资源市场尚未形成，对非公有制经济就业质量的提高形成制约。

1. 非公有制企业人力资源管理体制机制需要改革创新

作为我国国民经济的重要组成部分，非公有制经济发展方式的转变是我国经济发展方式转变的必然要求，而提高自主创新能力、增加产品和服务的附加值、提高竞争力等是其转变发展方式的主要途径。要实现这一转变，关键在于加强非公有制企业的人力资源管理创新，吸引、保持并充分利用高素质的员工。从这一视角来看，建立和健全人力资源管理体制，对于非公有制企业发展方式转变具有十分重要的意义。然而，从目前的情况来看，我国非公有制经济领域很多企业的人力资源管理体制机制仍然存在诸多弊端，亟须进行改革与创新。主要体现在以下方面。

首先，部分非公有制企业管理观念和措施落后，不利于引进和留住人才。一是部分非公有制企业与政府人事部门之间缺乏有效沟通，对我国现行的人事管理政策法规了解和掌握不足，难以制定适合我国国情和企业发展所需要的人力资源管理制度。二是一些非公有制企业内部的管理体制仍然非常落后，有的甚至仍然停留在个体业主制、家族制阶段，明显不适应现代化大生产和人才资源开发的需要。三是一些非公有制企业过分注重规模扩张和利润增长，拖欠、克扣员工工资和资金，随意延长劳动时间，有的甚至故意违反安全生产和劳动保护规章制度，造成劳动关系紧张。[①]

其次，非公有制企业人才资源开发与管理的基础性工作有待加强。一般而言，人力开发的各项基础性工作是提高人才素质和实现人才资源优化配置的重要前提。[②] 截至目前，我国尚未建立健全针对非公有制企业的人才统计年报制度、人才培训制度和人事人才年检制度，各级人事部门难以及时准确地掌握辖区内非公有制企业的人才资源现状及其发展变化趋势，难以制定相关人才政策。上述现象的存在不仅会影响非公有制企业人才开发和管理工作的效率，而且也不利于非公有制企业吸引和留住人才。

---

① 赵海霞．人力资源管理创新与非公有制企业发展方式转变［J］．现代商业，2012（10）：152-153.

② 孙丹．中国非公企业21世纪人力资源管理新思维［J］．中外企业家，2014（8）：116-120.

最后，许多非公有制企业在人才管理上存在着“三重三轻”的问题。一是重使用，轻培养。大多数非公有制企业舍不得在员工培训方面进行投入。二是重当前，轻长远。根据四川省成都市青羊区人力资源市场管理委员会的抽样调查，辖区内80%左右的非公有制企业不仅没有制订企业发展规划书，而且也没有制订中长期人才队伍建设计划，对人才需求往往采取“缺了现找”的状态。[①] 三是重个体，轻群体。目前，多数非公有制企业过分重视使用具有突出贡献或者才能的人才，而往往忽视发挥企业人才的群体效益和团队精神的培养。

2. 市场主导与政府引导有机结合的人力资源市场体系有待健全

人力资源市场是社会主义市场经济体制的重要组成部分，是促进各类人力资源合理流动和优化配置的重要手段。党中央、国务院高度重视人力资源市场工作，自党的十八届三中全会以来，多次提出要充分发挥市场在资源配置中的决定性作用，更好发挥政府作用。然而，从目前的情况来看，我国在非公有制经济领域尚未建立健全市场主导与政府引导有机结合的人力资源市场体系。主要体现在以下方面。

首先，对非公有制企业的人才资源开发仍然存在不合理的政策限制。近年来，我国相继制定和出台了许多促进非公有制企业人才资源开发的政策和措施，但是在一些领域仍然存在不合理的限制，对非公有制企业吸引人才造成一定的困难。

其次，非公有制企业在一些领域较难享受与国有企事业单位同等的人才服务。作为国家的纳税主体，非公有制企业理应享受到与国有企事业单位同等的人才服务，但是目前某些领域的非公有制企业在享受人才服务方面仍然面临一些障碍。一些地方在开展人才服务方面仍然坚持“公私分明”的观念，即政府部门开展的人才服务只面向国有企事业单位，非公有制经济领域的人才服务完全交给市场化的经营主体来承担。

---

① 王艳．对青羊区非公有制经济人力资源发展现状及对策研究［J］．四川劳动保障，2017（7）：40.

最后，政府部门在非公有制企业人力资源管理方面仍然存在缺位的问题。这主要体现为政府部门对非公有制企业人才权益的保护仍然缺乏有效的机制和手段，在有些应该发挥监督管理作用的领域，政府部门未能有效地履行职责，从而使一些非公有制企业经营者有机可乘，损害员工的应得权益。

三、影响就业质量的主要原因

（一）非公有制经济发展面临一些障碍

改革开放以来，党和国家不断深化对我国社会主义初级阶段基本国情的认识，充分肯定非公有制经济在社会主义现代化建设中的重要作用，提出了支持和鼓励非公有制经济发展的多项政策和措施，为非公有制经济的发展创造了良好的政策环境。然而，从政策的具体落实情况来看，某些领域的非公有制经济尚未真正享受到与公有制经济同等的待遇。

1. 市场准入规则不平等

目前，我国对非公有制经济的投资领域仍然设置了许多“禁区”。非公有制经济的经营范围仍受到一定限制。例如，我国境内的银行的股份构成基本是国有或国有股份制商业银行，而民营银行一直到 2014 年才获得经营牌照。

2. 法治环境仍然有待改善

在改革开放的历史大潮中，我国非公有制经济的法治环境不断改善，但仍然存在立法机制不完善、司法保障不及时等一些亟待解决的问题。

（二）非公有制经济自身存在不足

改革开放以来，尤其是党的十八大以来，我国非公有制经济取得了长足发展，其作为我国社会主义市场经济重要组成部分的地位更加巩固。然而，在快速发展的过程中，我国的非公有制经济也暴露出一些突出问题，对其就业质量的提升形成阻碍。

1. 产权结构不合理

投资的高风险性决定了非公有制经济在初创时期的资金主要来源是内源性融资，由此导致以亲缘关系为纽带的组织结构成为我国非公有制企业的典型特征。这种亲缘关系基础上建立起来的企业在产权界定上明确区分了家族内部和外部之间的界限，但是在家族（或者家庭成员）内部则没有明确和严格的界定。在这种情况下，家族式产权的企业具有较强的排外性，不愿意让家族之外的人成为股东，从而使企业失去了重要的融资来源。即便对外融资，这些企业仍然以家族成员绝对控股为前提。上述情况的存在给企业的经营管理带来隐患，对企业的发展壮大造成不利影响。①

2. 治理结构不科学

一般而言，管理制度既是影响一个企业可持续发展的重要因素，同时也对企业员工就业质量的提升有着至关重要的影响。目前，我国90%以上的非公有制企业是中小企业，这些企业的产权较为单一，通常采用“家族化治理”的模式。在这种治理模式下，企业的产权和经营权高度集中于家族，成员决策家长化、经营激励机制双重化成了治理的常态。这种家族式管理往往把家庭管理方式带入企业管理之中，容易导致管理的非专业化、非市场化和非科学化，进而对企业的发展带来不良影响。

3. 用人机制不规范

随着知识经济和数字经济的到来，越来越多的非公有制企业认识到人才是企业发展的第一资源。近年来，许多非公有制企业对人才的重视程度不断提高，用人机制不断完善。然而，从总体上看，用人机制不规范仍然是制约非公有制经济可持续发展的重要因素，对非公有制经济就业质量的提升带来负面影响。主要体现在以下几个方面。

一是招聘程序不规范。通常情况下，企业的招聘行为应当围绕企业的战略和长期规划展开，既要考虑现实需求，也要考虑企业长远发展的需要。这就要求企业必须建立一套科学规范的用人机制。目前，我国许多非公有制企

① 樊增强．非公有制经济发展面临的问题及对策［J］．生产力研究，2001.

业尚未建立科学规范的用人机制，导致招不到企业所需的人才。具体表现在，在招聘方式上多数企业采用传统的面试法，即主要靠企业家或者管理者的个人经验决定是否录用应聘者，而很少综合考察应聘者的分析能力、组织能力和人际交往能力。与此同时，由于非公有制企业具有明显的亲缘倾向，外部人员很难触及关键性的管理岗位，这也是优秀人才不愿意到非公有制企业就职的重要原因。

二是人才使用的功利性。许多非公有制企业的管理者对人才抱有过高的期望值，这些企业在人才招聘上通常热衷于招聘能人、专家，甚至不惜重金挖人，而往往忽视企业内部人才队伍的培养，不重视对企业员工加强技术技能培训。此外，一些非公有制企业往往只注重短期效益，缺乏人才培养的长效机制，忽视在人才培养上的投入，缺乏与企业长期发展战略相匹配的培训机制。

三是人才激励机制不健全。我国许多非公有制企业能够通过优厚的物质条件招聘到优秀人才，但是却缺乏能够留住人才的激励约束机制，在人才的考核内容、考核标准等方面存在很强的随意性。这种情况往往导致非公有制企业在人才管理上陷入两种极端的困境：不进不出，在人才管理上过分强调稳定性，导致人才不进不出的僵化局面；担心人才流失，不愿耗资培养人才。

四、国外提高就业质量的政策举措

（一）美国拥有多元的公共就业服务系统

2008 年全球金融危机以来，为实现经济复苏，缓和国内矛盾，美国通过建立健全多元化的公共就业服务系统，积极致力于提高就业质量。

一是加大联邦政府的支持力度。在美国，由于劳动力跨地区流动频繁，联邦政府对地方的公共就业服务承担主要责任。联邦政府通过全国统一的“雇主工薪税”，为美国劳工部门所属的公共就业服务机构提供主要的资金支持。如为地方政府提高津贴水平提供资金支持，为建立失业保险基金和就业服务计划的州政府提供配套资金，同时要求各州设立就业补助项目。此外，联邦政府不仅对地方政府的公共就业机构提供资金支持，还制定相关法规和激励政策，为提供公共就业服务的民营机构提供财政支持。①

二是加强对职业教育与就业培训的投资。美国通过各种立法，为职业教育的发展提供了雄厚的资金支持。比如，1946年的“乔治—巴顿法案”要求从联邦到各州都要为发展职业技术教育专门立法并给予财政补助；1958年的“国防教育法”由联邦政府增拨大量经费，加强科学技术方面的教育。此外，美国的就业服务十分重视对劳动者进行职业培训，联邦政府每年都拨出大量资金资助各州开展形式多样的职业培训，并对与企业合作为失业青年提供培训实习机会的学校予以资助，以提高劳动者就业能力。

三是支持公共就业服务体系的建设。建设完备的数据库与网络信息平台：通过劳动力信息网向雇主和求职者提供免费服务；通过职业信息网向求职者和雇主提供雇佣双方的意向、工资水平等方面的信息；通过学习交流网为雇主和求职者寻找培训机会。建立“一站式”就业服务机构：“一站式”就业服务机构将州、地区政府部门与职业教育培训机构、失业保险服务机构以及其他就业公共服务组织联合到一起，求职者在一个地方就能获得包括就业咨询、职业教育培训等在内的完整全面的服务。

（二）德国实施积极的劳动力市场政策

德国政府十分重视就业问题，始终采取积极的措施促进就业机会的增加，保障劳动者的就业权利，并根据经济形势适时调整完善就业政策。

一是充实积极劳动力市场政策的内容。包括工作创造计划、再培训等帮助失业者重返就业岗位和提高劳动力收入水平的措施：增加员工培训资金投入，包括为新增就业人员、就业困难弱势群体和各类失业人员提供职业培训资金，如为提供职业培训的中介机构及企业提供运营的成本，为接受培训人员提供生活补贴等；设立创业津贴，创业补贴一般分为提供为期3年的创业生活补贴和提供一次性6个月的创业补贴两种，以鼓励就业者自主创业；建立失业防范机制，政府出资资助企业聘用专业的咨询公司，在企业出现危机

---

① 金向鑫．发达国家提升就业质量的政策经验与启示［J］．商业经济，2020（5）：135-136+183.

时，为企业即将失业的人员提供咨询和再就业服务；实行劳动力保护政策，建立了完善的失业保障制度，失业人员缴费如果达到规定年限，失业后可领取失业保险金。①

二是强化创造就业岗位的相关经济政策：基础设施建设投资拉动就业，政府投入大量资金用于基础设施建设，带动了相关产业的发展，如旅游业、手工业等，从而创造了更多的就业岗位；加大对中小企业发展的财政支持，各级政府成立专门指导中小企业的业务部门，为中小企业提供创业贷款、担保贷款、贴息贷款等，发挥中小企业吸纳就业的作用；政府出资购买公益性就业岗位，由政府出资开发以满足社区及居民公共利益为目的的管理和服务岗位，为失业者重返劳动力市场打下良好基础。

（三）日本完善非正规就业的社会政策

一是规范非正规就业的法律法规。非正规就业的基本特征是有雇佣期限且期限较短，如打零工、短期合同工、劳动派遣工、小时工、委托及其他形式等。日本在 1993 年制定了首部专门以短期劳动者为对象的《短期劳动者的雇佣管理法律》（简称为《短时工劳动法》）；2004 年修订《劳动者派遣法》，规定用人单位与派遣工签订劳动合同的最长期限不能超过三年，否则必须将其转为正式工；2008 年实施、2012 年修订的《劳动合同法》进一步强化了对非正规就业的保护，包括禁止以合同期满为由单方面解除雇佣关系，禁止在正式和非正式员工之间设定差异性劳动条件等。

二是针对非正规就业的社会保障和社会福利政策。在养老保险方面，日本 2016 年的养老保险制度改革规定，非正规就业者即使劳动时间和劳动天数达不到正规就业者的四分之三，满足一定条件也可加入厚生年金；在医疗保险方面，在 2016 年的医疗保险制度改革中，进一步放宽了医疗保险的加入条件，扩大了非正规就业人群医疗保险的覆盖范围；在失业保险方面，2016 年修订的失业保险制度进一步缩短了雇佣时间要求，将 6 个月的劳动合同期限

---

① 金向鑫．发达国家提升就业质量的政策经验与启示［J］．商业经济，2020（5）：135-136+183.

修改缩短为“31天以上”，扩大了非正规就业者参加失业保险的范围。此外，为保障非正规就业女性的社会福利权，还赋予工作女性休产假和育儿假的权利。如2016年修改的《育儿护理休假法》规定，非正规就业女性满足一定条件，可享受育儿休假待遇。[①]

（四）对我国的启示

一是增加社会保障和就业支出。我国财政用于社会保障和就业的经费与发达国家相比仍有较大差距。为此，应逐步增加财政用于社会保障支出的比重，补贴企业和个人养老保险缴费。在总缴费水平不变的前提下，减轻企业和个人的缴费压力，提高保障水平，扩大社会保障的覆盖面，保证下岗失业人员、农民工和灵活就业人员等都纳入社会保障体系。

二是加大职业教育和培训投入力度。从长期来看，要依靠劳动者素质的提高来推进就业质量的提升。应进一步加大对职业教育特别是民办职业教育的师资队伍、基础设施建设的投入，为高职院校学生成才提供经费保障。建立职业培训补贴资金的增长机制。对培训机构的师资培训、教材开发、技能竞赛等基础工作加大资金支持力度。

三是加大对中小企业发展的扶持力度。应通过增加现有中小企业财政专项资金种类，建立中小企业信用担保基金等，加大对中小企业创新财政资金支持力度；建立健全中小企业税收优惠法治体系，增加间接优惠方式，多层次、全方位加强对中小企业科学技术创新的税收激励。

四是加强就业公共服务平台建设。借鉴国外经验，省（市）政府应制定相应的制度，对基层公共服务平台建设提供政策和资金支持。扩大财政预算范围，建立财政对就业公共服务投入的长效机制，为人员经费和建设经费提供保障。通过就业专项资金，优先保障基层开展就业公共服务信息网络设备建设、软件开发和网络建设的投入，确保城乡居民都能够享受到均等的公共就业服务。

五是完善促进新就业形态发展。通过加大创业补贴投入、支持创业创新

---

① 金向鑫. 发达国家提升就业质量的政策经验与启示［J］. 商业经济，2020（5）：135-136+183.

平台建设等方式，加大对创新创业平台的扶持力度；探索适应灵活就业人员的失业、工伤保险保障方式，对于符合条件的灵活就业人员给予灵活就业社会保险补贴和自主创业扶持补贴。

五、提高非公有制经济就业质量的对策

（一）构建支持非公有制经济发展的新型政商关系

一是深化市场准入改革，进一步扩大资本流动，加快知识密集型服务业开放，积极降低土地、能源、通信、物流、融资等基础性成本。健全和完善市场准入的法律制度建设，通过加强和改进反垄断、反不正当竞争执法，严格执行“全国一张清单”管理模式，建立清单信息公开机制，逐步放宽垄断行业的市场准入条件，着力破除行政性垄断，让更多非公有制经济进入相关领域中，从而形成良性竞争和可持续发展。

二是破除非公有制经济行政性壁垒。要进一步落实“放管服”，缩短企业开办时间，精简审批手续，打破地区封锁和行业垄断。

三是在退出机制上“放宽”，畅通市场化退出渠道。完善企业破产清算和重组等法律制度，提高注销登记便利度，进一步做好“僵尸企业”处置工作。在市场竞争中优胜劣汰，培育更多充满活力的市场主体，进一步激发非公有制经济的活力和创造力。

（二）营造依法保护非公有制经济的法治环境

要加快落实党和国家关于保护和促进非公有制经济发展的政策措施，坚决铲除各种阻碍非公有制经济发展的障碍，为非公有制经济长远发展提供稳定预期，使广大非公有制经济从业人员“吃下定心丸”，促进劳动力市场稳定发展。

一是破除由于历史原因形成的“二元所有制”壁垒，消除“歧视性的货币政策”“歧视性的监管政策”等，促进各种所有制经济主体权利平等、机会平等、规则平等，完善竞争政策框架。

二是营造支持非公有制经济高质量发展的政策环境，通过完善金融服务体系，拓宽非公有制企业融资渠道，降低企业税费负担，进一步优化减税降

费方式，大力减免小微企业的税收，促进非公有制经济发展。

（三）营造公平竞争、诚信经营的市场环境

一是完善非公有制企业的产权保护制度。要使产权保护制度成为非公有制经济发展的定心丸和信心来源，让非公有制企业敢于发展创新也勇于发展创新，真正实现要素市场化配置。同时，也要划清政府、企业和市场的权责界限，让市场“看不见的手”与政府“看得见的手”形成合力，协调配置好政府和市场的关系，营造支持非公有制经济健康发展的制度环境。

二是完善非公有制企业的治理结构。要建立灵活有效的非公有制企业组织制度，实现企业从家族制的人治管理向规范化的现代企业制度管理的转变，建立基于产权结构多元化的企业科学决策和民主决策机制。

三是构建规范完善的企业用人机制。要充分认识人才招聘和选用工作的重要性，建立健全科学的招聘程序和激励约束机制，制定科学的人才选拔标准和考核评价标准，形成具有非公有制企业特色的完善的人才管理办法。

（四）营造尊重非公有制经济的社会环境

一是优化非公有制经济发展的舆论环境。充分利用各种媒体的作用，向社会传播非公有制经济的正面影响，优化支持非公有制企业家和公民个人创新创业的舆论环境，营造整个社会尊重企业家和尊重创业者的社会氛围。

二是树立正确的舆论导向。加大宣传非公有制企业在扶贫、救灾、环保、慈善等公益事业方面的贡献，逐渐改变非公有制经济的整体形象，为非公有制经济的进一步发展创造良好的条件。

（执笔：潘华）

参考资料：

1. 刘家强，盛伟，唐代盛，陈家建．中国就业保护对劳动力市场运行效率影响研究［J］．中国人口科学，2018（2）：64-77+127.

2. 金向鑫．发达国家提升就业质量的政策经验与启示［J］．商业经济，2020

（5）：135-136+183.

3. 王阳．供给侧结构性改革中就业质量的突出问题和提高路径［J］．中国人力资源开发，2019（9）：48-62.

4. 谭永生．中国更高质量和更充分就业的测度评价与实现路径研究［J］．宏观经济研究，2020（5）：82-90+101.

5. 贾毓慧，冯帅章．中国城镇就业质量指数研究［J］．调研世界，2020（6）：10-15.

6. 张彬斌．有效破解结构性矛盾是提高就业质量的关键［J］．中国发展观察，2019（10）：33-36.

7. 苏丽锋，高东燕．欧盟内部移民流动特征与就业质量研究［J］．中国人口科学，2019（5）：56-68+127.

8. 王保忠，何炼成，李忠民，刘阳．我国非公有制经济发展质量提升路径与对策研究［J］．经济纵横，2016（10）：33-39.

9. 田萍．技术进步对我国质量型就业影响及其路径［J］．中国高校社会科学，2019（6）：48-57.

10. 梁海艳．中国流动人口就业质量及其影响因素研究——基于2016年全国流动人口动态监测调查数据的分析［J］．人口与发展，2019（4）：44-52.

11. 李志明，邢梌琳．巩固民生之本：实现更高质量和更充分就业［J］．学术研究，2019（9）：1-6.

12. 李金荣，姚会元，许峥嵘．中国私营企业人力资本效率变化分析——“国进民退”的一个证据［J］．江汉论坛，2012（3）：69-74.

13. 孙睿君．我国动态劳动需求及就业保护制度的影响：基于动态面板数据的研究［J］．南开经济研究，2010（1）：66-78.

14. 谢琳，李孔岳，周影辉．政治资本、人力资本与行政垄断行业进入——基于中国私营企业调查的实证研究［J］．中国工业经济，2012（9）：122-134.

15. 杨涛．广东工会改革研究——基于非公有制企业职工参与的视角［J］．中国劳动关系学院学报，2019（4）：50-59.

16. 淦未宇．地区腐败与企业人力资本投资——基于中国私营企业抽样调查数据的实证检验［J］．当代经济管理，2021（1）：33-39.

17. 岳昌君．求职结果与求职花费关系不大——2017 年高校毕业生就业状况调查出炉［N］．光明日报，2017-11-25.

18. 吴静，陈春林．民营企业员工归属感缺失问题与社会工作介入［J］．江西科学，2015（3）：445-448.

19. 路路．中小民企员工关系管理现状及企业社会工作介入研究——以温州市某服装企业为例［D］．华中农业大学博士学位论文，2014.

20. 赵海霞．人力资源管理创新与非公有制企业发展方式转变［J］．现代商业，2012（10）：152-153.

21. 孙丹．中国非公企业 21 世纪人力资源管理新思维［J］．中外企业家，2014（8）：116-120.

22. 王艳．对青羊区非公有制经济人力资源发展现状及对策研究［J］．四川劳动保障，2017（7）：40.

23. 尚国干．发展非公有制经济重点解决的几个问题［J］．人民论坛，2017（12）：88-89.

24. 丁兆庆．经济新常态下民营经济发展环境研究［M］．北京：经济科学出版社，2015.

25. 樊增强．非公有制经济发展面临的问题及对策［J］．生产力研究，2001.

26. Agiezka Piasna，Brendan Burchell，Kirsten Sehnbruch. Job quality in European employment policy：one step forward，two steps back?［J］. Franster，2019.

27. Shih-CHil Chen，Wei Jiang，Yin Ma. Decent work in a transition economy：An empirical study of employees in China［J］. Technological Forecsting & Social Change，2020.

28. Umar Mukhtar，Zhang bao Zhong，Beihai Tian，Amar Razzaq，Muhammad Asa dur Rehman Naseer and Tayyaba Hina. Does Rural-Urban Migration Improve Employment Quality and Household Welfare? Evidence from Pakistan［J］. Sustainability，2019.

29. Xianglong Xu，Huibin Cui，Ruier Liu，Shishun Liang. Empirical Study on the Impact of Emloyment Guidance and Employment Service on the Improvement of Employment Quality of College Graduates—— Based on Micro-data In S Normal University［J］. 3rd International Conference on Economics and Management，Education，Humanities and Social Sciences（EMEHSS 2019），2019：462-473.

第十一章

积极应对就业领域长期结构性失衡

一、应对就业领域长期结构性失衡必要且迫切

近年来，我国劳动力市场供求关系发生了改变，劳动力需求增长速度持续高于劳动力供给增长速度，长期以来劳动力供给大于需求的局面发生了扭转，劳动力供不应求的现象显现，并呈现持续加剧态势。从劳动力市场求人倍率（即岗位空缺与求职人数的比率）的变动情况看，如图 11-1 所示，进入 21 世纪以来，我国人力资源市场岗位空缺与求职人数比呈持续上升趋势，2010 年起，劳动力供求关系由供过于求转变为需求大于供给，且供不应求的程度持续扩大。2001 年，我国劳动力市场岗位空缺与求职人数的比率为 0.71，这意味着平均每 10 个求职者竞争 7 个空缺岗位。到 2010 年，求人倍率达到 1.01，劳动力市场供需总量接近平衡。2020 年，劳动力市场求人倍率进一步升至 1.52。

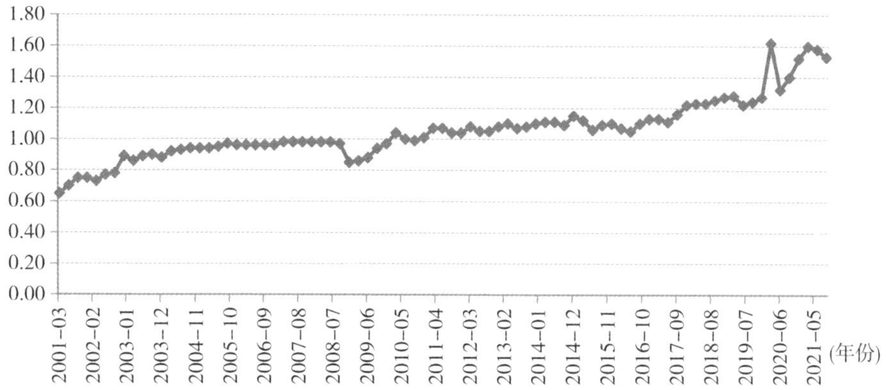

图 11-1　我国公共就业服务机构市场求人倍率变化

资料来源：根据人力资源和社会保障部网站公布的历年《全国部分城市公共就业服务机构市场供求状况分析》数据整理得到。

当前，我国劳动力市场“招工难”与“就业难”的现象并存。一方面，

“招工难”从个别地区、个别行业向全国更多地区、更多行业扩散；另一方面，高校毕业生“就业难”等问题依然严峻。“多岗空缺”与“一岗难求”并存的就业领域结构性矛盾突出。与就业领域总量压力相比较，就业领域结构性失衡的挑战更加突出。就业是最大的民生，解决好我国超大规模的就业问题，始终是党和政府推进经济社会发展的重中之重，也是实现更高质量和更充分就业的重要目标（陈建伟，2020）。

就业是民生之本，保民生就业是“六保”首要任务。党的十九大指出，我国社会的主要矛盾已经转化为人民日益增长的美好生活需要和不平衡不充分的发展之间的矛盾。在就业领域，我国不仅存在解决超大规模就业的问题，还面临日益凸显的结构性就业矛盾挑战。党的十九届四中全会提出要健全有利于更充分更高质量就业的促进机制。积极应对就业领域结构性失衡，是提高就业能力，实现更充分更高质量就业的重要途径，也是促进产业转型升级和经济结构调整的必然要求。

就业领域结构性失衡主要指劳动力要素供给与需求不匹配，空岗与失业同时存在。理论上，就业领域结构性矛盾可以归纳为两种类型，一种是在特定地区劳动力市场中的就业岗位与劳动力类型不匹配，或者说劳动力市场中岗位技能需要与劳动力所具备的技能素质不一致；另一种是劳动力市场中劳动力供给和需求在不同地区间存在不匹配，即就业岗位的地区分布与劳动者所在地区分布不一致。由于市场失灵和政府失灵等因素，就业领域结构性失衡现象长期存在。

二、就业领域长期结构性失衡的主要表现

在不同国情、不同时期、不同发展阶段下，就业领域结构性失衡的表现有所差异。现阶段，我国就业领域结构性失衡突出表现为“就业难”与“用工荒”现象并存，具体体现在技能结构、产业结构、区域结构和社会结构等方面。我国就业领域长期结构性失衡现象持续存在，并呈现不断加剧的势头。

（一）就业技能结构性失衡常态化

进入新时期，我国“技工荒”与“民工荒”的现象不仅未能缓解，更有加剧势头。

一方面，技能人才尤其是高技能人才短缺的现象长期存在。在供需总量匹配上，劳动力市场对技能人才的用人需求很长一段时期内超出技能人才的供给，且技能人才短缺程度呈扩大趋势。在技能人才中，高技能人才短缺的情况尤为严重（张原等，2008；常兴华等，2017）。人社部发布的全国部分城市公共就业服务机构市场供求状况显示，2004 年，各类技术等级岗位空缺与求职人数的比率在 1.2 以上，其中，高级技师这一比率最大，达到 1.83。到 2020 年一季度，各类技术等级岗位空缺与求职人数的比率均在 2.0 以上，技能人才紧缺程度明显加大。

另一方面，非技能普通劳动力也出现供不应求的现象，就业极化趋势有所显现。近年来，从事简单体力劳动等一线普通劳动者的用人需求快速增长，相应劳动力供给增长不足，包括推销展销人员、餐饮服务人员、简单体力劳动人员等学历技术要求较低的劳动力短缺情况显现。如图 11-2 所示，劳动力市场中普通劳动者用工需求占全部用人需求的比重近年来呈持续上升趋势，2013 年一季度，对劳动者技术等级或专业技术职称没有要求的用人需求占比为 42.2%；到 2019 年一季度这一比例提高至 52.7%，占半数以上；2020 年一季度，受新冠肺炎疫情等因素影响，在用人需求中，无技术等级要求的占比高达 68.1%。

（二）产业就业结构性失衡常态化

就业结构长期滞后于产业结构，二者存在偏离，且有加剧势头。随着产业结构升级的加快，劳动力市场就业结构也在逐渐优化，但我国就业结构与产业结构间仍存在一定程度的偏离。如表 11-1 所示，2012 年，三次产业比重分别为 9.1：45.4：45.5，第三产业增加值占国内生产总值的比重首次超过第二产业，产业结构历史性地进入了“三二一”时代。但是，从就业结构上看，劳动力在第一产业的就业比重仍然偏高，二次产业就业人口的比例分布为33.6∶30.3∶36.1，第二、三产业的就业人口比重较低。2020年，农业增加值占国内生产总值的比重只有7.7%，但是农业劳动力占劳动力总量的比重却达到23.6%。

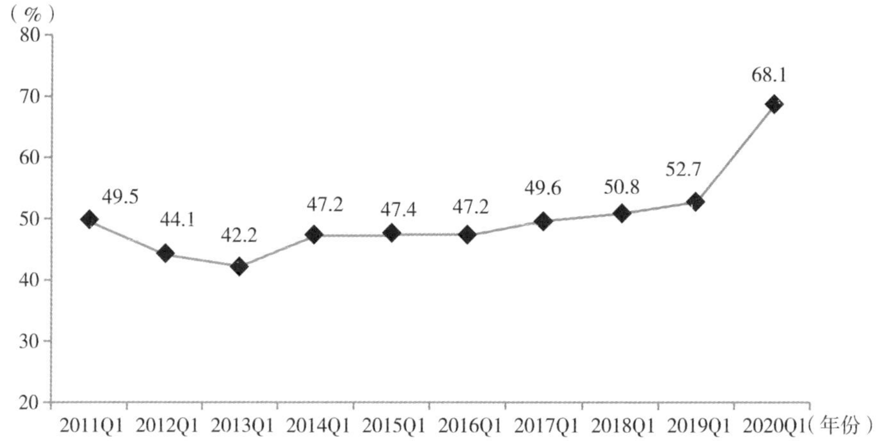

图11-2　劳动力市场中普通劳动力需求变化情况

资料来源：根据人力资源和社会保障部网站公布的历年《全国部分城市公共就业服务机构市场供求状况分析》数据整理得到。

表11-1　产业结构与就业结构（单位：%）

年份	产业结构			就业结构		
	第一产业	第二产业	第三产业	第一产业	第二产业	第三产业
2000	14.7	45.5	39.8	50.0	22.5	27.5
2001	14.0	44.8	41.2	50.0	22.3	27.7
2002	13.3	44.5	42.2	50.0	21.4	28.6
2003	12.3	45.6	42.0	49.1	21.6	29.3
2004	12.9	45.9	41.2	46.9	22.5	30.6
2005	11.6	47.0	41.3	44.8	23.8	31.4
2006	10.6	47.6	41.8	42.6	25.2	32.2
2007	10.2	46.9	42.9	40.8	26.8	32.4
2008	10.2	47.0	42.9	39.6	27.2	33.2

续表

年份	产业结构			就业结构		
	第一产业	第二产业	第三产业	第一产业	第二产业	第三产业
2009	9.6	46.0	44.4	38.1	27.8	34.1
2010	9.3	46.5	44.2	36.7	28.7	34.6
2011	9.2	46.5	44.3	34.8	29.5	35.7
2012	9.1	45.4	45.5	33.6	30.3	36.1
2013	8.9	44.2	46.9	31.4	30.1	38.5
2014	8.6	43.1	48.3	29.5	29.9	40.6
2015	8.4	40.8	50.8	28.3	29.3	42.4
2016	8.1	39.6	52.4	27.7	28.8	43.5
2017	7.5	39.9	52.7	27.0	28.1	44.9
2018	7.0	39.7	53.3	26.1	27.6	46.3
2019	7.1	39.0	53.9	25.1	27.5	47.4

资料来源：国家统计局网站。

就业结构对产业结构的偏离度（如图 11-3）显示，第一产业就业人数比重对产业增加值比重的偏离度长期为正值，第二产业和第三产业就业人数比重对产业增加值比重的偏离度长期为负值，且绝对值上第一产业偏离度远大于第二产业和第三产业。这表明，第一产业的产业结构和就业结构存在相当程度的不合理，且整体来看，2000 年以来，尽管第一产业偏离度有所波动，但是并未出现明显的好转，大量农村富余劳动力滞留在第一产业。相比之下，第二产业和第三产业的结构偏离度则逐步趋近于零值，表明第二、三产业的就业吸纳能力有所增强，且还有进一步提升的空间。

进一步观察劳动密集型产业、资本密集型产业和技术密集型产业的就业结构情况，如图 11-4 所示，可以发现：一是我国技术密集型产业存在较高程度的就业份额相对产业增加值的结构偏离，存在较大的吸纳就业空间；技术密集型产业产值占比与就业占比差距呈缩小趋势，在产业增加值逐步提升的同时实现了更多劳动力就业。二是劳动密集型产业和资本密集型产业存在明

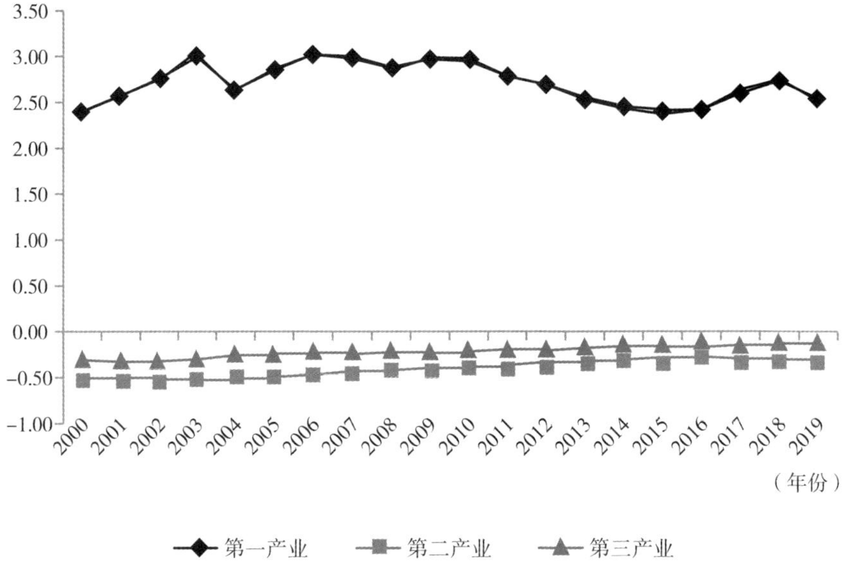

图 11-3　就业结构对产业结构的偏离度

资料来源：根据国家统计局相关数据整理计算。

显的劳动力资源配置缺失，但是偏离程度在逐渐降低。除农业之外的劳动密集型产业结构偏离度呈现出由正转负的现象，这表明除农业之外的劳动密集型产业存在劳动力隐性失业，转向了具有更强吸纳就业空间和潜力的行业。

（三）就业区域结构性失衡常态化

就业区域分化矛盾显著且呈现加剧势头。从就业区域结构来看，我国劳动力市场存在较大的区域差距。总体表现为，东部地区劳动力市场景气程度高于中西部地区；劳动力需求存在较大的区域差距，中西部地区劳动力市场需求相对缺口大。比较三大区域劳动力市场求人倍率，通常情况下，东部地区低于中西部地区，个别季度东部地区超过中部地区。近年来，中西部地区特别是西部地区的劳动力市场供求扩张幅度较快，劳动力市场供求人数都出现较大幅度的增长，用人需求缺口出现了反超东部地区的迹象。如图 11-5 所示，2021 年第一季度，东、中、西部地区市场岗位空缺与求职人数的比率分别为 1.50、1.68、1.72；同年第二季度，东部地区和中部地区相同，西部地

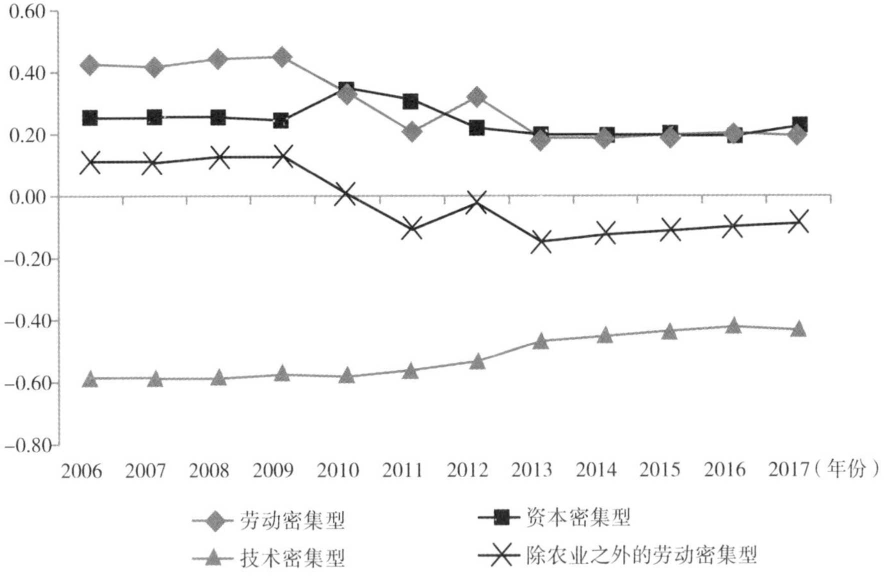

图 11-4　就业结构对不同类型产业结构的偏离度

资料来源：根据《中国统计年鉴》（2007—2019 年）、《中国劳动统计年鉴》（2007—2018 年）相关数据整理计算。

区进一步走高，东、中、西部地区市场求人倍率分别为 1.49、1.49、1.96；同年第三季度，三大区域劳动力市场供求关系向好，市场求人倍率都出现了一定程度的下降，东、中、西部地区市场求人倍率分别为 1.47、1.43、1.76。

“孔雀东南飞”现象出现了逆转，劳动力更多向中西部地区回流。根据《2020 年农民工监测调查报告》显示，新增农民工更多流向了西部地区和中部地区，东部地区和东北地区农民工数量出现了净减少，2020 年东部地区和东北地区农民工数量分别减少了 568 万人和 42 万人，中部地区和西部地区则分别增加了 174 万人和 106 万人。

（四）就业社会结构性失衡常态化

部分群体就业结构性矛盾凸显，且呈现加剧态势。一是高校毕业生就业结构性矛盾突出。近年来，我国产业结构调整加快，而相应的教育培养结构

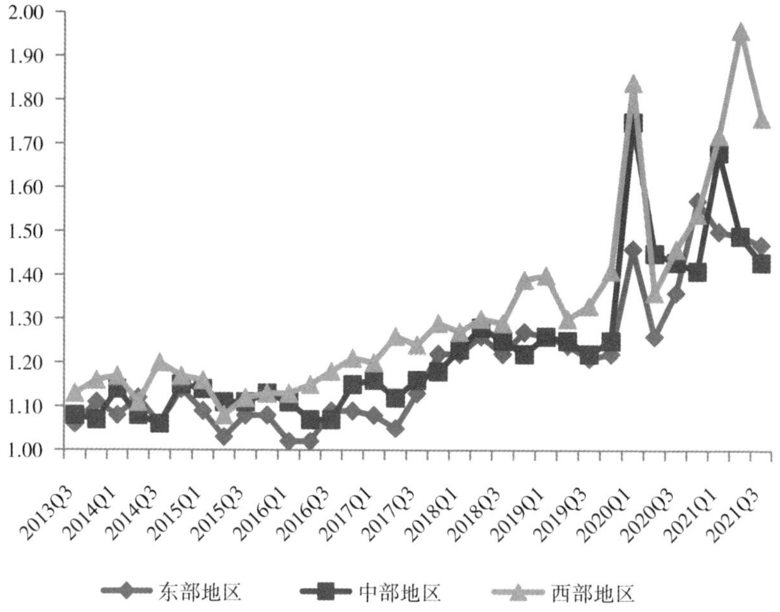

图 11-5　分三大区域公共就业服务机构市场求人倍率

资料来源：根据人力资源和社会保障部公开发布的 2013 年第三季度至 2021 年第三季度“百城市公共就业服务机构市场供求状况分析报告”整理得到。

滞后于经济社会需求的实际变化，部分专业大学生供过于求和一些紧缺专业大学生人才短缺的结构性矛盾十分突出。中国人民大学中国就业研究所和智联招聘联合发布的《2020 年大学生就业力报告》指出，当前，我国大学生就业市场呈现出明显的结构性矛盾，高校毕业生在不同行业的就业景气程度呈现较大的极化特征，大学生 CIER（就业市场景气）指数最高和最低行业差别高达 34.8 倍，远高出全国平均水平（17 倍）。

二是劳动力市场性别差距持续加大。世界经济论坛发布的《全球性别差距报告》显示，在全球 149 个国家中，中国的全球性别差距指数①得分由 2008 年的 0.69 下降至 2020 年的 0.68，排名也从 2008 年的第 57 位降至 2020 年的第 107 位。其中，女性的经济参与机会指标排名由 2008 年的第 43 位降

① 性别差距指数越接近 1 表示性别越平等，越接近 0 表示性别越不平等。

至2020年的第69位。妇女在求职就业、同工同酬、职业晋升等就业各环节受到的隐性歧视有加剧的趋势。在求职就业上，根据全国妇联2017年的一项调查结果显示，49.1%的用人单位在招聘中关注应聘者的性别和婚育状况，54.7%以上的妇女在求职面试中被问及与结婚、生育有关的问题。在职业晋升上，首都经济贸易大学课题组的调查结果显示，生育子女后的女性有11.36%的比例调离原有岗位，就业质量有所下降（盛亦男，2019）。

三、就业领域长期结构性失衡的深层原因

在工资完全弹性、劳动力要素可完全自由流动的情况下，市场自发调节机制能够促进实现资源配置优化，矫正就业领域结构性失衡。现实中，由于市场失灵和政府失灵的存在，导致就业领域结构性失衡现象不可避免地会长期存在。具体来看，我国现阶段就业领域结构性失衡，既有劳动力需求层面的原因，也有劳动力供给层面的原因，同时还存在劳动力市场层面的原因。

（一）劳动力需求层面的原因

1. 地区经济发展不平衡引致就业区域结构性失衡

经济发展区域间不平衡是产生就业区域结构性失衡的重要原因。长期以来，东部地区经济发展水平和劳动力市场化程度相对较高，中西部地区和东北地区面临产业机构单一，就业需求不足，劳动力资源大量外流等现象。近两年，随着中西部地区经济发展水平的提高以及承接东部地区产业转移速度的加快，中西部地区劳动力需求出现新增长，就业市场景气程度持续提升，逐渐成为吸纳新增就业的主要地区。东北地区是传统的资源产业、重工业基地和粮食生产基地，受世界经济形势以及国内产业结构转型叠加的影响，地区经济增长旧动能减弱的同时新的增长动力不足，传统行业、国有经济就业岗位短期大幅减少的同时，新兴行业、民营经济等就业吸纳接续不足。受传统行业衰退、接续替代产业尚未充分发展等因素影响，高技术岗位流失，专业技术人才和高技能人才外流，弱化了东北地区科技创新和人力资本积累优势，进一步拉大东北地区与发达地区经济发展差距，差距的扩大反向促使更

多劳动力、人才流出东北地区，尤其是高学历人才、技能型人才流失情况较为突出。2012 年以来，东北地区就业市场景气程度持续下降，求人倍率持续走低，劳动力市场岗位供小于求，劳动者就业难度加大，显示出就业信心不足。随着新一轮东北振兴战略的实施，近年来东北地区就业市场景气程度有所回升，但仍显著低于其他地区。

2. 产业结构转型升级对劳动者素质提出更高要求

随着转变经济发展方式持续推进，经济结构调整不断深化，原本依靠高自然消耗、高劳动力投入的粗放型增长逐渐向产业结构优化升级转变。产业结构转型升级对劳动者的素质提出更高要求，加快新旧动能转换，实现传统制造向智能制造转型升级，对劳动者的技能水平要求更高，对技能人才的需求更为强劲。在此过程中也会随之出现传统行业就业人员难以匹配产业转型升级素质需求而产生的结构性失业情况。同时，随着产业结构的调整和技术进步以及淘汰落后产能的加快推进，一些高耗能、高污染行业大批人员下岗转岗，新兴产业中专业技能人才和高端人才紧缺，就业的结构性矛盾明显。

3. 人工智能等科技变革进一步加深就业领域结构性矛盾

新一轮全球科技革命和产业变革下，我国人工智能等科技变革深入推进，进一步加深了就业领域结构性失衡。党的十九大报告提出要加快建设创新型国家，着力加快建设实体经济、科技创新、现代金融、人力资源协同发展的产业体系，不断增强经济创新力和竞争力。随着“互联网+”、共享经济等重大举措的实施和推进，移动互联网、云计算、大数据、量子通信、智能制造、区块链等技术加快突破。这些新科技的广泛运用，可能会带来大量中等技能工作岗位被机器替代，进一步加剧就业的技能结构性失衡（赖德胜，2020）。人工智能不仅技术进步速度快，而且新创造的岗位和其消灭的岗位间人力资源水平差距巨大，被替代工作的劳动者难以在有限时间里将自身人力资源水平提高到能够满足新工作岗位要求的水平，这将造成传统产业中的工作岗位被人工智能加速替代，而新兴产业的发展又面临人才短缺的问题，人工智能加速发展和应用并在行业间和地域间迅速扩散会加剧劳动力市场供需结构性失衡（陈明生，2019；邓洲等，2019）。

（二）劳动力供给层面的原因

1. 劳动力素质与需求不匹配

我国经济由高速发展转向高质量发展，从主要依靠简单劳动、扩大投资和大量资源投入转向更多依靠创新驱动发展，从传统产业更多转向新兴产业发展，对劳动力素质的要求不断提高，对人才的需求不断增加。劳动力素质难以满足经济发展需要，劳动力供给难以匹配市场岗位需求，就业结构性问题也随之显现。在人才存量上，我国技能人才尤其是高技能人才严重不足。2016 年，我国高技能人才 4791 万人，占当年全部就业人员（77603 万人）的比重仅为 6.17%。在增量上，受高校专业设置不合理、职业教育发展滞后等因素的影响，高级技术人才的培养难以跟上就业市场的需要。教育部、人社部和工信部联合发布的《制造业人才发展规划指南》预测，至 2025 年，新一代信息技术产业人才缺口将达 950 万人，高档数控机床和机器人、航天航空装备、海洋工程装备、高技术船舶等十大制造业重点领域总计将存在超过 2900 万人的人才短缺。随着科技进步，未来一段时期，我国技能人才短缺的结构性矛盾还将进一步加深。

2. 劳动力供给总量持续下降

我国进入老龄化社会以来，劳动年龄人口增长速度逐渐放缓。2014 年，我国劳动年龄人口（15~64 岁）出现了下降，比上一年减少了 159 万人。根据中国宏观经济研究院社会发展研究所课题组预测结果，我国劳动年龄人口在进入“十三五”时期之后呈持续下降趋势，2050 年劳动力供给总量约 7.83 亿人，比 2015 年高峰时期（9.98 亿人）减少二成以上。此外，我国劳动参与率自 2000 年以来呈显著下降态势。随着劳动年龄人口总量和占比的下降，劳动参与率的持续下降，长期以来我国充裕、低价的劳动力优势逐渐消失；随着劳动力供给数量的下滑，劳动力成本逐渐提高，成为劳动密集型产业发展的突出瓶颈，也是劳动密集型行业劳动力严重短缺的重要原因。

（三）劳动力市场层面的原因

1. 劳动力流动制度障碍仍存在

新一轮户籍制度改革调整了户口迁移政策，在小城镇户籍制度改革和大中城市的地方探索基础之上，进一步调整了户口迁移政策，对不同经济发展水平和综合承载力的城市因地制宜地提出了差别落户政策，按照人口规模大小，将各类城市进行划分，并分别确定了各种类型城市的落户政策。由于相关配套政策的不完善，城镇居民与农村居民之间的基本公共服务等待遇仍有一定程度的差别。在社会救助和社会福利领域，城镇和农村居民的最低生活保障、“五保三无”人员供养、优待抚恤等基本公共服务的标准还存在较大差距。农村宅基地、土地承包经营、集体组织收益等农村产权制度还不完善。此外，长期在城市工作生活的农业转移人口在子女基础教育、社会保障等方面，还难以享受城市居民同等待遇，难以真正融入城市经济社会生活。这些因素在很大程度上阻碍了劳动力要素的自由流动。

2. 就业制度环境有待优化

一是劳动者权益保障不到位。违法解除劳动合同、拖欠职工工资、同工不同酬、不缴或欠缴社会保险费、超时加班、不落实带薪年休假制度、不依法支付加班工资等现象普遍存在（王阳，2020）。沧州市政府发布的《关于破解“招工难”“就业难”结构性矛盾的若干措施》中指出，当前，“全市大部分企业缺工15%左右，其中服装业、住宿餐饮业、建筑业缺工达到60%以上，尤其是劳动密集型小微企业缺工比较严重”，“工作环境差、工作时间长、劳动强度大、薪酬待遇低、人文关怀度不高”，致使“招工难”现象更为严重。

二是女性隐性就业歧视仍存在。女性是重要的劳动力资源，我国全社会就业人员中女性所占比例超过四成。近年来，生育政策的调整给劳动力市场上女性就业带来诸多挑战。育龄妇女既是生育主体，也是重要的劳动力资源，生育政策的调整在促进人口长期均衡发展的同时，短期内相关配套政策的不完善也对女性就业产生冲击，劳动力市场上育龄妇女就业面临越来越多的困境和挑战。我国将男女平等作为基本国策，高度重视妇女就业工作，不断完善妇女劳动保护制度，维护妇女平等就业权利。但当前，劳动力市场上女性由于生育和抚养子女给职业生涯带来的就业歧视、收入降低、职业中断、晋升无望等影响普遍存在，隐性就业歧视不利于劳动力市场性别差距的缩小。

四、国外应对就业领域长期结构性失衡的做法

（一）通过经济就业协调发展促进市场供需匹配

从不同国家应对就业领域结构性矛盾的主要做法来看，许多国家都将促进宏观经济发展与就业战略紧密联系，通过推进产业结构和就业结构协调发展，加大力度支持企业创造就业岗位，增强劳动力市场中企业劳动力吸纳能力，促进劳动力要素供需平衡。

一是加大对公共事业和基础设施建设的投资力度。实施经济发展带动就业的最普遍措施是政府通过开展铁路轨道、市政道路交通、公共卫生医疗等劳动密集型基础设施建设，来直接创造和增加公益性或者功能性的就业岗位。英国在 20 世纪 80 年代的经济调整期，撒切尔政府投入 200 亿英镑用于基础设施改造，包括家庭农场改造、运河网改造等工程，并且对英国铁路、英国钢铁等国有企业进行私有化改革。英国政府还通过制定税收等相关优惠政策来减少因经济压力带来的企业生产规模萎缩风险。与此同时，英国政府还对劳动力市场进行了一系列的结构性改革，包括削弱工会势力、工资集体谈判碎片化等，这些措施重新刺激了企业对劳动力的吸纳作用，盘活了劳动力市场。南非在国家发展规划中提出，计划未来 20 年以经济发展促进企业发展，加大国家基础设施建设投资，增加就业机会，促进资源性商品的出口贸易，努力创造更多就业，预计未来 20 年内由经济发展带动的直接就业岗位将达 1100 多万个。美国政府在 20 世纪 70 年代以后，通过财政、信贷援助等措施，支持地方政府在农村地区兴修水利等基础公共设施，加大对农村地区的开发建设力度，大力兴办学校、职业培训中心和医院等服务设施，吸引

私人资本前来投资，扩大就业机会。印度则实施全国农村就业保障计划，通过开展农村道路交通、公共卫生、饮用水等农村基础设施建设项目，为农村贫困家庭成员提供一年 100 天的就业机会（周宵、李付俊，2017；殷宝明，2019）。

二是扶持中小微企业发展，促进社会企业就业。波兰通过“ES Fund TISE”项目向小微企业提供贷款和免费咨询服务，该项目为小微企业提供获得融资、发展和培养社会企业家精神的机会。该项目是全世界第一个支持社会企业的全国性、公共资助的解决方案，并以其优惠的定价和定价条件、区域和资金分配以及免费的咨询服务而著称；已被证明有助于解决失业和社会排斥问题，同时有助于促进社会企业实施和测试可持续的融资模式（殷宝明，2019）。

（二）通过职业培训应对就业领域结构性失衡

针对结构性失业人员开展职业培训，包括技能培训以及素质培训等，将劳动力技能提升与劳动力市场需求紧密结合，提高劳动力市场供给和需求的匹配程度，是许多国家应对就业领域结构性失衡的普遍做法，也是切实有效的做法之一。许多国家将职业培训提高到优先位置，认为应尽可能让失业者具备适应新的经济结构发展的技能素质，通过开展高质量的职业培训来促进劳动力供给质量的提升，促进劳动生产率的提高。

一是加大职业培训的支持力度。美国在 1962 年正式实施《人力开发和培训法》，联邦政府逐步加大对职业培训的资金支持力度；在 1973 年实施《综合就业和培训法》；在 1974 年财政年度批准人力培训预算 13 亿美元，人力培训预算拨款中 74%直接拨付州和地方政府，主要用于私人就业培训计划的补贴、有工作者的福利补贴、帮助竞争条件差的青年工作者和农业季节工人的补贴等（周宵、李付俊，2017）。芬兰在职业教育和培训方面投入了大量资金，以推动劳动者提高技能，增强其适应劳动力市场的能力，从而促进就业市场供需匹配。芬兰每年有六成以上的成年人口接受成人教育，且越来越多的芬兰成年人参加职业再培训和学徒培训；芬兰政府将其成人教育预算的40%用于职业教育和培训，免费提供大多数课程；在芬兰的学徒计划中，大约80%的学徒年龄超过25岁，大大高于欧洲国家的平均水平，许多学员在学徒期开始时就已经实现就业（殷宝明，2019）。

二是针对不同劳动者需求开展分类职业培训。法国以需求为导向，针对不同就业群体对象，采取不同类型的职业培训指导。其中，针对就业能力较强的人员，政府主要是为他们提供充足的工作岗位信息，同时给予少量的资金支持，以帮助他们迅速就业；针对技能素质欠缺，还需要培训才能就业的人员，政府主要对他们进行培训需求分析，并且对他们现有的技术技能进行评估，根据不同的培训需求制订有针对性的培训计划（周宵、李付俊，2017）。日本针对自由职业者出台就业卡制度，旨在提高自由职业者等非正规雇佣劳动者的职业能力并稳定其雇佣（周宵、李付俊，2017）。爱尔兰鼓励通过产业特殊培训计划发展高水平的技能。爱尔兰技能网是其最大的支持工作场所培训的组织，帮助和促进中小企业的工作场所培训，使其提高技能，并且负责指导区域和行业的中小企业培训，这些培训计划适合特定的公司员工。2010年，爱尔兰技能网扩大到为求职者提供包括工作安置在内的培训。爱尔兰技能网一共有70个运营中心，2011年培训超过4万人。爱尔兰另外一项Momentum计划为高水平技能培训提供场地，该计划的第二阶段旨在为长期失业人员提供6000个教育和培训场所，以解决技能短缺问题。此外，爱尔兰实施的“跳板”项目和ICT技能转换项目为求职者提供培训课程，提供超过9000个免费非全日制和全日制高等继续教育和技能培训的学习机会，仅2014年一年就提供了涉及212门课程、超过5700个学习机会（殷宝明，2019）。美国雇主资源网络（Employer Resource Networks）致力于减少低薪工人流失率和缓解社区贫困，其由企业及其雇员、公共人力资源服务部门、劳动力素质提升机构、民办非营利性组织、社区大学、职业培训机构以及本地、地区和国家基金会等多个部门组织构成。该网络提供产业专业技能、通用工作技能和辅助工作技能培训，技能层次主要针对入门级别，目标对象主要针对低薪工人；该网络培训的教师相比公共部门培训的教师，能够在生产一线培训学员并随时提供直接指导（殷宝明，2019）。斯洛伐克的潜在创业者培训和咨询服务项目（The Training and Advisory Services for Potential Entrepreneurs）为失业人员、青年、产假期间的妇女、老年人以及移民提供培训和商业咨询服务，为弱势群体提供创业培训服务；该项目旨在通过培训提高人们对自我就业机会的认知，同时为那些希望开始工作的人提供建议，并由业务顾问为潜在的企业家提供免费的培训课程和商业咨询服务。自2002年该项目成立以来，已有近万人参加了培训课程，2011年参加了培训课程的人中有73%成功创业（殷宝明，2019）。

三是注重培养创新型人才。近年来，很多发达国家开始实施制造业再工业化战略，高端制造业领域呈现向发达国家回流的趋势。与此同时，第四次工业革命带来生产高度网络化、数字化、智能化，进而引发了劳动力市场对劳动者岗位和能力要求以及劳动技能标准等多个方面的变化。面对复杂的信息和工作环境，技能劳动者不仅要具备基本的知识和技术能力，还要具备以数字化、智能化进行生产的综合能力，在此背景下，强调对创新型人才的培养也成为各国应对就业领域结构性矛盾的重要举措。意大利为提高劳动者技能和创新能力，制订了国家数字学校计划，通过增加技术与科学相关专业的学生和研究人员的数量，建设支持大学之间、公私部门之间知识共享的能力中心和数字创新中心，促进技术转让和培养新技术所需要的技能人才（殷宝明，2019）。日本改革和创新职业院校专业设置，增设专业技能人才相关专业，并创新和更新职业技能培训课程。日本文部科学省投入3亿日元用以扶持高等专门学校，并设置情报安全、航空、海洋、人工智能等新型专业，加强跨专业合作，培养跨学科专业复合型人才。为了培养学生实践能力，2017年日本文部科学省投入283亿日元用于支持和推进专修学校设置职业实践专门课程，专修学校实施的职业实践专门课程由日本文部科学大臣认定和奖励，由企业参与编制，学校与企业合作进行实习实训授课，帮助学生掌握最新的职业实务知识和技能（殷宝明，2019）。发达国家职业技能培训表现出数字化和网络化趋势。美国高等职业教育逐渐走向网络化，加州通过在线学院这一新型社区教育模式吸引更多的学生群体参与职业教育与技能培训；英国的现代学徒制官方网站承担了宣传英国职业教育与技能培训，为英国学徒制供需互动提供交流平台的职能；德国在“职业教育与培训——自动化、数字化和两极化”会议中提出，通过互联网技术和多媒体视频来教授专业知识应是未来职业教育与技能培训形式的重点（殷宝明，2019）。

四是开展职业教育跨国交流与合作。目前，欧盟职业教育的国际化交流合作运用较为广泛，并且逐步形成和建立二元制职业教育跨国体系，其中德国是主要示范国家。二元制体系的建立有助于更好地解决欧洲青年人的失业问题，帮助他们适应当前技术变革下的新兴岗位需求，同时提高青年人的就业竞争力。在此基础上，欧盟将进一步深化职业教育的跨国、跨机构合作，以提高欧盟职业教育培训的整体水平，加强教师和学生的流动性，促进欧洲劳动力市场一体化和职业教育区域发展平衡（周宵、李付俊，2017）。

（三）通过社会保险调节产业就业结构性失衡

一是采用行业差别费率，通过失业保险缓解结构性失业。考虑到失业保险基金的稳定性和领取公平性，采取行业差别费率可以使一些行业未雨绸缪，多缴纳一些失业保险费，供发生规模性失业时使用。根据不同行业的失业风险确定失业保险行业差别费率，对失业风险高的行业实行高失业保险缴费率，对失业风险较低的行业实行较低的失业保险缴费率，并随着经济结构的发展变化定期对行业进行失业风险评估并调整费率。比如，日本一般行业、建筑业、制造业的缴费比例分别为 1.55%、1.85%、1.75%；芬兰的建筑业缴费比例为 0.5%，钢铁业为 0.35%（周宵、李付俊，2017）。

二是合理确定津贴水平，发挥失业保险促进失业人员再就业的作用。法国对于领取失业保险的人员管理进行了严格的规定，其主要目的是不养懒汉，减少失业保险的保障功能，增加失业保险的再就业功能。巴西以 1990 年失业保险法案为依据，以失业救助的形式来规定领取失业保险的标准，在申领津贴方面，个人需要接受调查，津贴水平以最近 3 个月就业的平均收入确定（周宵、李付俊，2017）。

三是设置浮动费率，发挥失业保险的就业稳定器作用。美国采取失业保险企业浮动费率制度政策，根据公司的裁员情况确定企业的失业保险缴费率。如果公司裁员增多，费率就提高，但是达到一定上限后就不再提高；反之公司裁员减少，则费率就降低。欧洲一些国家通过调整失业保险的具体征收金额来牵制企业裁员，对辞退特殊员工的企业进行惩罚式征收失业保险费：德国企业如果辞退57岁以上员工，雇主需向失业保险基金支付相当于其失业保险待遇的费用；意大利企业如果进行规模性永久裁员，需按辞退人员首月津贴之和的6倍向失业保险基金支付补偿金（周宵、李付俊，2017）。

（四）通过就业服务缓解就业社会结构性失衡

一是提高青年人就业与劳动力市场需求的匹配程度，帮助青年从学校学习过渡到社会工作。很多国家在应对就业领域结构性失衡问题时，都将促进青年群体就业、提高青年劳动力与中小企业需求匹配度作为解决就业领域结构性失衡的重要措施。法国实施了传统帮助就业合同、公共就业帮助以及鼓励青年创业计划等多个措施，以应对青年结构性失业问题。日本从青年求职到进入职场进行综合支援，向毕业生提供大量招聘信息，组织就业支援讨论及面试，同时面向雇主开展基于雇佣对策法的青少年雇佣机会确保指南活动，推动往届毕业生就业；组织由地区经济团体和教育机构等构成的应届毕业生就职招聘支援本部，加强相关机构之间的合作。巴西制订了国家青年工作计划，将雇佣、培训、生产型信用津贴等各种就业服务整合成针对16~24岁的青年的首次就业服务（周宵、李付俊，2017）。澳大利亚通过建立专门的国家青年服务机构，与心理健康服务机构、学校、继续教育和就业服务提供者合作，将学校、社区和企业联合起来，共同制订从学校学习到社会工作的计划，帮助年轻人做好就业准备（殷宝明，2019）。

二是在经济危机期间加强公共就业服务，缓解经济危机对就业的影响。奥地利公共就业服务机构在经济危机期间，通过为雇主提供稳岗补贴，让雇员能够以缩短工作时间的方式留在企业，抑制企业在经济低迷时期的裁员。雇员将每周正常工作时间暂时减少到10%至90%，并获得部分补偿，以弥补因工作时间缩短而造成的收入损失（殷宝明，2019）。韩国通过失业福利、就业保障计划和就业能力发展计划来缓解经济危机对就业的影响，向雇主提供如何留住工作岗位的方案，同时帮助提高工人的就业能力。其中，就业保障计划创造了新的就业机会，并鼓励雇主留住工人；就业能力发展计划则提供培训和继续教育机会，在危机发生后，通过就业保留补贴鼓励雇主重新安置工作岗位，给员工提供培训机会，而不是在困难时期解雇他们（殷宝明，2019）。瑞典职业安全委员会与公共就业服务机构合作，为经济危机期间流离失所的工人持续提供定制化服务。该委员会基于社会团体之间的集体协议，积极介入经济调整，并为雇主和工会提供相关建议。（殷宝明，2019）。

三是针对特殊性结构性失业群体提供就业援助。日本在石油危机以后进入结构性衰退期，并于20世纪70年代后期至80年代初期实施了针对特定衰退行业离职者的对策，即手账制度。企业所属行业被认定为特定衰退行业的企业雇主及与该企业有着承包关系的业务上密切相关的企业雇主被定义为特定衰退行业雇主，该类型企业缩小业务规模、进行雇佣调整时，原则上需要提前制订再就业支援计划并获得公共职业安定所所长的认定；根据该计划实施临时停业时的工资，由雇佣调整为支援金支付；不得不离职的特定衰退行业离职者在公共职业安定所申请求职，发放有效期不超过三年的求职手账，手账持有人可以根据本人情况进行职业咨询和指导，必要时可以接受职业培训，并可以延长领取雇佣保险的时间（周宵、李付俊，2017）。美国政府针对在劳动力市场处于弱势地位的群体，如离异女性、无法找到合适工作的老年人及伤残人员等，采取特殊公共就业服务政策，以保障妇女、残疾人等弱势群体就业，盘活劳动力市场资源（周宵、李付俊，2017）。

五、对政府培育劳动力市场促就业的建议

（一）促进劳动力供给优化

一是多措并举提升劳动者素质，推动从人口数量红利向质量红利的转变。加大高素质劳动者和技术技能人才培养力度。加强对人力资本的投入力度，强化职业教育和终身教育，提高劳动力综合素质。加强职业培训，促进职业院校、高技能人才实训基地、企业培训平台等培训机构建设发

展，提升劳动力劳动技能。提升高校毕业生、新生代农民工等重点群体的就业能力。

二是完善生育配套政策，缓解劳动力供给数量下降的不利影响。加强妇幼保健服务，加强产科、儿科、助产士等急需紧缺人才培养和培训工作，提升妇幼保健能力。加大出生缺陷防治、科学备孕、优生健康检查、孕产期保健、产前检查等健康知识宣传，完善家庭支持政策，营造良好的社会氛围（郑真真，2016）。在相关规划制定和政策调整中，充分考虑到生育政策调整带来的出生人口变化因素。结合生育政策调整，预测生源变化情况，科学规划幼儿照料、学前教育、中小学教育等资源布局。

（二）有效增加劳动力需求

一是加大企业减负力度，激发市场活力，从源头增加劳动力需求。中小微企业、民营企业是吸纳就业的重要市场主体，我国民营企业吸纳了80%以上的城镇劳动力就业。进一步优化市场环境，鼓励中小微企业吸纳就业，促进民营经济发展，鼓励民间投资，激发市场活力，增强民营经济就业吸纳能力。

二是加快产业结构调整。推进供给侧结构性改革，促进传统产业转型升级，结合地区资源禀赋，发展符合地区实际的接续替代产业，增强内生发展动力。推动传统劳动密集型产业进行区域转移和技术提升，推进传统劳动密集型产业由东部地区向人口红利更晚结束、劳动力成本更低的中西部地区转移，促进产业结构和就业结构协调发展。

（三）持续完善劳动力市场

一是进一步推进户籍制度改革，促进劳动力自由流动。落实居住证积分制度改革，促进公共教育、劳动就业等基本公共服务政策与户籍相剥离，扩大流动人口享受的服务内容，有序推进基本公共服务覆盖常住人口。加强社会保险和基本社会服务等公共服务顶层设计和配套政策制定，在实现省级统筹的基础上推动全国范围内的服务项目自由流转，缓解对就业领域结构性失衡的不利影响。

二是坚持就业优先，以创业带动就业，鼓励大众创业、万众创新。落实小微企业和创业创新的定向减税和降费优惠政策，加强就业指导和创业教育，实施好大学生创业引领计划和农民工职业技能提升计划，营造鼓励创业创新的社会氛围，促进更高质量就业。营造鼓励创业创新的政策环境。充分发挥财政资金的示范、引导和放大效应，综合运用创新基金、创业投资、引导资金、定向减税、降费优惠等方式，激发全社会创新活力。制定完善创新创业人才政策，加大创业人才和团队的培养引进与使用力度。提升知识产权创造、运用、保护和管理能力，激发支撑创新驱动发展的活力。

（执笔：魏义方）

参考资料：

1. International Labour Office. World Employment and Social Outlook：Trends 2020 [M]. Geneva：International Labour Organization，2020.

2. Pardi，T.，Krzywdzinski，M.，Luethje，B. 2020. Digital manufacturing revolutions as political projects and hypes：evidences from the auto sector [C]. ILO Working Paper. 2020.

3. Majid，Nomaan. On the evolution of employment structure in developing countries [M]. Geneva：International Labour Organization，2005.

4. 本书编写组. 党的十九大报告学习辅导百问 [M]. 北京：党建读物出版社，2017.

5. 陈建伟. 我国当前面临的就业结构性矛盾与应对之策 [N]. 工人日报，2020-03-02.

6. 常兴华，王阳. 就业结构性矛盾不容忽视——基于行业、企业的结构性就业分析 [J]. 宏观经济管理，2017（6）：27-29.

7. 辜胜阻，王敏，李睿. 就业结构性矛盾下的教育改革与调整 [J]. 教育研究，2013（5）：12-19.

8. 赖德胜. 促进更充分更高质量就业 [N]. 学习时报，2020-07-16

9. 张原，陈凌，陈建奇."民工荒"与"技工荒"并存的理论解释及证据——基于投资结构与就业均衡视角的研究 [J]. 财经研究，2008（4）：118-127.

10. 胡放之．“招工难、就业难”并存的原因及解决对策——基于湖北的调查［J］．湖北社会科学，2012（8）：49-52.

11. 郑真真．实现就业与育儿兼顾需多方援手［J］．妇女研究论丛，2016（2）．

12. 盛亦男，童玉芬．生育政策调整对女性劳动力供需的影响研究［J］．社会科学文摘，2019（1）：64-66.

13. 丁志帆，孔存玉．大学毕业生“就业难”的成因剖析与破解之道——研究回顾与展望［J］．教育与经济，2018（2）：54-61.

14. 陈明生．人工智能发展、劳动分类与结构性失业研究［J］．经济学家，2019（10）：66-74.

15. 邓洲，黄娅娜．人工智能发展的就业影响研究［J］．学习与探索，2019（7）：99-106+175.

16. 王阳．劳动力要素市场化配置改革与经济发展效率——以劳动力要素城乡配置变化为例［J］．经济纵横，2020（7）：67-76.

17. 王阳．基本劳动就业创业服务建设与促进就业［J］．中国软科学，2019（3）：69-85.

18. 王阳．供给侧结构性改革中就业质量的突出问题和提高路径［J］．中国人力资源开发，2019（9）：48-62.

19. 张杰．当前中国劳资关系的新特征、新问题与重点调整方向［J］．天津社会科学，2020（2）：88-98.

20. 王志华，贝绍轶，董存田．我国产业结构与高校专业结构协调性分析——兼论大学生就业难与“技工荒”问题［J］．经济问题，2014（10）：14-20.

21. 刘燕斌，郑东亮，莫荣，金维刚，谭中和．中国劳动保障发展报告（2017）［M］．北京：社会科学文献出版社，2017：394-405.

22. 莫荣，陈云，熊颖．中国就业发展报告（2019）［M］．北京：社会科学文献出版社，2019：315-330.